Bernd Gieseking

Das kuriose Ostwestfalen-Buch

Bernd Gieseking

(geb. 1958 in Minden-Kutenhausen) ist Kabarettist, Buch- und Kinderbuchautor. Nach Stationen in Kassel, Köln und Dortmund lebt er nun wieder in Minden. Er tourt durch die gesamte Republik und ist bekannt aus Radio und TV sowie durch seine *taz*-Kolumnen. Seine Finnland-Bücher bei Fischer, »Finne dich selbst«, »Das kuriose Finnland-Buch« und »Finne dein Glück«, wurden alle Bestseller.

Bernd Gieseking

DAS KURIOSE OSTWESTFALEN BUCH

SATYR VERLAG

Der Druck dieses Buches erfolgte CO_2-neutral, die Kaschierfolie des Covers ist kompostierbar. Auf einzelnes Einschweißen wurde bewusst verzichtet.

4. Auflage März 2025

Auerstr. 23–25, 10249 Berlin
www.satyr-verlag.de | info@satyr-verlag.de

Cover: Martina Lorenz/etageeins.de
Autorenfoto: Detlef Müller
Korrektorat: Matthias Höhne
Druck und Bindung: CPI Books, Leck
Printed in Germany

Die Deutsche Nationalbibliothek verzeichnet diese Publikation in der Deutschen Nationalbibliografie; detaillierte bibliografische Daten sind im Internet abrufbar über: http://dnb.d-nb.de

ISBN: 978-3-910775-06-0

Inhalt

Für Rita

Ein Ostwestfale mit einem Papagei auf der Schulter kommt in die Kneipe und stellt sich an die Theke.
Fragt der Wirt: »Kann der sprechen?«
Sagt der Papagei: »Ganz wenig.«

Moin auch!

Herzlich willkommen im »kuriosen Ostwestfalen«. Ich bin selber einer: ein waschechter Ostwestfale aus Minden. Aufgewachsen »auf dem Dorf«. So sagt man bei uns. Es gibt hier einige sprachliche Eigenheiten. Dazu gehört, nicht »im« Dorf aufzuwachsen, sondern »auf dem Dorf« zu leben. Beziehungsweise »auf'em Dorf«. Es werden nicht alle Buchstaben gesprochen, die man zur Verfügung hätte.

Typisch ist auch: Hier aus Ostwestfalen kommt man nur »wech« und nicht »her«.

»Wo kommst du her?«, sagt niemand, der dieser Region entstammt. Die korrekte Frage lautet: »Wo bist du denn wech?« An dieser Frage erkennen wir Ostwestfalen uns in der gesamten Welt, in deutschen Metropolen genauso wie an internationalen Reisezielen.

Bei den Mahlzeiten isst man den Teller »auf« und nicht »leer«. »Iss deinen Teller auf!«, das bekamen wir als Kinder immer wieder zu hören. »Du stehst nicht eher auf, als bis du den ganzen Teller ganz aufgegessen hast!« Trotzdem waren alle froh, wenn das Porzellan hinterher noch da war.

Wir in Ostwestfalen fahren »nach Omma«. Nicht »zu« ihr! Und wir sprechen bei »Omma« das »O« eher wie das »o« in »olfaktorisch« als das in »oder«. Und wir sprechen das Kosewort für die Großmutter dazu mit Doppel-»m«. Bei Ausflügen gehen wir »in'n Berch«. Nie »auf den«. Und jedes »g« am Wortende ist uns ein weiches »ch«. Berch. Zwerch. Bei »Wech« (Weg) und »Stech« (Steg) klingt es, als hätten wir zudem ein zweites »e« eingefügt. Nur beim »Cousin«, der bei uns »Koseng« heißt, da sind wir Ostwestfalen uneins. Die einen sprechen ihn mit deutlichem »k« am Ende, »Kosenk«. Die meisten aber sprechen ausnahmsweise das »g« im »Koseng« mit, zumindest fast. Wir Ostwestfalen hören es, für andere ist es nicht erkennbar artikuliert, als sei es am Gaumen kleben geblieben wie ein Stück Mamba oder ein RIESEN-Karamell.

Diese beiden Kaubonbons sind übrigens aus dem Hause Storck – wie auch Merci, Dickmann's, Werther's Original, nimm2, Knoppers und Toffifee. Die Firma kommt aus Ostwestfalen! In Deutschland gehört das Unternehmen zu den zwei größten Süßwarenproduzenten, weltweit zählt es zu den 15 führenden. Inzwischen ist Berlin der offizielle Firmensitz, aber das Hauptwerk steht weiter in Halle! Gegründet wurde das Werk nebenan in Werther. Ich war wie vom Donner gerührt, als mir das bei den Recherchen zu diesem Buch klar wurde. Werther's Echte stammen aus Werther bei Bielefeld. In Werther hatte ich mal auf einer Baustelle als Zimmermann gearbeitet. Wir hatten nicht geahnt, den Sahne-Bonbons so nah gewesen zu sein. Keine Sorte mochte mein Vater Hermann lieber. Die hatte er auf jedem Weihnachtsschlickerteller liegen, von seiner Frau Ilse, »unser Mudder«, als Zeichen der Liebe gekauft, auch noch am letzten Heiligabend, den er erlebte. »Schlickern« ist übrigens eines meiner liebsten Verben aus Ostwestfalen, es bedeutet »Süßigkeiten essen« (siehe S. 37).

Natürlich habe ich mir im Rahmen meiner Recherche für dieses Buch sämtliche Storck-Produkte gekauft, habe sie verkostet und geprüft: ein Plus von 1,2 Kilo auf meiner Waage. Eine gewichtige Namensänderung der Bonbons war mir bis dahin gar nicht aufgefallen. »Werther's Echte« sind nicht mehr am Markt, stattdessen gibt es, absolut identisch, »Werther's Original«. Die Umbenennung ist schnell und logisch erklärt: Nur in Deutschland, der Schweiz und Österreich hießen die

Bonbons Werther's Echte. 1998 hat man Storcks weltweit erfolgreichste Marke dann »internationalisiert« in »Werther's Original«. Jetzt schlickert man rund um den Globus unter gleichem Namen.

Mich faszinieren solche kleinen Geschichten. Das alles kann man subsumieren unter »unnützes Wissen«. Ich sehe darin ein vielleicht »nerdiges«, aber letztlich von Faszination und Begeisterung getragenes Interesse an Kultur und Kuriositäten. Ich bin Jäger und Sammler solcher Seltsamkeiten und Ostwestfalen hat jede Menge davon.

Derlei sonderbar-kuriose Dinge habe ich schon einmal zusammengetragen. Für mein »Das kuriose Finnland-Buch – Was Reiseführer verschweigen« war ich die gesamte Außengrenze Finnlands von innen abgereist und hatte alles an Wissenswertem zusammengetragen, was mir auf diesen 3.944 Kilometern begegnet ist. Inzwischen weiß ich jede Menge über Finnland: dass dieses Volk mit 5,5 Millionen Einwohnern angeblich 3,3 Millionen Saunen besitzt, dass die finnische Saunakultur inzwischen zum immateriellen UNESCO-Weltkulturerbe zählt, dass Finnland gar nicht das sprichwörtliche »Land der tausend Seen« ist, es sind exakt 187.880. Drei Bücher habe ich über Reisen in dieses nordische Paradies geschrieben, als letztes »Finne dein Glück«, in dem ich der Frage nachging, warum die Finnen zum inzwischen sechsten Mal hintereinander Erste im »World Happiness Report« geworden sind!

Mein erstes Buch heißt »Finne dich selbst! – Mit den Eltern auf dem Rücksitz ins Land der Rentiere«. Es beschreibt eine Reise zu meinem damals in Lahti wohnenden Bruder Axel. Eine Fahrt, die uns als Familie sehr eng zusammenbrachte, nach den Jahrzehnten, in denen wir als Söhne nur selten zu Hause gewesen waren – in Minden-Kutenhausen, in Ostwestfalen.

Ich kam zu dem Fazit: Der Finne ist der Ostwestfale Europas! Darum auch hatte mein Bruder sich so leicht in eine

Finnin verlieben können. Ich schrieb: »Es ist eine barrierefreie Verbindung. Es mussten keine großen kulturellen Hindernisse aus dem Weg geräumt werden. Die Zahl der möglichen und tatsächlichen Missverständnisse ist begrenzt, denn man ist verwandt in Wesen und Sein.«

Die Finnen und wir Ostwestfalen können wunderbar zusammen schweigen und erzählen uns dabei viel und verstehen einander, ohne ein Wort zu sagen.

Wenn ich mit den drei Finnland-Büchern auf Tournee bin, erzähle ich auch von meiner Heimat und betone dabei immer wieder meine Wurzeln. Ich trage das Ostwestfälische mit Stolz vor mir her, wenn ich in Bühnenprogrammen als Kabarettist oder in Büchern als Schriftsteller Biografisches erzähle. Doch es wurde mir immer klarer, dass das wenige, was ich über Ostwestfalen weiß, inzwischen kaum mithalten kann mit meinem Wissen um die Besonderheiten und Skurrilitäten Finnlands. Dann zog ich, nie erwartet, nie gewollt und für mich selber überraschend, wieder zurück nach Minden.

In der Folge unserer Familienreise nach Lahti war der Kontakt untereinander enger geworden. Dadurch wurde auch das Wissen, das Bewusstsein um Alter und die »Malessen« meiner Eltern mehr. Ich war vor einigen Jahrzehnten selig von Minden in die Welt gezogen und hatte die vermeintliche Enge von Dorf und Kleinstadt hinter mir gelassen. Ich lebte dann mehr als zwanzig Jahre in Kassel und stürzte mich damals in das pulsierende Leben dieser erwachenden Universitäts- und Kulturstadt. Ich wurde Kabarettist und bereiste mit meinen Programmen Bühnen in der gesamten Republik. Ich zog nach Köln, dann nach Dortmund, arbeitete für den WDR- und den HR-Hörfunk im Feld Unterhaltung, schrieb Kinderhörspiele und war entweder auf Reisen oder auf Tournee, aber nur noch selten in Westfalen. Wenn ich kam, hatte ich meistens einen Auftritt in der Gegend oder anfangs noch Gelegenheitsjobs als Zimmermann zu erledigen. Ich besuchte kurz meine Eltern und die engsten Freunde, und dann war ich auch schon wieder weg. Sobald ich es mir leisten konnte, übernachtete ich im Hotel und nicht mehr »zu Hause«. Ich war eher auf Stippvisite als zu Besuch. Ich mähte keinen Rasen und half quasi bei nichts, sondern ließ mich von Mutter Ilse bekochen, während ich am Motorrad schraubte. So ging es lange Jahre.

Als dann mein Vater Hermann schwer stürzte, mit mehreren Rippenbrüchen, bekam ich, damals glücklich in Dortmund lebend, plötzlich ein schlechtes Gewissen. Ich stellte mir für drei Monate einen Wohnwagen in den Garten meiner Eltern, um die beiden nach dem Unfall zu unterstützen. Am Tag meiner Ankunft sagte meine Mutter prophetisch: »Hoffentlich müssen wir nicht in die Kur, wenn du wieder weg bist.«

Meine Eltern waren fitter als befürchtet und ich langsamer als gedacht. Am Ende dieser zwölf Wochen überredete mich meine Lektorin, die Erfahrungen dieser Zeit aufzuschreiben. Sie erschienen als Buch unter dem Titel »Früher hab ich nur mein Motorrad gepflegt«.

In diesen drei Monaten hatte ich gemerkt, wie dünn das Eis war, auf dem meine Eltern nun schon seit geraumer Zeit liefen. Ihre Zeiten mit Toeloop, Salchow und dreifachem Rittberger waren definitiv vorbei.

Plötzlich hatte ich einen komplett neuen Gedanken: Ich überlegte, ob ich von Dortmund nach Minden ziehen sollte und wollte, um meine Eltern etwas zu unterstützen. Ich würde damit auch den Weg zu meiner in Hannover wohnenden Lebensgefährtin erheblich verkürzen. Ich fragte Ute und Uli, meine Jugendfreunde in Minden, enge Vertraute und Weggefährten, ob sie mich eventuell, perspektivisch, langfristig gesehen als Mieter akzeptieren würden. Sie erzählten mir, ihr ältester Sohn Philipp plane, mit seiner Familie zu bauen, ich solle mir doch mal deren Wohnung ansehen. Die war – und ist – ein Traum: mit Blick auf die Porta und den »Willem«, das Kaiser-Wilhelm-Denkmal. Und was noch besser war: Ich wurde als Mieter akzeptiert. Wir kamen überein, dass ich die Wohnung würde übernehmen können. »Nächsten Herbst«, hieß es. Was für mich, den Zimmermann, bedeutete, dass Philipp und die seinen ihr neues Haus nicht vor dem darauffolgenden Frühjahr bezugsfertig bekommen würden. Könnte auch gut Sommer werden, dachte ich. Aber auch Philipp ist Zimmermann. Im September erfuhr ich, für mich überraschend, für Philipp »normal, hatte ich doch gesacht!«, dass ich zum 1.12. würde einziehen können. Am 25.11. begann meine Wintertournee mit meinem Jahresrückblick »Ab dafür«. Ich zog mittendrin um. Fast überstürzt verließ ich Dortmund. Davon wird im Folgenden noch die Rede sein. Ich ließ all mein Hab und Gut in Kisten packen, während ich noch Texte schrieb, schon die ersten Auftritte absolvierte und die Tournee umplante, jetzt mit neuen Reiserouten. Von Minden aus war vieles weiter als vom zentral gelegenen Ruhrgebiet. Neue Hotels mussten gefunden werden.

Und der Umzug wollte geplant sein. Über zweihundert Kisten brachte das Umzugsunternehmen am Tag X nach Minden. Ich wohnte fortan zwischen ihnen. Bis heute sind nicht alle »entpackt«. Seither lebe ich wieder in Ostwestfalen-Lippe.

Eine wunderbare Gegend. Man grüßt sich. Man grüßt jeden. Wer sich nicht grüßt, gilt als Stiesel. Die meisten, und längst nicht mehr nur die mit plattdeutschem Hintergrund, sagen zumindest im nördlichen Ostwestfalen: »Moin auch.« Das »auch« ist wichtig, es geht aber auch ohne. Auf keinen Fall aber »Moin, Moin«, das gehört dem Norden, den Küsten. »Moin« sagt man bei uns ganztägig, nicht nur am Morgen. Es bedeutet eher »Hallo« als »Guten Morgen«. »Moinsen« ist selten, das gab es früher gar nicht in Ostwestfalen und wurde hier erst durch Kommissar Thiel aus dem Münster-*Tatort* populär. Ein eingewanderter Gruß quasi, aber schnell integriert. Ewig gültig bleibt außerdem die Variante »Tach auch!«.

Es ist furchtbar, aber es geht

Ich war eingeladen, im Rahmen der »Holztage im Mindener Wald« unter dem Motto »Klima, Umwelt, Region« zu reden. Es gab dort ein reichhaltiges Familienprogramm, aber auch Fachaussteller, Nutzfahrzeuge, Motorsägen-Skulpturen, »Speedcarving«-Wettbewerbe, Waldexkursionen und Waldbaden, Umweltaktivisten klärten auf, ein buntes Kaleidoskop von Aktivitäten rund um das Thema Holz.

Ich sollte einen kabarettistischen Beitrag machen zur offiziellen Eröffnungsveranstaltung, erwartet wurde auch die damalige NRW-Ministerin für Umwelt, Landwirtschaft, Natur und Verbraucherschutz, Frau Ursula Heinen-Esser von der CDU – die übrigens, wie ich, an einem 7. Oktober geboren ist, und zwar in Köln. Da hatte ich mal gelebt. Ich nahm das zum Anlass, über das Verhältnis zwischen uns Westfalen und den Rheinländern nachzudenken:

»Nordrhein-Westfalen wurde am 23. August 1946 gegründet. In diesem Bundesland bin ich geboren und nach kurzem Aufenthalt als Entwicklungs- und Bewährungshelfer in Hessen wohne ich dort wieder! Und es ist herrlich hier! Eigentlich! Denn NRW ist ein völlig unsinniges Bundesland. NRW haben sich die Briten ausgedacht und da haben sie zusammengefügt, was nun wirklich nicht zusammengehört: Nordrhein und Westfalen. Ein größerer kultureller Unterschied ist nicht denkbar. Auf der einen Seite die bodenschweren Westfalen im Verbund mit den tiefgründigen Ostwestfalen und den vernünftigen, weil sparsamen Lippern. Auf der anderen Seite die sinnlos karnevalisierenden Rheinländer rund um Köln und Landeshauptstadt Düsseldorf bis rüber nach Aachen. Was sollen diese willkürlich in einem Bundesland verbundenen Bevölkerungsgruppen, die nur durch Zufälle der Weltgeschichte nebeneinander wohnen, miteinander anfangen?

Zum ersten Mal dachte ich: Warum sind wir, die Ostwestfalen 1949 eigentlich kein eigenes Bundesland geworden? Wir allein haben doppelt so viele Einwohner wie das Saarland! Stattdessen müssen wir uns jetzt mit allen rumärgern, die sonst noch in NRW wohnen. Das Sauerland ist ja noch ganz okay. Die sind verschwiegen wie wir. Das Ruhrgebiet geht auch noch. Lünen, Dortmund. Witten.

Aber spätestens ab Wuppertal ist es vorbei. Und dann kommen erst Köln und Bonn. Der Kölner ist quasi der Jamaikaner der Bundesrepublik, immer ein Lied auf den Lippen, nur leider kein Reggae. ›Ja, da simmer dabei.‹ Dat is aber nicht prima. Es ist schrecklich, dass die dabei sind! Selbstbesoffen von den kleinsten Bieren der Welt, fristet der Kölner sein karges Dasein jährlich, bis er am 11.11. sich entpuppt, dann ist es wieder so weit und er geht als Lappenclown auf die Straße. Das ist sein wahres Ich – Lappenclown!

Weil es sonst mit dem anderen Geschlecht nicht läuft, wird wenigstens an Karneval gebützt! Gebützt? Es wird wild geküsst. Man küsst jeden, der nicht bei drei auf dem Baum ist. Bei uns in Ostwestfalen ist ein Kuss ein Heiratsversprechen. Immer noch. Und auch schon ohne Zunge. Dieses Versprechen wird nicht unbedingt gehalten, aber versprochen ist erst mal versprochen.

Rheinland und Westfalen, das ist an und für sich ein Unding. Eine Fehlkonstruktion. Rheinländer und Westfalen sind viel zu verschieden, als dass sie eins und einig werden könnten. Aber beide Bevölkerungsgruppen sind je nachdem tolerant oder ignorant. Die einen plappern, die anderen schweigen. Und keiner hört dem anderen dabei zu, obwohl der Westfale auch im Schweigen mehr erzählt, als der Rheinländer in einer halben Stunde sagt.

1995 schon machten Jürgen Becker und Rüdiger Hoffmann darüber ein Kabarettprogramm. Ihr Titel gilt bis heute: ›Es ist furchtbar, aber es geht!‹«

Als ich diesen kleinen Text schrieb, wurde mir erneut klar: Ich weiß leider gar nicht viel über das von mir so hochgelobte und geliebte Ostwestfalen. Und über Lippe schon gar nichts. Über Finnland konnte ich inzwischen fünf Stunden referieren ohne Pause. Über OWL keine fünf Minuten. Das galt es zu ändern.

Unbekanntes Ostwestfalen

Immer wenn ich nun jemandem erzählte, dass ich in meine Heimat zurückgezogen sei, kamen erstaunliche Reaktionen. »Toll, dass du das machst wegen deiner Eltern«, hörte ich dann oft. Ich dachte eher: Ach du liebe Zeit, was habe ich denn da gemacht? Und meine Eltern sagten immer wieder: »Wegen uns hättest du das nicht machen müssen.«

Meine Hilfe war auch nicht jederzeit willkommen. Wollte ich meiner Mutter nur aus dem Mantel helfen, donnerte sie stolz: »Loat datt siern, ick bin kein old Wief!«

Dann kam irgendwann Corona. Der Gesundheitszustand meines Vaters verschlechterte sich, der meiner Mutter war auch nicht der beste. Das Hören, die Augen, Herzkrankheiten, Parkinson bei ihm, Morbus Menière, also Schwindel bei ihr, Krankenhausaufenthalte. Wenn ich alle Malessen beider aufzählen würde, wäre dieses Buch voll. Nun war es wirklich sinnvoll, vor Ort zu sein. Corona verhinderte Auftritte und ermöglichte Begleitung. Aber meine Kunst! Mein Beruf! Die blieben auf der Strecke. Das Schreiben! Ich suchte ein neues Thema. Ich wurde etwas unruhig. Ich reiste – soweit Abstandsregeln und Hygienekonzepte es zuließen – während der Pandemie hier und da zu Auftritten, mit meinem Jahresrückblick, den Finnland-Programmen, und erzählte darin immer wieder kurz von der Rückkehr nach Ostwestfalen. Das Publikum lachte und war unterhalten. Und dann wurde mir klar: Ich wusste fast gar nichts über Ostwestfalen. Über Lippe. Ich begann, mich zu interessieren. Vor zwanzig Jahren hatte ich ein Hörfunk-Feature für den WDR gemacht: »Ostwestfalien Aliens – ein Landstrich schlägt zurück«. Ich war der Frage nachgegangen, warum so viele Künstler aus dem komischen Feld aus Ostwestfalen stammen. Ich las noch einmal das Manuskript.

Langsam, aber immer klarer zeichnete sich die Idee ab: Ich muss mir Ostwestfalen erschließen, wie ich Finnland entdeckt habe. Ich besprach die Idee vor allem mit zwei Niedersachsen, mit meiner Lebensgefährtin Rita und mit Freund und Kollege Dietmar Wischmeyer, einem Ostwestfalenexperten par excellence. Beide ermutigten mich. Nur meine Mutter schüttelte den Kopf: »Wer schall dat läsen?« Mein damals noch lebender Vater sagte: »Dat well doch keiner wiarten!«

Ich machte einen Plan. Dieses Mal würde ich nicht die Außengrenzen abreisen, sondern Tagestouren machen, mich Zufällen überlassen, Begegnungen herbeiführen, Ostwestfalen-Lippe bereisen. Reden, recherchieren, lesen. Ich würde mich dabei, wie beim Glücks-Buch über Finnland, hauptsächlich den Impulsen, dem Zufall überlassen. Reagieren auf das Kippen der Dominosteine und so hoffentlich auch auf ungewöhnliche Fährten kommen. Dieses Mal war ich nicht auf einer kompakten, mehrwöchigen Reise, ich habe vielmehr monatelang kleine Expeditionen gemacht.

Geführt hat mich meine eigene Faszination, ohne Anspruch auf Vollständigkeit, dazu sollte meine Reise zu subjektiv sein. Außerdem ist mein geschichtliches Interesse nicht sehr ausgeprägt. Ich bin Satiriker, kein Historiker. Ich wollte auch kein Buch schreiben, wie es schon andere gab. Keine 111 Orte oder 55 Highlights, keine fünfzig Geheimnisse.

Dies ist der Bericht einer Rückkehr und zahlreicher Entdeckungen in einer Heimat, über die ich fast nichts wusste.

Dieses Buch müsste eigentlich heißen: »Das kuriose Ostwestfalen-Lippe-Buch«. Ich habe mich entschieden, »Lippe« im

Titel zu unterschlagen. Aber auf gar keinen Fall im Buch und auch nicht im Herzen. Ostwestfalen-Lippe, kurz OWL, wir gehören zusammen wie Max und Moritz, die übrigens »ganz eigentlich« auch Ostwestfalen sind! Wilhelm Busch stammt aus Wiedensahl, dem ersten Dorf hinter der ostwestfälisch-niedersächsischen Grenze bei Lahde, also genau genommen Ost-Ostwestfalen. Da sind die einen von hier wie die anderen von dort. Für wirkliche Wesensunterschiede müsste mindestens ein kompletter Landkreis dazwischenliegen.

Die Verkürzung auf »Das kuriose Ostwestfalen-Buch« klingt kompakter. Trotzdem wäre Ostwestfalen ohne Lippe wie ein Auto ohne Räder, wie ein Haus ohne Dach, wie eine Schippe ohne Stiel. In jeder Hinsicht, wirtschaftlich und kulturell gehören wir zusammen und gemeinsam sind wir unschlagbar!

Auf ein Wort

»Mein Vater ist ein typischer Ostwestfale. Wenn der sagt: ›Da in der Mauer ist ein Loch‹, dann rennt er so lange gegen die Wand, bis da eins ist!«

***Thomas Lienenlüke**, aus Bielefeld stammend, in Köln lebend, einer der wichtigsten Autoren für Kabarett und satirische TV-Formate*

Wo ich wech bin

Ich stamme aus Minden und dort aus dem nördlich gelegenen Dörfchen Kutenhausen, mit dem Nachbardorf Todtenhausen sind wir zweieiige Zwillinge. Wir teilen uns die Kirche und den Sportverein, SVKT, Spielvereinigung Kutenhausen/Todtenhausen. Aber jedes der beiden Dörfer hat einen eigenen Schützenverein und damit auch ein eigenes Schützenfest.

Ich bin Ostwestfale, aber nördlich der Gebirgszüge, des Wesergebirges rechts von der Weser und des Wiehengebirges links der Weser, geboren. Am Anfang der Norddeutschen Tiefebene. Hier endet Nordrhein-Westfalen, hier ist der nordöstliche Zipfel. Hier ist das gelobte OWL. Wir hier wohnen im Kreis Minden-Lübbecke, der sich stolz »Mühlenkreis« nennt mit 43 restaurierten und größtenteils funktionsfähigen Mühlen.

Auf das Wiehengebirge schaue ich täglich, ich sehe es von meinem Wohnzimmer aus. Der Volksmund sagt: »Wiehengebirge, weil es wie'n Gebirge aussieht.« Von der anderen, der südlichen Seite des Berges, habe ich kaum je etwas erfahren, obwohl OWL da im Grunde erst richtig beginnt. Wir fuhren samstagnachts eher noch schnell Richtung Norden zum Hamburger Fischmarkt als in die Disco nach Bielefeld. Bad Oeynhausen, Herford und der »Rest« von Ostwestfalen, Lippe sowieso, das alles liegt für uns »achtern Berge«, hinter dem Berg. Das wiederum sagen drüben die Oeynhauser über uns. Eigentlich weiß ich wenig von den Menschen dort, den Tieren und Sensationen. Bevor ich mit diesem Buch begann, wusste ich nichts vom Bielefelder Kennhuhn, vom Extertaler Katzenkopf, vom *Sackmuseum* in Nieheim oder dem zweifachen Besuch der Berliner Quadriga in Rietberg und vielem anderen.

Ich will aber nicht nur beschreiben, was ich fand und entdeckte. Ich möchte die Ostwestfalen, diese Menschen mit dem feinen, oft rabenschwarzen Humor auch selber sprechen lassen. Die typischsten, die ich kenne, sind meine Eltern. Schon in meinen Büchern »Finne dich selbst!« und »Früher hab ich nur mein Motorrad gepflegt« schrieb ich über sie. »Das kuriose Ostwestfalen-Buch« vollendet in gewissem Sinn auch eine Trilogie über meine Eltern. Inzwischen ist mein Vater Hermann verstorben, im Buch kommt er zusammen mit meiner Mutter Ilse immer wieder mal zu Wort, in »ostwestfälischen Dialogen«, mit Einlassungen und Zwischenrufen, mit dem so typisch trockenen Witz, als habe Loriot ihnen die Sätze geschrieben. Die Ostwestfalen wären großartige Komiker – wenn es sie auf die Bühne zöge. Und die unter ihnen, die das als Berufsfeld gewählt haben, sind es tatsächlich.

In diesem Buch kommen Prominente zu Wort und Unbekannte. Sie gaben mir Interviews oder machen Einwürfe.

Ganz besonders stellte ich mir die Frage: Warum kommen so viele Humorschaffende aus OWL? Komiker, Autoren, Satiriker, Kabarettisten, Comedians, Cartoonisten, Karikaturisten. Die Liste ist unendlich.

Ich bin verschiedenen weiteren Fragen nachgegangen. Wer sind diese sagenumwobenen Lipper? Gibt es einen Unterschied zu den legendären Ostwestfalen? Was soll das überhaupt sein, dieses Ost-West-Falen? Wiglaf Droste schrieb in seinem Text »Tünseliges Ostwestfalen«: »Von Harry Rowohlt stammt der Hinweis, dass Ostwestfalen ein Unsinnswort sei – Ost und West subtrahierten sich wechselseitig, und übrig bliebe: Falen. Falen ist aber kein anständiger Name für einen Landstrich. Außerdem spricht sich Ostwestfalen umständlicher und langsamer als Falen und passt deshalb sehr gut zu seinen Bewohnern, die schon zum Frühstück Schlachteplatte essen können und das dann leckö finden. Wenn Kinder in Ostwestfalen spielen, heißt das kalbern, da ist das Herumalbern schon mit drin. Machen sie Quatsch, dölmern sie und sind analog Dölmer; toben und lärmen sie, dann heißt es bald: Hört auf zu ramentern!«

Diese Wortwahl bedeutet für mich Heimat. Wenn man von hier stammt, also wechkommt, oder aufgewachsen ist, kennt man das und entschlüsselt auch im Tonfall die Bedeutung. Für andere grenzt das an eine Fremdsprache. Wir haben tatsächlich für einiges ganz eigene Wörter, die teils aus dem Plattdeutschen in die Umgangssprache übergegangen sind. Die Sprichwörter und Sinnsprüche sind präzis, als hätten Philosophen sie formuliert. Ist irgendwo Unordnung, sagt meine Mutter Ilse: »Doar find sierben Katten keine Mus!«

»Das kuriose Ostwestfalen-Buch« will huldigen. Und es ist auf keinen Fall vollständig! So viel mehr hätte erkundet werden, so viel mehr hätte beschrieben werden können. So viele mehr hätte ich zu Wort kommen lassen wollen. Aber die Seitenzahl eines jeden Buches ist endlich und vielleicht gibt es ja mal einen zweiten Band. In meiner Auswahl liegt keine Ablehnung. Ich bin zuvorderst einfach meinen Interessen nachgegangen, auch in der Recherche, bin dabei oft Zufällen gefolgt. Ich habe alte Freunde und Bekannte besucht und neue Gefährtinnen und Gefährten gefunden. Ich habe mir Vertrautes neu entdeckt und bin überall Neuem, Unbekanntem, Faszinierendem begegnet.

Viele waren bereit, mir ihr Wissen zu schenken, Geschichten zu teilen, oder gaben Tipps. Ich möchte ein Kaleidoskop des – für mich – kuriosen Ostwestfalen-Lippe zeigen. Dieses ursprünglich griechische Wort Kaleidoskop ist ganz wunderbar, denn es bedeutet etwa: »schöne Formen sehen«.

Manchmal – das habe ich oben angekündigt – lasse ich im Buch aus klanglichen Gründen »Lippe« weg. Bitte ergänzen Sie das still, ebenso wenn ich nicht immer die weibliche und männliche Form nenne. Der Lesefluss ist mir so lieb wie Weser, Lippe, Ems und Pader.

Wenn ich von Ostwestfalen rede, meine ich immer uns alle, diese knorrigen, widerständigen, wunderbaren, oft unterschätzten Menschen in einem faszinierenden Landstrich. Leute mit trockenstem Humor und größter Zuverlässigkeit. Menschen, die oft schweigen. Es sei denn, es gibt was zu sagen.

Über sie zu sagen gibt es jede Menge.

Also sprechen wir von ihnen, von uns, vom kuriosen Ostwestfalen-Lippe. Und über meinen Weg, meine Rückkehr dorthin.

Auf dem Einwohnermeldeamt

12. Dezember. Nun bin ich erstmals in Minden in der neuen Wohnung aufgewacht und sitze zwischen den Kartons. Mein erster Tag nach dem Umzug.

Ich fühle mich verloren in diesen schmalen Gängen, die die Möbelpacker gelassen haben, um noch ein Fenster öffnen zu können. Ich schaue an den Kartonstapeln zur Zimmerdecke hoch und fühle mich klein wie in den Straßenschluchten von New York.

Meine Eltern schauen vorbei und suchen, erschöpft vom Treppenaufstieg, nach einer Sitzgelegenheit. Ich hebe einen Karton von ganz oben herunter und setze die beiden darauf.

»Wägen us mösst du datt nich moaken!«

Meine Mutter wiederholt das wie ein Mantra. Auch jetzt noch, wo ich es längst gemacht habe und sie in meiner neuen Wohnung sitzt. Mein Vater ermahnt sie: »Nu is hei doch oll hier und ümmetoagen. Und de Woagen is ok oal wäge.« (Nu ist er doch schon hier. Und der Umzugswagen ist auch schon weg!)

»Er«, das bin ich. Mein Umzugswagen hat angeblich 240 Kisten gebracht. Jedenfalls wird diese Zahl schon in einer Woche auf meiner Rechnung stehen. Ich weiß das jetzt noch nicht, aber das wird meine erste Post in der neuen Wohnung werden.

2. Januar: Mit den 240 Kartons wohne ich nun schon seit drei Wochen in Minden. In meiner Heimatstadt. Dabei hätte ich

mir nie vorstellen können, jemals wieder zurückzugehen. Meine Mutter hat ihr Mantra inzwischen in den Konjunktiv gesetzt: »Wägen us härst du datt nicht moaken mösst!«

Am ersten Werktag des neuen Jahres gehe ich morgens um halb acht durch die Stadt, um mich anzumelden. Kein Mensch ist auf den Gassen. Für jemanden, der aus Dortmund kommt, ein seltsamer Anblick. Ich gehe am alten Rathauseingang vorbei, aber hier ist um kurz vor acht die Stadt noch verrammelt und verriegelt. Einzig die Tür zum Dom steht auf. Das ist beruhigend, denn der Glaube hat ja keine Zeit, die Stadtverwaltung schon.

Ich gehe zum Seiteneingang des Rathauses. Ich bin gespannt, ob das Einwohnermeldeamt noch da ist, wo es früher mal war. Jetzt ist die Tür zum Amt überraschenderweise so offen wie das Domportal. Es ist Punkt acht. Am ersten Arbeitstag des Jahres ziehe ich die laufende Nummer zehn, die Fünf ist bereits aufgerufen. Einige waren also noch früher wach als ich. Und an allen Schaltern ist Betrieb. Ich bin beeindruckt vom frühmorgendlichen Fleiß der Ostwestfalen schon am ersten Arbeitstag des Jahres.

Ich sitze, starre auf die Anzeigetafel und weiß gar nicht, ob jetzt ein neues Paradies auf mich wartet oder ob das letzte Abendbrot in Dortmund eine Henkersmahlzeit war. Meine Gedanken jagen sich: »Last supper! Gehe direkt in das Gefängnis, gehe nicht über Los, ziehe keine 4.000 Euro ein.«

Nummer neun wird aufgerufen. Noch könnte ich die Möbelpacker anrufen und sagen, sie sollen alles wieder abholen und zurückbringen. Moment! Seit gestern gehört mir meine alte Wohnung in Dortmund nicht mehr.

Die Zehn wird angezeigt! An Schalter eins. Die Dame kennt mich, ohne auf den Ausweis zu schauen. Das ist hier so. Man kennt sich, also kennt man auch mich. Außerdem habe ich einen zu öffentlichen Beruf. Nett und routiniert werde ich angemeldet. Dann schaue ich sie an und sie mich. Wir schweigen kurz. Dann sagt sie freundlich: »Bitte?«

Ich blicke sie weiter erwartungsvoll an.

Sie sagt: »Das war es eigentlich, Herr Gieseking.«

Ich frage: »Und das Begrüßungspaket?«

Sie wird etwas rot und sagt: »Äh, so etwas haben wir nicht.«

»Da hatte ich aber fest mit gerechnet. Also, schon drauf gehofft.«

»Früher hatten wir mal so was. Ich glaube, das ist eingespart worden.«

Ich sage leise: »Nicht mal einen Stadtplan?«

Sie sieht meine Enttäuschung, überlegt kurz und sagt: »Das Einzige, was ich Ihnen anbieten kann, ist der Abfallkalender für dieses Jahr.«

Den hab ich dann auch genommen.

Na bitte! Es geht doch.

Namen sind Schall und Brauch

Unsere Mutter ist als »Südmaas Ilse« der lebende Beweis: In Ostwestfalen heißt man nicht einfach so, wie man heißt! Bei uns nördlich von Minden haben viele Familien einen »Beinamen«, der oft nichts zu tun hat mit dem eigentlichen Namen. Im Bereich Gütersloh ist es noch weit verzwickter.

Starten wir aber in meinen beiden Heimatdörfern, den zweieiigen Zwillingen Kutenhausen und Todtenhausen. Viele der alteingesessenen Familien haben hier Rufnamen, manche dienen dazu, gleichnamige auseinanderhalten zu können. Es gibt Meier eins und Meier sechs. Meier zwei bis fünf gibt es allerdings nicht. Und Meier eins wurden »Zaas« genannt und »Zaas Helga« führte die Kneipe, die auch »Zaas« hieß, und das Lebensmittelgeschäft.

Ein paar Meter war »Kohlen-Fritz Frieda« die Chefin vom Brennstoffhandel. Eine Familie Wiese heißt »Poapen Mürkers«, scheint also mindestens ursächlich was mit Maurern zu tun zu haben. Kruses heißen »Spiekemaas«, Familie Poos werden »Schmaas« genannt, »Lühms« heißen in Wirklichkeit Rohlfing, »Scheeps« bekommen Post nur, wenn Schamerloh auf dem Brief draufsteht. »Pulla« ist eine weitere Familie Wiese. Bauer Gieseking, das sind »Koarls«, eine andere Bauernfamilie Gieseking wird »Hilgemaas« gerufen. Und warum ein dritter Gieseking »Mussolini« genannt wird, weiß keiner.

Auch für »Ewerthinnok« anstelle von Röckemann, für »Damsken« anstelle von Rathert und »Lükens« für die nächsten Ratherts gibt es keine Erklärungen. Bei Tischler Rathert hingegen hat der Rufnahme »Sarglagers« eine gewisse Logik. Bei einem weiteren Rathert lässt »Dickenacken« Spekulationen zu. »Meister Scharf« bei Röckemann ist wiederum ein Rätsel. »Müsseburn«, der Bauernhof zur Linken von »Koarls«, hat Becker an der Klingel stehen. Der Bauernhof zur Rechten, »Schlingmanns« also, heißt in Wirklichkeit Hormann. Schwiers in Todtenhausen heißen »Riekeln« und der Neffe meines Freundes Kiki, Frederik, hat aus dem Bauernhof eine Mosterei mit Hofladen gemacht und den alten, traditionellen Namen zur Marke entwickelt: Riekelnhof.

Irgendwann stieß ich auf die Ostwestfalenkrimis von Thomas Krüger. Ein Protagonist mit dem schrägen Namen Erwin Düsedieker, begleitet von seiner treuen Laufente Lothar. Im Laufe der Bände steigt die Zahl der Laufenten, Lothar und Lisbeth werden in Band zwei ein Paar und bekommen in Band drei Nachwuchs. Mich überraschten die Namen der Handelnden, der Protagonisten wie der Nebenfiguren der Erwin-Düsedieker-Krimis. Ich dachte: Na, das ist aber jetzt etwas sehr angestrengt, sehr »bemüht-witzig« konstruiert. Einen Polizisten mit Vornamen Lars-Leberecht fand ich noch okay, aber Alwine Thiesbrummel? Lappenbusch? Bökenbrink? Mickenbecker?

Doch bei der Recherche stellte sich heraus: Vieles ist gar nicht erstunken und erlogen, sondern wunderbar gefunden und zitiert. Ich fand sogar einen Zahnarzt namens Mickenbecker, niedergelassen in Bielefeld. Inzwischen weiß ich es also besser! Kollege Krüger, ich bitte um Verzeihung.

Ich fand im Heimatjahrbuch Gütersloh 2020, eine im Übrigen exzellente Reihe, einen sehr informativen Artikel über Familiennamen im Kreis Gütersloh: »Schniggendiller, Beckervordersandforth und Co.« Namen, man glaubt es nicht.

Autor Matthias Borner erklärt zuerst, wie überhaupt Nachnamen sich zusammensetzen, aus Berufsnamen (zum Beispiel Müller), aus Herkunftsnamen und Wohnstätten (Brückner, an einer Brücke, und Lindner, an einer Linde wohnend). Manche bilden körperliche Eigenheiten ab, Klein, aber auch Kraushaar, Krummbein, auch das Ess- und Trinkverhalten der Ahnen lässt sich ablesen oder erahnen bei Namen wie Süper oder Schluckenbier.

Besonders diese ostwestfälische Region zwischen Rietberg, Verl, Schloß Holte-Stukenbrock und Delbrück hat im Felde der Hausnamen extreme Wortgebilde hervorgebracht. Herr oder Frau Pauleickhoff, schreibt Matthias Borner dort, habe von Versandhäuser Post an Herrn Paul Eickhoff bekommen, ebenso adressierte man an Christoph Liemke statt an Familie Christophliemke. Hier leben die Familien Hanswillemke, Maarkerstingsjost und – mein Lieblingsname – Peterottotöns. Das klingt beinah finnisch. Danach kommt Settertobulte und Füchtencordsjürgen.

Manchmal gibt es das auch woanders: In Herford fand ich das Gartencafé Düsediekerbäumer. Aber eindeutig wohnen die meisten dieser Berndfürchtenschnieders und andere rund um Gütersloh. Hier wohnen die Herr- und Frauschaften Hemkentokrax und Dreismickenbecker und die Familie mit dem längsten deutschen Familiennamen ohne Leerzeichen und Bindestriche: Ottoverdemgentschenfelde.

Über einen Dirk Ottoverdemgentschenfelde schrieb die *Neue Westfälische* mal, er sei immer wieder mit seinem Kumpel Gerdtommarkotten unterwegs, und die zwei sagten der Reporterin, sie würden gern mal »einen von den Beckervordersandforths und einen von den Rodenbeckerschnieders mitnehmen« auf eine kleine Reise, allein um Hotelangestellte beim Einchecken an den Rand des Wahnsinns zu treiben, zumindest aber sie gehörig »ins Schwitzen zu bringen«.

»Und« und »Muss«

Absolut typisch für unser Ostwestfalen ist die Dialogpaarung aus »Und?« und »Muss!«. Der kürzeste Dialog der Welt!

Manchmal noch mit angehängtem »Und selbst?«.

»Und?« Diese Frage ist echte Philosophie. Wenn wir das analysieren, müssen wir uns folgenden typischen Dialog vergegenwärtigen, der in Ostwestfalen jeden Tag bei vielen Tausend Begegnungen oft als Einziges zwischen jeweils zweien gesprochen wird.

Also: Treffen sich zwei Ostwestfalen, so sagt der eine: »Und?«

Darauf antwortet der andere, leicht verzögert: »Muss!«

Dieses erste fragende »Und?« ist das größtmögliche Interesse am Gegenüber, die Frage nach dessen Sein und Wollen. Das ist Philosophie und Seelsorge zugleich. »Und?« ist die Frage nach dem Urgrund.

Und dann kommt vom Gegenüber die Antwort: »Muss!«

Dieses »Muss!« ist einerseits ehrliche Erwiderung und andererseits ironisches Spiel in einem.

Dazwischen sind zahlreiche Informationen zwischen beiden, ganz ohne Worte, in einer Fantastilliarden Stundenkilometer schnellen Geschwindigkeit hin- und hergeflossen, die im Gegensatz zur äußerlichen Ruhe und der extrem niedrigen Sprechgeschwindigkeit steht. Osmotisch quasi wurden Befindlichkeiten, Freuden, Qualen oder Routinen, und zwar von beiden Seiten, ausgetauscht, auch ohne dass die Gegenfrage »Und selbst?« gestellt wurde. Diese Informationen sind in Bruchteilen von Sekunden nonverbal hin- und hergesandt, ausgetauscht und jeweils entschlüsselt worden. Aber trotz dieser Schnelligkeit im Austausch bliebt die äußere Ruhe erhalten. Und dann setzt im Grunde in beiden Akteuren eine Art stummes, gedanklich-philosophisches Wiederkäuen dessen ein, was gesendet und empfangen wurde. Gleichzeitig sagt jeder die Worte »Und?« und »Muss!« mit dieser ironischen Distanz, die ebenfalls blind verstanden wird.

Ein Blick auf die möglichen Varianten in den Subtexten: »Und?« bedeutet: »Geht es dir gut?« Oder: »Alles im Lot?« Oder auch: »Mir ist da was zu Ohren gekommen, ich kann es nicht glauben, du musst nicht darüber reden, du musst jetzt nichts sagen, aber ich mach mir jede Menge Sorgen, ob alles okay ist.«

Und das »Muss!« kann stehen für: »Riesiger Mist. Frag nicht. Aber was willst du machen? Da muss ich durch!« Manchmal aber sagt es: »Och. Geht so. Nicht so doll. Aber wenn du mich schon fragst: Muss!« Es kann aber auch bedeuten: »Mir geht es super! Fantastisch. Aber reden wir da nicht drüber. Ich will jetzt nicht angeben. Das muss man ja auch nicht laut sagen.«

Der Ostwestfale spricht dabei auch extrem langsam, obwohl man meinen könnte, dass ein Wort wie »Und?«, aus nur drei Buchstaben, gar keine unterschiedlichen Sprechgeschwindigkeiten haben könne. An manchen Tagen kommt der Sprachfluss sogar ganz zum Erliegen. Dann fragt der Ostwestfale nicht mal mehr »Und?«, sondern schaut nur scheinbar flüchtig zum Gegenüber, hebt kurz das Kinn und senkt es sofort wieder und schaut dabei etwas fragend.

Dann zuckt der andere kurz mit etwas schräg gelegtem Kopf mit den Schultern. Dann schauen beide wieder nach vorne. Eventuell nickt der Gefragte noch mehrfach leicht. Das funktioniert auch.

Meine fünfzig ostwestfälischen Lieblingswörter

Dies ist eine Liste meiner Lieblingswörter und -ausdrücke. Manche sind aus dem Plattdeutschen, manche sind Redensarten, alle sind ganz wunderbar und wenn ich sie höre, wird mir warm ums Herz. Wenn ich sie manchmal, quasi in Gedanken »annerwärts«, also »auswärts« benutze, sage oder murmele, muss ich sie fast immer erklären.

abelig (im Bielefelder Raum), *ömmelig* (in Nordostwestfalen) – schlecht, unwohl, flau

Ballerbraken – ein Rüpel oder Trampel

Bangeböxe/Bangeböchse – Angsthase; *bange sein (Mir ist bange)* heißt Angst haben

Beddegoanstiet – die Aufforderung, wenn es Zeit ist, ins Bett zu gehen, auch lustig gemeint für Aufbruch bei Freunden; sagen auch Leute, die eigentlich kein Platt sprechen

beschickert – betrunken

betuppen – bescheißen

Blag – Kind

bollerig – als Wesenszug: rüpelhaft, als Beschreibung: weit, unförmig, das Gegenteil von *spack* – hauteng

dameln oder *rumdameln* – Unsinn machen

dölmern, Substantiv: *Dölmer* – ebenfalls Unsinn machen

duun – betrunken

Eichkatten – Eichhörnchen (Plattdeutsch)

Grappen – Witze, Streiche, Blödsinn (ein Wort, das wir wohl aus dem Niederländischen übernommen haben)

güst – schnell, unmittelbar, »immediately«
Husche – Regenschauer
i-Männchen, i-Dötzchen – Schulanfänger
kalbern – rumalbern, körperbetontes Spielen
Kattenvenne – Synonym für ein »Irgendwo«
Klaukschieter – Klugscheißer (Plattdeutsch)
knülle – betrunken
Kodderschnauze – jemand, der oder die immer für einen lustigen oder ironischen oder schwarzhumorigen oder anzüglichen Spruch gut ist
Kopsibolter – bei Bielefeld, im Dorf des Verlegers: Purzelbaum (unbekannt in Minden-Lübbecke)
Mallessen – Krankheiten
Mauken – Füße
Mieselregen, es *mieselt* – ganz leichter Regen
nöckelig sein bzw. *nöselig* – unzufrieden
plästern/et plästert – wenn es (stark) regnet
Pölter – Schlafanzug
Pöter – Hintern, Po
zu Potte kommen – fertig werden
ramentern – Lärm, Krach machen, aber auch *nöselig* sein
riewe – reichlich
röch di (rög di) – mach hin, los jetzt (Plattdeutsch)
ruhme – weit, Hosen sitzen *ruhme,* wenn sie zu weit sind
schenannt – Mischung aus peinlich und unsicher
schlickern – Süßigkeiten essen
Schnodder, Schnöppen – Schnupfen
Schnöppenpatt – wer seine Nase mit dem Ärmel putzt
schnu'm – schnäuzen
sobutz – sofort
stickum – leise, heimlich
Stritzebock – Melkschemel
Tacken – Geldstück

Töle – Hund

trecken – ziehen, Substantiv: *Trecken* – Schublade (Plattdeutsch)

Tüges – Zeug, Kram, Sachen

Tünsel – oder *Döskopp*, auch *Dussel*, wird eher Richtung Bielefeld genutzt (wird nicht in Minden benutzt, aber verstanden)

Winneworp – Maulwurf

Wo kein Schnee liegt, laufen! – Mach hin!

wullacken – so arbeiten, dass es anstrengt, dass man garantiert schwitzt

Es gibt in Ostwestfalen, wie angemerkt, immer wieder regionale Unterschiede im Gebrauch und der Bedeutung der Wörter, oft schon von Dorf zu Dorf. Manch einer aus Harsewinkel würde dem Sprecher aus Dörentrup grobe Fehler bescheinigen. Die vorliegende Liste wurde korrigiert und für gut befunden von meiner Mutter Ilse, wir legen also die »Kutenhauser Sprache« zugrunde.

Auf ein Wort

»Der Ostwestfale sieht manchmal aus wie eine Kartoffel, und immer spricht er so. Er sagt nicht ›wirklich‹ oder ›Wurst‹, sondern ›wiarklich‹ und ›Wuarst‹. Der ›Nachmittag‹ ist ihm ein ›Nammiittach‹ und das ›Abendbrot‹ ein ›Aaahmtmbrot‹. Ich weiß das, ich komme da wech, und deshalb dürfen Reneé Zucker und Harry Rowohlt auch ›Wichlaf‹ zu mir sagen.«

Wiglaf Droste*, Schriftsteller, 1961–2019, geboren in Herford (Interview in* brand eins Neuland: Ostwestfalen-Lippe*)*

Zurück in der alten Welt

Ich bin nun schon seit einigen Wochen zurück in der alten Welt, in den Kontinenten der Erde, die den Europäern vor der Entdeckung Amerikas 1492 bekannt waren: Europa, Afrika und Asien. Vor meiner »Entdeckung Amerikas«, also meiner »neuen Welt Kassel«, kannte ich Porta Westfalica, Herford und Bad Salzuflen, das man aber »Bad Salzuffeln« ausspricht. Bad Salzuflen war mir im Grunde schon ein fernes, unbekanntes Asien, Herford eine Art Afrika, mit faszinierenden Wildtieren, denn dort gab es die *Scala* und da spielten englische Punkbands, *999* und andere. Meine »alte Welt« ist Minden und Umgegend, Hille, Lübbecke und Petershagen. Nach Rahden und Espelkamp bin ich schon kaum gekommen. Das alles ist Gegend, »Tucht«, wie wir sagen, und davon gibt es in Ostwestfalen und dem angrenzenden Niedersachsen bekanntlich jede Menge.

Zum ersten Mal lebe ich nun in der Stadt Minden und nicht daheim auf dem Dorf. Einige wenige meiner alten Stammkneipen und Restaurants gibt es noch, das *Windlicht* und *Zum seriösen Fußgänger*. Wenn ich da reingehe, mit Zeitung unterm Arm oder einem Buch oder Notizblock oder sogar Laptop, um dort etwas zu arbeiten, wie ich das aus anderen Städten kenne und gewohnt bin, kommt hier sofort jemand auf mich zu: »Du musst doch nicht alleine sitzen, Bernd. Komm rüber zu uns.« Ich bin seit meiner Rückkehr sofort wieder Teil dieser Gemeinschaft.

In Dortmund konnte ich auch nach elf Jahren immer noch

davon ausgehen: Im Grunde kennt mich hier keiner. In Minden ist das anders. Der Grad an sozialer Kontrolle ist immens. Das war schon immer so. Meine Mutter war Milchmädchen und heißt trotz Heirat mit einem Gieseking bei allen weiter und bis heute »Südmaas Ilse«. Ich bin »Südmaas Ilse sien Ölsten«. »Sien«, »seiner«, also männlich, obwohl es »ihrer«, »ürn«, heißen müsste, aber so war das mit den besitzanzeigenden Fürwörtern damals, zumindest im Plattdeutschen.

Besuche ich nun meine Eltern, oder inzwischen meine Mutter, um mich »nützlich« zu machen – deswegen bin ich ja hergezogen – und komme gegen Mittag, dann erfahr ich genau, was ich am Vorabend – und wo – gemacht habe. Originalton meiner Mutter Ilse: »Gistern hätt di oll wier wer seien. Doar kann jo nix van wer'n, wenn du geden Dach im *Windlicht* sittest!«

Ich war gesehen worden? Ich war zwar nur zwischen 18 und 19 Uhr auf eine kleine Pizza da gewesen, aber das ist egal. Die Wahrnehmung ist eine andere.

Mich grüßen hier Menschen, die ich nicht kenne. Ich grüße freundlich zurück, das macht man hier so. Ganz Minden ist schließlich ein Dorf. Das ist schön, weil man fast überall alte Bekannte trifft.

Das ist Heimat: Stadt, Land, Fluss, Name, Tier, Beruf. Mich grüßen aber auch Menschen, die erwarten, dass ich sie kenne, dass ich mich an ihre Namen erinnere oder an die gemeinsame Schulzeit, Lehrzeit, Tanzvergnügen oder Sauftouren vor vierzig Jahren. Und gerade an Letztere habe ich naturgemäß wenig bis keinerlei Erinnerungen. Damals tranken wir noch Wodka-O, Wodka mit Orangensaft. Außerdem Persico, Korn und Apfelkorn. Also zwischen den Bieren. Das gehört hier zu den männlichen Initiationsriten und wird dann irgendwann zur Gewohnheit.

Vor wenigen Tagen erst hatte mich an der Tankstelle wieder jemand gegrüßt, als wäre ich sein ältester Freund, und ich stand wieder da mit dem schlechten Gewissen des Weitgereisten, der doch niemanden der alten Lieben vergessen haben wollte. An der Tankstelle nahm ich allen Mut zusammen und wollte mein Unwissen eingestehen.

Ich sagte: »Tut mir leid, ich kann mich nicht erinnern. Hilf mir aufs Pferd! Woher kennen wir uns?«

Und er sagte: »Hi, ich bin Dimitri. Wir kennen uns gar nicht. Aber ich weiß, wer du bist.«

Mir schoss durch den Kopf: Das muss also einer der Spione und Informanten meiner Eltern sein. Quasi die Dorfstasi, die ihnen sagt, in welcher Kneipe ich gewesen bin. Meine Eltern wissen schon ihr Leben lang sobutz von allen meinen Sünden.

Schon als ich Kind war. Wenn wir Jungs was »angestellt hatten«, hieß es im Dorf: »Ich weit nich, wer datt e wäsen is, over Südmaas Ilse sien Ölsten, de was doarbi!« Und diese Nachricht war schneller als ich. Die hatten meine Eltern, bevor ich zu Hause war. Und dort folgte die Strafe auf dem Fuße.

Stippgrütze und Anballersse

Nun, da ich wieder zu Hause wohne, bringt mir das Leben auch die schönsten beiden Mahlzeiten zurück, die ich kenne. Die zwei Höhepunkte der Kulinarik in OWL, fußend auf tief verwurzelten Traditionen.

Die beiden größten kulinarischen Ereignisse in Ostwestfalen sind ohne Zweifel Stippgrütze und Anballersse. Wurstebrei und Buttermilcheintopf. An beiden scheiden sich die Geister. Hier gibt es nur Ja oder Nein, nur Schwarz oder Weiß, nur »Göttlich! Könnte ich mich reinsetzen!« oder »Ekelhaft! Geh mir bloß wech mit dem Zeuch!«. Bei Stippgrütze und Anballersse gibt es kein »je nachdem« oder »kommt drauf an« oder ähnliche Unentschiedenheiten. Man liebt es oder man hasst es.

Anballersse

Anballersse oder Bottermelk-Anballersse. ButtermilcheEintopf. Jahrzehntelang habe ich den nicht gemocht und verstehe mich heute selber nicht. Wenn meine Mutter Ilse jetzt Anballersse kocht, bekommt sie von mir sämtliche Mützen und Sterne, die für Kochkunst im Spitzenbereich vergeben werden können.

Im »Kutenhuser Kelenner düa dat Joahr 2014« steht auf Plattdeutsch eine ganze Seite über Bottermelk-Anballersse. Auch ein Rezept ist abgedruckt, aber jede Frau, Mutter oder Oma hat ihre eigenen Zutaten und Maße.

Und use Mudder koaket datt wie keine annere. »Toerst mösst du Ketuffeln schälen«, sächt ütt. Also schälen und in kleine Würfel schneiden, in den Topf, salzen, kochen, circa zehn Minuten, dann abgießen. Während die Kartoffeln kochen, die Zwiebeln klein würfeln, durchwachsenen Speck würfeln oder in der Küchenmaschine zerkleinern.

»Oder im Fleischwolf?«, frage ich.

Ilse streng: »Datt bierten moaket man nich in dän Fleichwulf, datt lohnt datt ganze Upwasken nich.«

Dann also den Speck in der Pfanne auslassen, mit den Zwiebeln.

Jetzt die abgegossenen Kartoffeln unter Rühren mit Buttermilch auffüllen und aufkochen lassen. Einen Esslöffel Mehl in einer Tasse mit Wasser anrühren und mit reinrühren, damit es »dickt«. Und immer wieder die Kartoffeln mit dem Stampfer »etwas zerdrücken«.

Mit größter Bestimmtheit sagt Ilse die wichtigste Regel: »Gümmer ümmerühr'n!«

Damit es eben nicht »anballert«, damit es nicht anbrennt. Und: »Das Wichtigste sind Speck und Zwiebeln, sonst hat das keinen Geschmack.« Also jetzt den ausgelassenen Speck hinein, umrühren und dann ist das Essen eigentlich schon fertig.

Für mich ist es »pur«, als Suppe oder Eintopf eine grandiose Mahlzeit. Viele bei uns auf den Dörfern schwören darauf, es mit einem Stück Blutwurst zu essen oder auch mit Zungenwurst, einige mit »Mettwurst« beziehungsweise Salami. Bei uns gab es immer Mehl- oder Eierpfannkuchen dazu, das war schon Tradition bei beiden Großelternpaaren.

Ilse sagt: »Ick kann di kein Rezept giermen, ick moake datt gümmer ute Lameng.« Darum hier das Rezept aus dem Heimatkalender noch mal zum Abschreiben:

Anballersse
1 Liter Bottermelk
ca. 1 kg Ketuffeln
2 Ätliäpel Mähl
1 – 1 ½ Tassen Melk
200 Gramm düawossenen Speck oder Schinkenspeck
2 Zwiebeln
Sölt un Piäper

Über die Delikatesse »Anballersse« und die Anballersse-Esser heißt es abschließend im »Kutenhuser Kelenner: »Däne loppt schon dat Woater in 'n Muule tehope, wenn se dat Wuad nur höät.« Und zwar, »ganz egoal, ob et nu Kauhmelk oder Ziägenmelk was.« Letztere allerdings gab es bei uns nie. In unserem Haushalt gab es nie etwas »mit Ziege«. Keinen Lammbraten und keinen Ziegenkäse. Und niemals Fisch. Ilse sagte, als sie den Kalendertext las: »Ziärgenmelk? Boah! Goa mi wech! No schlimmer als de Fiske!«

Stippgrütze

Stippgrütze war der Höhepunkt einer jeden Hausschlachtung. Man kann sie mit Kartoffeln essen oder auf Brot. Auf Grau- oder Schwarzbrot. Und es wurde dick aufgetragen, das Fett suppte durch, die Finger waren schmierig, die Fetttropfen rannen entlang der Mundwinkel und es war ganz wunderbar. Und viele genießen das in den Wintermonaten unverändert, bis heute. Stippgrütze ist kein Sommeressen.

Sogar *Wikipedia* kennt Stippgrütze: »Sie besteht aus in Wurstbrühe gekochter Gerstengrütze, die mit Fleischresten, auch Innereien, wie Herz, Nieren oder auch Leber angereichert und mit Gewürzen und Salz abgeschmeckt wird. (...) Die gekochten Zutaten werden nach Abgießen der Brühe im Fleischwolf zerkleinert und es entsteht eine krümelige, mit fett durchsetzte Masse, die beim Abkühlen erstarrt.«

Die fetthaltige Mahlzeit hat – letztlich war ich nicht überrascht – eine eigene Website und dort steht, »Stippgrütze, regional auch ›Wurstebrei‹ genannt, ist eine ostwestfälische Spezialität.«

Ganz wichtig bei uns in Ostwestfalen ist dazu »süßer Kaffee«. Da muss man mit dem Zucker »aasen«, wie man bei uns sagt, wenn man mehr als reichlich meint. Mein lange in Finnland und heute in Berlin lebender Bruder Axel versorgt sich seit Jahrzehnten bei jedem Besuch in Minden mit Stippgrütze. Er sagt: »Tatsächlich ist Stippgrütze das beste Mittel, das Herz einer Frau zu erobern, die nicht aus Ostwestfalen stammt. Ich habe das mehrfach erfolgreich im Kennenlernen zum Bezirzen nutzen können. Stippgrütze. Die kennen ja nicht mal das Wort. Dann sahen die das im Rohzustand und waren alles andere als davon überzeugt, dass man das essen könne. Aber dann, lecker auf Brot, waren sie absolut bezaubert.« Lachend fügt er an: »Einige von ihnen treffen sich nur noch mit mir, damit sie mal wieder Stippgrütze essen können.«

Auf *stippgruetze.de* gibt es eine interaktive Landkarte Deutschlands, darin eingezeichnet die wenigen, auserwählten Regionen, in denen es echte Stippgrütze gibt. Man kann mit dem Curser drüberfahren und lernt Namen und regionale Eigenheiten. Und beim Kreis Minden-Lübbecke steht: »Das Kern- und Mutterland der Stippgrütze. Die kulinarische Wiege der Menschheit sozusagen.«

Auf dieser Website, die so ernst und seriös wie lustig ist, findet man alles, was man wissen muss: Die Vielzahl der möglichen Ingredienzen, regionale Unterschiede, Beilagen, sogar Testberichte. In einer »Kommentarspalte« finden sich zahlreiche und garantiert gefakte Zitate mit ebenso zahlreichen Pseudonymen. »Sabinsche« sagt dort: »Man muss schon sehr verzweifelt sein, um so etwas zu essen.« »Hobbyphilosoph« schreibt: »Frei nach Loriot: ›Ein Leben ohne Stippgrütze ist denkbar, aber sinnlos.‹« »aci« wird zitiert mit: »Stippgrütze – kann man wohl nicht essen, wenn man nicht aus Ostwestfalen kommt.« Die Krönung kommt von einem User mit Namen »Brackweder«: »Wenn Dr. Oetker Stippgrütze gekannt hätte, hätte er seinen Wackelpeter bestimmt nicht ›Götterspeise‹ genannt. Diese Bezeichnung gebührt nur dem Wurstebrei, dem König unter den Fleischpuddings!«

Die Macher der Seite nennen sich selber I.G.I.T.T., »Interessengemeinschaft indigener teutonischer Traditionsspeisen«. Eine der zentralen Forderungen von I.G.I.T.T. lautet: »Weltweite Einführung der Stippgrütze als reguläres Grundnahrungsmittel.«

Und sie scheinen zumindest Verwandtschaft in Minden zu haben. Unter »I.G.I.T.T. on Tour« berichten sie von einem Besuch dort bei »Oppa in sein Gaaten«. Sie beenden ihren Reisebericht mit: »Herrliches Stippgrützeland! Die beste Aussicht auf das Stippgrützeland hat man traditionell vom Kaiser-Wilhelm-Denkmal aus. Schon beeindruckend, wie der alte ›Willem‹ – wie er liebevoll im Volksmund genannt wird – segnend seine Hand über die Stippgrützlinge erhebt. So als wollte er sagen: Seht her, dort gibt es Stippgrütze, dort ist alles gut!«

Geheime Mengeling

Manche Rezepte werden gehütet wie Schätze. Das Erfolgsgeheimnis von Coca-Cola oder von Maggi sind ihre Rezepturen. Niemand hat sie jemals entschlüsseln können. Die geheimnisvolle Gewürzmischung von Miracoli heißt auf der Packung in niederländischer Übersetzung »geheime Mengeling«. Eine solche hat natürlich auch jeder Fleischermeister für seine Stippgrütze. Mein Bruder Axel schwört auf die Fleischerei Meyer in Hille. Carsten Meyer führt seinen Betrieb dort in fünfter Generation. 2023 ist das Jahr ihres 150-jährigen Jubiläums. Ich erreiche ihn mittags am Telefon. Ob er mir »kurz« was über Stippgrütze sagen könne? Er lacht: »Herr Gieseking, es ist Juli. Bei diesem warmen Wetter kann ich ganz schlecht über Stippgrütze reden!«

Stippgrütze sei ein »saisonales Produkt«, für die kälteren Jahreszeiten. »Da fangen wir erst im September oder Oktober wieder mit an, wenn die Temperaturen tagsüber unter zehn Grad sind.« Über die Temperaturen definiere sich genauso das Ende der Saison. »Meist geht das bis April.«

Und dann hält mir Fleischermeister Meyer aus dem Stand eine kleine Vorlesung über die Stippgrütze mit historischem Abriss. »Der Landwirt ging zum Füttern um sechs in den Stall. Wenn der dann im Winter durchgefroren zurückkam, brauchte der eine Energiemahlzeit. Der hatte ja schon malocht. Dann gab es Stippgrütze als Frühstück. Das war einfach ein Energieträger. Heute ist das eher ein Event. Man verabredet sich abends mit Freunden zum Stippgrützeessen. Das ist fast nostalgisch.«

Früher schlachtete man auf den Höfen selber. Und nichts vom Tier wurde übrig gelassen. Bei jedem Schwein gibt es sogenannte Edelteile und die Verarbeitungsteile, Edelteile sind die Schinken, aus denen unter anderem die Schnitzel geschnitten werden, das Eisbein, aus dem die Bratwurst gemacht wird. Aber man schmiss nichts weg, weder Schwarte noch Wange. »Man nahm die fettreichen ›Reste‹«, erklärt Meyer, »gab zwei Handvoll Getreide dazu, schüttete Wasser rein, Salz, Pfeffer, kochte auf und rührte um. Stippgrütze war damals im Grunde ›Resteverwertung‹. Früher kam auch Lunge mit rein, das Herz, Nieren. Alles, was Muskeln hatte. Lebensmitteltechnisch waren das hochwertige Innereien. Ein bisschen Leber oft noch für die Farbgestaltung.«

Die Innereien sind heute nicht mehr in Meyers Mischung. Sie kochen stattdessen jetzt die Wangen ein. »Fettiges Fleisch, mit höherem Fettanteil als Magerfleisch. Wir nehmen Gerstengraupen. Brühe, Gewürze. Fertig.« Andere Kollegen, sagt er, kochen beispielsweise mit unterschiedlichen Graupensorten. Vor allem habe jeder eine andere Rezeptur. Aber örtliche Fleischer produzierten das kaum noch. Carsten Meyer ist einer der wenigen; erfolgreich, denn er vertreibt bis Bremen, Bielefeld, Hannover, Melle, »80 Kilometer um den Kirchturm herum«, aber auch darüber hinaus. Dank Verpackungstechniken wie dem Vakuumieren ist seine Stippgrütze ein kleiner Exportschlager »weltweit«. Sie versenden in der Saison, »sobald es kalt ist«, jede Woche »sicher 15 bis 20 Pakete nach Kanada, Finnland, Russland, aber auch nach Ibiza und Mallorca.« Carsten Meyer hängt noch an: »Sogar nach Sylt!«

Am Ende unseres Gespräches frage ich doch noch mal nach der »geheimen Mengeling«. Was ist denn nun das Würzgeheimnis seiner Stippgrütze? »Salz, Pfeffer, Piment, Muskatnuss, Liebstöckel.« Carsten Meyer holt tief Luft: »Und zwei Sachen sag ich Ihnen aber nicht.«

Aha.

Und er erklärt: »Meine Meister haben natürlich Zugriff auf alles, was an Gewürzen da ist. Vielleicht ist das antiquiert, aber zwei Mischungen mache ich immer noch nach Feierabend heimlich selber: für die Bratwurst und für die Stippgrütze.«

Schwatten und Schwarzbrot

Die kulinarische Liste Ostwestfalens kann man verlängern. Currywurst mit Pommes rot-weiß gehört dazu, Sauerkrautauflauf und anderes, aber das kennt man natürlich im ganzen Lande. Das ist nichts originär Ostwestfälisches. Für manche gehören Pumpernickel und vor allem Pickert zu OWL. Für Pickert, den dicken Kartoffelpfannkuchen, der an Tortilla erinnert, wird selbst auf *Wikipedia* als »Verbreitungsgebiet« die Region Ostwestfalen-Lippe angegeben. Bei uns in Minden-Lübbecke kennen wir das gar nicht. Das zeigt, auch in den Kreisen und ostwestfälischen Regionen gibt es Unterschiede, Unbekanntes oder Umbenanntes.

Ich möchte noch zwei Dinge anfügen, die für die einen Genussmittel sind, für die anderen Grundnahrungsmittel, und zwar jeweils. Schwatten (auch Schwarten) und Schwarzbrot! Auf Platt: Schwatten und Schwattbrot! Das Erste ist ein hochprozentiges Heißgetränk, das man wiederum in anderen Teilen OWLs nicht kennt, das Zweite eine Brotsorte, bei der jeder in Ostwestfalen auf *seinen* Bäcker schwört.

Zuerst zum Schwatten: Schwatten ist Kaffee mit warmem Korn, eigentlich eher was für die kalte Jahreszeit, aber wir tranken ihn oft, wenn wir von Zeltfesten heimgingen. Und die waren immer im Sommer. Letzten Endes ist Schwatten-Trinken jedes Mal das Ergebnis von Euphorie und Übermut. Als ich Jugendlicher und junger Mann war, landeten wir immer wieder, manchmal sogar mit meinen Eltern gemeinsam, bei Freunden, mitten in der

Nacht, herrlich und längst ausreichend betrunken und in dieser Stimmung, dem jetzt noch eins draufsetzen zu wollen, zu müssen. In dieser Mischung aus Unverstand und Unbekümmertheit gab es nun noch Schwatten. Und Spiegeleier. Die Spiegeleier waren nötig als Grundlage, der Schwatte war der »Killer«.

Inzwischen kann man sich Schwatten in der Kanne im Café bestellen.

Ich spreche dazu mit einer »Fachfrau«. Ich bin eingeladen zu einem Auftritt »auf den Dörfern«, »auffem Saal« – in diesem Fall im *Schützenhaus* im »Mühlendorf« Meßlingen, das zu Petershagen gehört. Carmen Kruse-Liss ist zweite Vorsitzende des Schützenvereins »Gut Ziel Meßlingen«. Alle Beteiligten vor Ort sprechen Plattdeutsch mit mir. Sehr ungewöhnlich, aber hier normal.

Für das Kapitel über den »Schwatten« fehlt mir noch eine zuverlässige »Quelle«, ein Interview mit fachkompetenter Konsumentin oder Produzentin: »Hier im Norden des Kreises Minden-Lübbecke ist das Getränk doch legendär«, frage ich Carmen, »oder?«

»Aber so was von!«, sagt sie.

»Also: Was ist Schwatten?«

Carmen lacht und antwortet auf Platt – und ich sage: »Moment, das soll ins Buch. Lass uns das kurz auf Hochdeutsch bereden. Süss mött ick datt olles owersetten!«

»Schwatten ist eigentlich ein Wintergetränk. Aber man trinkt ihn, wenn die Tannen grün sind. Und die Tannen sind immer grün, also kann man den täglich genießen. Es ist ein Getränk aus dünn gekochtem Kaffee mit Schnaps, also Korn. Manche trinken ihn gerne süß mit Zucker, manche auch ohne.«

Es gibt die Möglichkeit, den Schwatten in der Kanne schon vorzumischen oder direkt in der Tasse »anzurichten«. Der Kaffee selber wird dünn gekocht. Dann wird ein Teelöffel in die Tasse gestellt, also »gelehnt«. Das obere Ende der Laffe, der

Höhlung, ist quasi der Eichstrich, bis zu dem der zuvor heiß gemachte Korn eingefüllt wird. Heiß, damit er den Kaffee nicht abkühlt. »Aber nicht kochen, damit der Alkohol nicht verschwindet! Ganz wichtig!«, mahnt Carmen. Bitte merken: Alkohol hat seinen Siedepunkt schon bei 78,3 Grad.

Sie schwärmt von Heinrich: »Der ist hier bei der Feuerwehr und der beste Schwatten-Kocher bei uns im Dorf.«

Heinrichs Gemengsel kennt sie nicht, aber wenn sie mit Schwester Heidrun für den Verein oder für Freunde Schwatten kocht, dann »wird das bei uns so gemacht: Ein Drittel Korn, warm, ein Drittel normal gekochter Kaffee, ein Drittel gekochtes Wasser – und die Mischung passt!«

Ich erzähle ihr: »Wir haben früher immer Schwatten gemacht, wenn wir von den Zeltfesten kamen, dann gab's auch Spiegeleier.«

»Genau!«, ruft sie. »Bei uns auch!«

Das war noch die Zeit, als traditionelle Küchenbänke um den Tisch standen, und Carmen erzählt lachend: »Die ersten sind dann schon auf der Bank eingeschlafen. Und die Küche sah am nächsten Morgen immer ein bisschen verheerend aus, wenn die Eltern dann runterkamen.«

»Wenn die nachts nicht selber mit dabei gewesen waren!«

»Genau.«

Um dieses kulinarische Kapitel zu schließen, und für den schönen Klang, kommt nach dem Schwatten nun etwas über das sogenannte Schwarzbrot, korrekt ein Roggenvollkornbrot, auf Platt »Schwattbrot« genannt. Im Kreis Minden-Lübbecke, in den Städten und auf den Dörfern haben wir immer noch eine große Anzahl kleiner Bäckereien, die sich weiter halten, den Ketten zum Trotz, und sie trotzen auch den integrierten Cafés in den Supermärkten. Aber spätestens, wenn es in die zweite, in die dritte Generation geht, müssen einige aufgrund fehlender Nachfolge doch aufgeben. Was sehr schade ist um die raffinierten, individuellen Rezepturen gerade in der Brotherstellung. In meinen beiden Heimatdörfern gibt es von früher vier Bäckereien heute nur noch eine: Bäckerei Schlomann in Kutenhausen. Die war mir tatsächlich schon immer die liebste. Mit den Schlomann-Zwillingen war ich in der Klasse, ihre Eltern waren mit meinen befreundet. Deren Sohn Dieter und seine Frau Christiane haben die Bäckerei übernommen und damit auch das Schwarzbrot-Rezept, ihr Sohn Christoph steht in der fünften Generation als Meister mit in der Backstube.

Das Schwarzbrot von Schlomann ist mir seit meiner Kindheit ein Genuss, seit vielen Jahrzehnten – unfassbar. Ein Brot, auch nach Tagen noch von extremer Frische. Immer wieder kaufte ich den großen Laib, um ihn mitzunehmen an meine zwischenzeitlichen Wohnorte Kassel, Köln und Dortmund, wo es zwar kein schlechtes, aber eben doch kein vergleichbares Brot gab, kaufte ihn als Gastgeschenk für Freunde in anderen Städten und Ländern, in Frankfurt, in der Schweiz, in Finnland. Seit ich hier wieder wohne, genieße ich es, wöchentlich am Montag, soeben zurück von Tournee, ein frisches Schwarzbrot zu kaufen. Ich kenne den Bäcker und sein Verkaufsteam persönlich. Auch die anderen Brotsorten sind klasse, das Graubrot zum Beispiel, aber der absolute Rolls-Royce aus dem Hause Schlomann ist ihr Schwarzbrot – und das gab es schon immer, seit Gründung. Juniorchef Christoph sagt: »Das Rezept gab es von jeher, danach hat schon mein Großvater gebacken und der hatte es auch schon übernommen und nicht erfunden.«

Ich lerne von Christoph, dass das Brot schwärzer wird, je weiter man in den Norden kommt, umgekehrt wird es umso heller, je weiter südlich man reist. Der gerade für Süddeutschland typische, auch von Schlomanns gebackene Frankenlaib, ein rundes Brot, wird »freigeschoben«, also als Brotlaib »einfach« in den Ofen geschoben, Schwarzbrote hingegen werden in Formen gebacken, denn Brotteig verhält sich sehr unterschiedlich. Diese Brote unterscheiden sich in den Zutaten, in der Zusammensetzung. Das Rogenvollkornbrot liefe ohne Form »zu breit« und würde sich nicht »hochziehen«.

Entscheidend sei die Teigführung, erklärt er mir. Selbst wenn man für das Schwarzbrot jede einzelne Zutat genau gleich einsetzen würde, käme der Teigführung das entscheidende Momentum zu, wie lange der Teig gerührt wird, wie lange er geht, aber auch, welche Temperatur das Wasser hat, das man zusetzt. Sobald man da irgendwo abweicht, ändern sich Geschmack und Konsistenz, sagt Christoph. Manche Bäckereien nehmen sehr feinen Roggenvollkornschrot, andere benutzen gröbere Sorten Mehl, wieder andere Bäcker fügen Sirup hinzu.

Insgesamt gilt: Je dunkler das Brot, umso haltbarer ist es.

Aber was ist denn genau das Geheimnis ihres Schwarzbrotes? Kann er mir das verraten? Diesen »Maggi-Moment«? Was ist das Einzigartige?

Christoph antwortet nicht direkt, sagt, er möge das eigene Schwarzbrot eigentlich erst ab dem dritten Tag nach dem Backen, seine Frau Valentina bevorzuge das ofenfrische.

Ich staune immer wieder, dass mir sein Brot so lange so gut schmeckt. Und dann verrät er doch zumindest einen kleinen Krümel vom Geheimnis ihres Schwarzbrotes: Damit das Brot auch ohne Konservierungsstoffe länger frisch bleibt, wird vom »Restbrot«, dem, was übrig bleibt im Verkauf, etwas in ganz geringer Menge klein gerieben und dem neuen Teig beigefügt. Das steigere auf natürliche Weise die Frische und den Geschmack. Also bekomme ich im Schlomann-Schwarzbrot den Geschmack sogar hoch zwei!

Christoph hat Neuigkeiten im väterlichen Betrieb einführen und einbringen können, teils eine längere Teigführung, mehr überregionale Sorten sind im Programm und werden von ihm hergestellt. Zu drei Außenverkaufsstellen kommt bei Schlomanns weiterhin der traditionelle »Bäckerwagen«, der den nördlichen Kreis Minden abfährt und die Dörfer besucht.

Wie kam es zu seiner Entscheidung, Bäcker zu werden, die Familientradition fortführen zu wollen? Zufall oder familiärer Druck? Christoph sagt, er habe immer schon Bäcker werden wollen, für ihn gab es schon als Kind nichts Schöneres, als in Opas Backstube rumzuspalkern. Von Opa hat er auch die Handwerksweisheit: »Augenmaß und Handgewicht – alte Meister wiegen nicht.« Handwerklich gilt das weiter. Ein Bäcker merkt sofort, entweder nach Augenmaß oder im Handgewicht, ob er vom Teig zu viel oder zu wenig abgestochen hat, ob da fünfzig oder hundert Gramm Differenz sind.

Und dann erzählt Christoph: »Ich habe mich als Kind schon vor der Schule weiß gemacht.«

Ich muss lachen bei der Vorstellung, dass sich ein Kind vor Schulbeginn in der Backstube mit Genuss einmehlt. Seine Mutter habe immer wieder gesagt: »Christoph, du musst gleich zur Schule! Mach dich nicht wieder weiß!«

Auf ein Wort

»Mein lieber Freund und Kupferstecher: Ich hatte gestern das erste Mal Stippgrütze mit Gurken und Brot, eindeutig inspiriert durch deine Lesung. Ich verstehe: eindeutig ein Gericht aus der Kategorie ›Hauptsache, es kommt nix wech und wir müssen im Winter nicht verhungern‹, die es ja in allen möglichen Regionen gibt. Das Gewese der Ostwestfalen um das bisschen Graupenmatsch ist natürlich vollkommen berechtigt. Macht satt und zufrieden. Anders als Molekularküche, sachima.«

***Murat Kayı**, Autor und Musiker aus Dortmund*

I love Pickert

Eine Ergänzung von Volker Surmann

Soso, der Herr Gieseking kennt also keinen Pickert. In Minden leben sie wohl doch hinterm Berch. Pickert enthält Hefe, er geht in die Höhe, vielleicht will man drüben im Flachland deshalb nichts mit ihm zu tun haben.

Nicht zufällig steht der Willem an der Porta Westfalica mit dem Rücken nach Minden, dafür mit erhobener, ausgestreckter Hand gen Ostwestfalen. Manche Menschen haben das als segnende Geste interpretiert. Das ist Quatsch. Es ist eine typische ostwestfälische Handbewegung. Ich kenne sie von jedem meiner Besuche in der Heimat, wenn ich nach einem frischen Pickert oben auf der Bäckereitheke greife.

Pickert ist das typischste ostwestfälische Gericht, das ich kenne. Es ist außerhalb dieses Landstriches zwischen Weser und Ems nahezu unbekannt. Ich habe in Berlin oder sonst wo noch niemanden getroffen, der mit dem Begriff etwas anfangen konnte, und wenn ich die Speise zu beschreiben versuche, geht das immer schief. »Also ein Pfannkuchen?«, fragen sie zurück, wenn ich die Herstellung des lippischen Pickerts erklären will. »Ach so, Reibekuchen!«, sagen sie, wenn ich auf den wesentlichen Bestandteil Kartoffeln hinweise. »Also Poffertje, wie in Holland?«, sagen sie, wenn ich die Hefe erwähne. – »Nein, nicht süß«, erwidere ich und setze noch mal neu an: »Bei uns im Kreis Gütersloh backt man ihn dann in einer Kastenform.« – »Ach so, sag das doch gleich, ein Kartoffelbrot!«

Es ist zwecklos. Jenseits der Grenzen Ostwestfalens ist Pickert das unverstandene Gebäck. Aber dass man Mehl aus Weizen (oder Buchweizen), Kartoffeln, Eier, Milch und Hefe zusammenbringen kann, ist für viele mindestens eine Zutat zu viel. Dass die Lipper noch Rosinen in ihren Pickert werfen, ist selbst den Güterslohern schon wieder eine Zutat zu viel. Mit den Trockenfrüchten wird er also plötzlich verschwenderisch, der Lipper! Aber wahrscheinlich zeigt das nur seine große Liebe zum Gebäck. (Dafür sind seine Pfannen kleiner als die Kästen in Gütersloh.)

Aber halten wir uns mit derlei Feinheiten gar nicht erst auf. Um Rosinen im Pickert werden in Ostwestfalen Familienfehden in fünfter Generation geführt. Ich finde: Wer Rosinen mag, soll Rosinen in Pickert (oder Käsekuchen oder in was auch immer) reintun. Wer nicht, halt nicht. Ich bin da tolerant. Ich weiß so oder so erst, seit ich meinen Zivildienst fünf Monate in Detmold absolvierte, dass Pickert auch ein Pfannengebäck sein kann. Zuvor kannte ich nur die Kastenversion. Dabei gab die Pfanne (beziehungsweise früher die heiße Ofenplatte) dem Pickert wohl seinen Namen, weil er gern dort festklebte, auf Plattdeutsch: »pickte«. Gemein ist beiden Varianten jedoch die Grundzusammensetzung des Teigs.

Pickert ist ein klassisches Arme-Leute-Essen. Es wurde historisch genutzt, um ein billiges und gut haltbares Lebensmittel zu schaffen. Die Größe unserer alten Kastenpickertform spricht dafür. Ich bin mir nicht mal sicher, ob sie in einen modernen Backofen reinpasst, wenn, dann füllt sie ihn vollständig aus. Ein fertiger Kastenpickert hat in etwa das Volumen eines kompletten Laibs Goudakäse, nur halt mit Ecken. Später brät man einzelne Scheiben davon auf.

Herbst und Winter ist Pickertzeit, es braucht Kartoffeln. Den letzten Pickert gibt es, wenn im Frühjahr die Vorräte zur Neige gehen. »Da sind noch so'n paar schrumpelige Dinger im Kartoffelkeller, die müssen ma' wech«, sagte mein Vater und fing schon mal an zu schälen. Dann gab es Pickert.

Pickert isst man meistens am späten Nachmittag, wenn's im Winter gerade so dunkel wird. Zwischen der Arbeit draußen und dem »Werke machen« – so hieß bei uns auf dem Hof das Melken und Versorgen der Kühe am frühen Abend.

Und er wird – in jeder der beiden Varianten – aufgebacken. Schön mit Butter in der Pfanne, Stück für Stück oder Scheibe für Scheibe. Nach einem anständigen Pickertessen muss blauer Dunst in der Küche stehen, und alle Beteiligten riechen drei Tage nach Bratfett.

Nach dem Aufbraten schmiert man drauf, was das Herz begehrt. Bei uns in der Familie war es immer selbst gemachtes Brombeer- oder Johannisbeergelee. Unglaublich lecker! Andernorts soll Pflaumenmus das Nonplusultra sein, auch Leberwurst geht. Von der herzhaften Variante erfuhr ich erst als Erwachsener, kann mich aber auch damit gut anfreunden.

Pickert gab's nicht alle Tage. Er war etwas Besonderes. Heutzutage würde man sagen: ein kulinarisches Event.

Er brachte die Familie zusammen. In den Achtzigerjahren saßen zum Pickertessen bis zu acht Menschen bei uns um den Küchentisch. Selbst mein Bruder, der sich in seiner Kindheit quasi nur von trockenen Kartoffeln und Nutellabrot ernährte, bestrich selig lächelnd Pickertscheibe um Pickertscheibe mit Marmelade.

Beim Pickertessen gerieten alle Streitigkeiten und Debatten in den Hintergrund. Friedlich mampfte zusammen, was zusammengehört. Ein gemeinsames Pickertessen diente dem Seelen- und Familienfrieden wie vielleicht in Finnland der gemeinsame Besuch der hauseigenen Sauna. Ja, lieber Bernd, vielleicht kann ich dir das Geheimnis dieses Gerichts so am besten näherbringen: Pickert ist die Sauna der Ostwestfalen.

Nippen statt kippen!

Am Museum *Alte Brennerei* in Hille macht mir ein Mann mit Cordmütze, Holzklotschen und blauer Latzhose die Tür auf: »Eck bin de Erwin!« Hiller Platt, das klingt schon ganz anders als meines. Erwin, der Mann für alle Fälle, ist eine Kunstfigur, entwickelt in Zusammenarbeit mit dem Projekt »Handwerk trifft Kultur«. Rainer Eschedor ist dieser Erwin mit Leib und Seele und wechselt zwischen Holzschuhen und Gummistiefeln, je nachdem welchen Produktionsgang er gerade erklärt. Das Kornbrennerei-Museum ist »einzigartig und brennend interessant, das einzige im Westfälischen«, sagt Erwin, »ein technisches Kulturdenkmal und sogar am historischen Platz.« Der Mann läuft beinah über an Wissen und Leidenschaft. Erwin scheint in »Brennereiwesen« promoviert zu haben. Das Haus wird ehrenamtlich geführt, mit attraktivem Programm von Korn-Tastings bis zu kulturellen Events.

Die Corona-Zeit hat der Verein genutzt und mit museumskonzeptueller Beratung hat sich eine Eigendynamik entwickelt. Zu den festen Gerätschaften, die allesamt noch vollzählig vorhanden sind, kamen zahlreiche weitere Exponate hinzu. Die »Spielfiguren«, neben Erwin der junge Willi, Kaufmann und Brennereibesitzer, und Paul, der »Schnapsbrenner«, sind Ideen, die Rainer Eschedor schon lange in sich trug und nun umsetzte. Und sofort lerne ich: Den Kellermeister und den Brennermeister muss man unterscheiden. Der Brennermeister stellt den reinen Alkohol her, mit 95 oder 96 Prozent. Der Kellermeister ist der Destillateur, der in der Weiterverarbeitung den Korn auf Trinkstärke bringt und Liköre herstellt. Heute ist Brenner übrigens eine dreijährige Berufsausbildung, in Deutschland gibt es eine zentrale Fort- und Ausbildung am Fritz-Henßler-Berufskolleg in Dortmund mit je 20 bis 25 Azubis pro Jahrgang.

Zu den Skurrilitäten des Brennereiwesens gehört, dass in jeder Brennerei einst mehrfach in der Woche der Zoll ein- und ausging. Das Fasslager, das »Spritlager«, im Keller war immer unter Zollverschluss. Sobald der Destillateur weiterverarbeiten wollte, geeignetes Wasser zusetzen oder aromatisieren, musste für die Abfüllung der Zoll mit dem Schlüssel kommen, die Entnahmemengen wurden protokolliert und vermerkt und es wurde die sobutz fällige Alkoholsteuer, früher Branntweinsteuer, berechnet und in Rechnung gestellt. Früher gab es allein in Westfalen 1.300 Brennereien, vielfach als Nebenerwerb der Landwirte. Der westfälische Zoll hatte also viel zu tun. Überhaupt ist der Korn ein norddeutsches Getränk, in Süddeutschland wurden eher Obstbrände produziert.

Die in der Region Minden-Lübbecke populärsten Brände waren der Hiller Moorbrand, ein dunkler Kräuterschnaps, der Hiller Bastkorn, ein Doppelkorn mit 38 Prozent, und der klassische Hiller Meyer-Korn mit 32 Prozent, der, wenn ich das sagen darf, früher mein Lieblingskorn gewesen ist, zu einer Zeit, als ich regelmäßig zu Zeltfesten fuhr oder als Zimmerer den Richtspruch hielt, der viele »Schnäpse« enthalten konnte: »Und nun erhebe ich mein Glas / auf alle, die mit Hand und Maß / so treu gewirkt an diesem Haus / ein Vivat bring ich ihnen aus. – Musik!« Und dann wurde der erste Korn getrunken.

Hier im Museum ist als technisches Highlight die alte Dampfmaschine zu sehen, die immer noch, heute mit Druckluft, betrieben werden kann, der Rohbrandturm und die Feinbrennblase sind erhalten. Nur das alte Gesindehaus mit der

Wacholderdestillerie, mit Hefekammer und den Aufenthaltsräumen samt Dusche, wurde mal abgerissen. Aber das wunderschöne Hauptgebäude mit dem hoch aufragenden Schornstein ist erhalten und wird nun ehrenamtlich vom Heimatverein mit größter Kennerschaft und Leidenschaft betreut und betrieben.

Auf dem 23 Meter hohen Schornstein thront heute ein Storchennest. Vier Jungtiere schlafen jetzt im Nest, bewacht von Herrn oder Frau Storch, so genau kann ich das nicht erkennen. Einer von beiden jedenfalls ist auswärts.

Dass ich das Nest überhaupt sehen kann, verdanke ich der Storchenkamera, die permanent Bilder auf zwei Monitore überträgt, der eine für jedermann einsehbar, mit Sonnenschutz, rechts neben dem Eingang vom Brennerei-Museum, der andere steht im Inneren eines Einkaufszentrums.

Eine Attraktion ohnegleichen, vor allem durch die erfolgreiche Brutsituation. Dieses Storchennest hält den inoffiziellen deutschen Gelegerekord mit nachweislich neun Eiern – durch Kamerabilder belegt. (Angeblich gab es ein Nest in Süddeutschland, in welchem ein Segelflieger beim Überflug neun Eier gezählt haben will. Nun, da müsste schon ein Tom Cruise am Lenkgestänge gesessen haben, um im Flug noch so exakt gezählt haben zu können ...) Brutjahre mit sieben und acht Eiern gab es mehrfach. Im aktuellen Jahr haben sich aus fünf Eiern vier junge Störche zur Flugreife entwickelt. Die Nestbewohner hier in Hille werden im Volksmund liebevoll »Hillerichs« genannt.

Rainer Eschedor hat sich immens in das Thema Brennereiwesen hineingefuchst. Er ist ein lebendes Lexikon. Die Brennerei war eine landwirtschaftliche Kornbrennerei, man verwendete Getreide vom eigenen Feld und brannte Roggen und Weizen zu Schnaps, hielt daneben etwa 45 Kühe und Bullen und außerdem Schweine. Und das nicht ohne Grund, denn das Abfallprodukt der Brennerei, die »Schlempe« – ein Wasser-Getreide-Brei, aus dem nur die Stärke herausgelöst wurde – bildete ein hervorragendes, eiweißreiches Kraft- und Mastfutter.

Begeistert erzählt Eschedor, wie sie an verschiedene Exponate gelangten, berichtet von speziellen Produktnamen wie Schützenkönig, Klosterbrand, aber auch Hubschrauber, außerdem einem Fruchtsaftlikör namens Egal.

Auf einem Brennerseminar lernte er den Inhaber der Feinbrennerei Sasse kennen. Der wiederum arbeitet inzwischen mit den Hillern zusammen. Hier lädt »de Erwin« nun zu Korn-Tastings. Rainer hat dabei seinem Alter Ego Erwin den eigenen Wahl- und Mahnspruch in den Mund gelegt: Nippen statt kippen!

Heutzutage sind Spirituosen absolute Modegetränke. Früher gab es Persico, dann Apfelkorn, heute ist Gin das Getränk der Stunde, Wacholderschnaps. Ich erinnere mich: Wir sagten früher als heranwachsende Dorfjugend sehr arrogant: »Wacholder ist für die Alten, die über vierzig!«

Dieser damals geschmähte Wacholder ist nun heftig und schon lange en vogue. Manch alteingesessene ostwestfälische Wacholderbrennerei, wie zum Beispiel Kisker in Halle, produziert inzwischen auch offiziell Gin. Rainer erzählt von der Mazeration, bei der (ähnlich wie beim Rumtopf) in den Alkohol Kräuter, Gewürze, Blüten oder sogar Rinden und Wurzeln eingelegt werden, die ihren Geschmack weitergeben und jedem Gin sein typisches Aroma geben. Aber ich bin ja dem Korn auf der Spur hier im Museum ...

Rainer spricht mit größter Begeisterung vom Brennen, davon, dass Alkohol nur Genussmittel sein sollte, dass Kunden die Mühe, das Können und die Sorgfalt bedenken sollten, auch die Dauer der Herstellung, bis aus Getreide Schnaps wird: die Vorbereitung, das Mahlen und Schroten, das Anrichten der

Maische, die Zugabe von Malz, das die getreideeigene Stärke in Zucker verwandelt, die Zugabe von Hefe, die die Vergärung in Gang setzt und den Zucker in Alkohol wandelt.

Meine Mutter sagte, als ich ihr das erzählte: »Doar hewe ick keine Tied vo anne to denken, wenn de Schnaps dor staht. Dann mött ick däne kippen, süss wett de warme!«

Korn galt oder gilt immer noch als verrufen. Die Feinbrennerei Sasse ist der Pionier einer neuen Entwicklung, am Image des Korns zu arbeiten und ihn als Genussmittel neu zu etablieren. So präsentierten sie einen ganz neuen »Lagerkorn«, einen Kornbrand, vier Jahre im Holzfass gelagert.

Korn ist laut Rainer Eschedor eine »urdeutsche Spirituose« und muss mindestens 32 Prozent Alkohol enthalten, Doppelkorn mindestens 38 Prozent. Seit 1507 brennen die Nordhäuser schon Korn aus Getreide, seit 1787 nach sogenanntem Reinheitsgebot. Es besagt, dass nur ausgewähltes Getreide verwendet werden darf, dem man lediglich Hefe, Malz und Wasser zusetzen darf. »Erlaubte« Getreidesorten sind Roggen, Weizen, Hafer, Gerste und Buchweizen. Für Whisky kann auch Hirse oder Mais verwendet werden, zusätzlich fordern die Statuten drei Jahre Lagerzeit in maximal 700 Liter großen Holzfässern.

Und nun kommt die Revolution aus dem Hause Sasse: Lagert Korn im Holzfass, im neuen oder vorbelegten, so ändern sich Aroma und Farbe. Rein technisch ist das daher auch ein Whisky. Sasses »Cigar Special«, ein Korn, gewann inzwischen mehrfach den World Spirit Award als Europas bester Whisky. Ich habe ihn gekauft und Wochen später probiert – sensationell. Aber auch für den gilt: Nippen statt kippen.

Doch wie trinkt man ihn? Kalt, auf Eis? Rainer rät auf Plattdeutsch: »Schappwarm!« Schrankwarm, also Zimmertemperatur, doch diese hochdeutsche Übersetzung klingt nicht mal halb so schön.

Dafür nicht!

Ich hatte Fleischermeister Carsten Meyer noch gefragt, wie der Ostwestfale als Kunde sei. »Wenn der zufrieden ist, ist er ein treuer Kunde, gut gelaunt und gesprächig.« Und wenn der mal unzufrieden ist? »Wenn der Kunde tatsächlich mal enttäuscht ist, dann sagt er nix und kommt nicht wieder.«

Carsten Meyer berichtete, es kämen unheimlich wenig Beschwerden. Er lachte: »Das liegt vielleicht aber eben auch daran, dass der Ostwestfale einfach nichts sagt. Dafür gibt es aber auch kein Lob!«

Ich war etwas erstaunt über diesen Satz. Carsten Meyer ist ja hier geboren und aufgewachsen. Das hätte ihn eigentlich nicht wundern dürfen. Hier in Ostwestfalen heißt es schließlich: »Nicht gemeckert ist genug gelobt!«

Aber das gilt auch umgekehrt: Nur nicht loben, sonst wird gemeckert! Wehe, du bedankst dich!

Ganz grundsätzlich: Man muss die Menschen in meiner Heimat Ostwestfalen loben: Sie sind witzig, aufrecht, höflich, ehrlich, knorrig. Manchmal auch knurrig. Nur eines kann man nicht: Man kann sich nicht bedanken bei ihnen. Abgelehnt wird der Dank mit »Dafür nicht«. Auch gern mal einem schon fast unfreundlichen »Dafür nicht!!!«. Das ist die typische, höchst uneitle Entgegnung auf Dank jedweder Art.

Es ist ein regelrechtes Ritual: Tut man jemandem einen Gefallen und der sagt: »Danke!«, so antwortet man als der Handelnd-gehabt-Habende: »Dafür nicht!«

Man meint damit: »Komm! Lass! Ist doch nicht nötig. Gern geschehen. Keine Sache!« Herrlich, oder? So lässig helfen, so selbstverständlich unterstützen, so uneigennützig beistehen, das ist eine der typischen ostwestfälischen Eigenschaften. Aber so generös ist der Ostwestfale wirklich! Allerdings erst in dem Moment, wenn das Zauberwort gesagt wird! Sonst bleibt doch ein Grummeln zurück: »Hätte ja auch mal ›Danke‹ sagen können.« Ist das aber erst mal ausgesprochen, muss man es gar nicht mehr gesagt bekommen haben und gehört haben wollen.

»Dafür nicht!« ist absolut typisch für uns. Die Bescheidenheit kann hier aber auch schnell zur Selbstverleugnung werden. Ein gesunder Stolz auf die eigene Leistung wird nie nach außen getragen. Das wäre ja schon Arroganz!

Der Norddeutsche wandelte das übrigens ab in »Da nich für!« und wenn der verstorbene Hamburger Harry Rowohlt das sagte, klang es wie Poesie. Das war zwar grammatikalisch nicht ganz astrein, klang aber noch cooler.

Ich kenne nur einen Menschen, bei dem man sich im Grunde überhaupt nicht bedanken kann. Meine Mutter. Will man »unser Ilse« etwas Nettes sagen, muss sie sich hinter einer Mauer mindestens leichter Unhöflichkeit verschanzen. Schon ein simpler Dank von uns Söhnen fürs Mittagessen oder den Kuchen ist unmöglich. »Ick glöwe, et gaht los!«, grummelt sie dann.

Sie ist auch nicht in der Lage, Hilfen, Unterstützung oder Geschenke anzunehmen, ohne sich zu revanchieren. Das führt mit manchen Nachbarn oft genug zu unendlichen gegenseitigen Dankesspiralen. Die eigene Leistung bedenkt sie dabei nie. Eigentlich ist das schrecklich!

Ihr ironisch formuliertes Lebensmotto, ihre stete spöttische Lebensermahnung lautet: »Bescheidenheit ist eine Zier, doch es geht auch ohne ihr.« Und natürlich meint sie klassisch ironisch das Gegenteil von dem, was sie sagt, nämlich dass es nur mit Bescheidenheit geht. Übertriebener Bescheidenheit! Und die verhindert dieses tiefe Gefühl der Zufriedenheit, das man sich doch nur selber schenken kann. Also gab es auch gar kein Danke für egal was. Das war oft schwer für uns Jungs, denn es bedeutete gleichzeitig, dass nie etwas ausreichend gut war. Man beschreibt auch die Erziehungsmethode der Eltern dieser Generation in unseren Regionen Westfalen, Ostwestfalen und Niedersachsen treffend mit dem schon oben zitierten Satz: »Nicht gemeckert ist genug gelobt!«

Wir als Kinder hätten uns auch mal Euphorie oder zumindest etwas mehr Unterstützung seitens unserer Eltern gewünscht, aber die hatten sie ja genauso wenig bekommen.

Also, was tun bei diesem »Dafür nicht!«?

Seit einigen Jahren antworte ich auf das »Dafür nicht!« immer häufiger mit »Doch! Genau dafür!«. Ich finde, man darf seinem eigenen Dank schließlich nicht so einfach die Butter vom Brot nehmen lassen. Schon Wilhelm Busch dichtete: »Es ist ein lobenswerter Brauch: Wer was Gutes bekommt, bedankt sich auch.«

Das Zentrum der Welt

Wir kommen alle irgendwo wech und jeder muss irgendwo wohnen. Trotzdem ist es erstaunlich, wie viele Ostwestfalen in künstlerischen Berufen tätig sind, im kreativen Feld, ganz oft im Feld der Komik. Berlin wäre verratzt ohne die zugereisten Ostwestfalen, Hamburg genauso und Köln nicht minder! Allem Anschein nach ist Ostwestfalen mindestens das geistige Zentrum der Welt. Diese Hypothese ist sehr leicht zu belegen. Der Beweis ist ein fast angeberisches »Namedropping« deutscher Größen, die allesamt aus dieser Region stammen, die hier lebten und leben oder die hier ihre neue Heimat suchen.

Mit der Entscheidung für »Das kuriose Ostwestfalen-Buch« begann ich eine Liste, die sich in den nächsten Monaten ständig erweiterte, um Namen, um Berufsfelder. Ich staunte mehr und mehr: Meine Lieblingsschauspielerin aus dem Dortmunder *Tatort* Aylin Tezel, Moderatorin Judith Rakers – alle sind sie Ostwestfälinnen. Und ich werde ständig weiter überrascht.

Da sind vorneweg die beiden ostwestfälischen Superhelden Widukind (auch: Wittekind) und Arminius und dessen Frau Thusnelda. Zu den Superhelden gehört auch Padermann, der später noch ein eigenes Kapitel bekommt.

Vor allem aber sind es die Künstler aus den Feldern der komischen Kunst, die aus Ostwestfalen stammen. Außergewöhnlich viele. Oliver Welke, Anchorman der *heute-show*, kommt aus Harsewinkel, heute lebt er in Bonn. Mein Lieblingszitat von ihm ist: »Ich bin in Gütersloh aufgewachsen, dagegen ist Bonn wie Manhattan.« Als Kind sprang er einmal ein als »Model« bei einer Werbekampagne seines Vaters und wurde Werbeträger für Bockwürste, für »5 Schulte Knacker«, ein mittlerweile fast ikonografisches Bild, das ihn bei jeder Talkshow-Einladung einholt und begleitet.

Poet und Kleinkünstler Erwin Grosche und sein Bruder Heiko sind aus Paderborn, genau wie Rüdiger »Ja, hallo erst mal« Hoffmann. Der hat es mit seiner Popularität sogar zur Werbeikone geschafft. Er wurde eingesetzt bei mehreren Kampagnen von Herforder Pils. In meiner Stammkneipe, dem *Windlicht* in Minden, lagen Skatspiele an der Theke aus mit ihm als Motiv. Dabei agiert er als Kreuz-, Pik-, Herz- und Karo-Bube mit je einer Kiste Herforder, als König in allen Farben mit einem Pilsglas und auf den vier Damen-Karten mit der Herforder Stubs-Flasche. Die Republik hatte Vergnügen, wir Ostwestfalen waren etwas irritiert, dass Herforder sich ausgerechnet einen Paderborner holte.

Dagmar Schönleber, Kabarettistin und Sängerin, ist aus Blomberg. Die Kabarettisten Lutz von Rosenberg Lipinsky, Ingo Börchers und der Satiriker Volker Surmann gingen in Halle auf dieselbe Schule. Ingo lebt weiterhin in Bielefeld. Sebastian Krämer wuchs in Vlotho auf. Schauspielerin und Kabarettistin Meltem Kaptan und ihre Schwester, die Tänzerin Derya Kaptan, kommen aus Harsewinkel. Die Kabarettistin Sarah Hakenberg lebt »zugezogen« in Warburg. Der Kolumnist, Podcaster und Moderator Tommi Schmitt stammt aus Detmold. Kabarettlegende Henning Venske wuchs einige Jahre in Minden auf. Seine Schwester Regula Venske, lange Vorsitzende des PEN, der Internationalen Schriftstellervereinigung, wurde dort geboren.

Erfolgsautor und Kabarettist Thomas Lienenlüke kommt aus Bielefeld, der Entertainer Ingolf Lück genauso, beide arbeiteten auch zusammen. Der Mindener Saxophonist Bernd Delbrügge ging nach Köln, wurde dort zur Soulikone und arbeitet in literarisch-musikalischen Programmen wiederum mit Ingolf Lück zusammen. Entertainer und Moderator Jürgen von der Lippe ist in Bad Salzuflen geboren, seine Eltern zogen bald mit ihm nach Aachen.

Die gesamte Redaktion des frühen und feinen und kleinen Bielefelder Satiremagazins *Dreck* sind gebürtige Bielefelder, bis auf Harald Lippert, der war zugereist. Aber alle, Hans Zippert, Fritz Tietz und Christian Y. Schmidt gingen zu renommierten Satiremagazinen, Zippert wurde Chefredakteur der *Titanic* und schreibt seit Jahrzehnten »Zippert zappt« als tägliche satirische Kolumne für die *Welt*, außerdem für *Hörzu*. Dietmar Wischmeyer lebte während des Studiums in Bielefeld und wohnte immer knapp um Ostwestfalen herum, sodass er den ostwestfälischen Einflüssen gar nicht entkommen konnte. Abdelkarim stammt aus Bielefeld. Wiglaf Droste stammt aus Herford und wuchs in Bielefeld auf. Martin Lüker aus Halle, Rena Schwarz aus Bielefeld und Thomas Philipzen aus Bad Driburg gehören hier zu den vielleicht weniger überregional Bekannten.

Der Karikaturist Til Mette ist Bielefelder und lebt nun in Hamburg, sein Bruder Veith Mette arbeitet als renommierter Fotograf weiter in OWL, und auch Cartoonist Ralph Ruthe ist Bielefelder. Zeichner André Sedlaczek ist Detmolder. Martin Sonntag aus Porta Westfalica-Barkhausen ist Leiter des *Caricatura Museums für Komische Kunst* in Frankfurt.

Bestseller-Autorin Hera Lind wuchs in Bielefeld auf. Ihre Kollegin Carla Berling, mit großen Erfolgen auch unter dem Pseudonym Felicitas Fuchs, stammt aus Bad Oeynhausen und Schriftstellerin Elina Penner lebt in Petershagen. Schriftsteller Tilman Rammstedt ist auch ein Bielefelder, genau wie der Abenteurer, Aktivist und Buchautor Rüdiger Nehberg.

Im Feld der Popkultur sind es vor allem *Alphaville*, die aus Enger stammen, und die *Ehrlich Brothers* aus Bünde, weltweit erfolgreiches »Magisches Duo«, die auch weiterhin in Ostwestfalen wohnen. Und nebenbei: Ray Dorset, Frontmann von *Mungo Jerry*, lebte mehr als zehn Jahre in Bielefeld.

Auch musikalische Granden stammen von hier: Hannes Wader kommt aus Bielefeld, Gunter Gabriel aus Bünde, Heinz Rudolf Kunze wurde geboren in Espelkamp. Er definiert sich eher als Osnabrücker, was auch nicht so weit entfernt ist. Schlagersänger Peter Orloff ist geboren in Lemgo und ging in Detmold aufs Gymnasium.

Dann die Rapper Curse aus Minden und Casper, geboren im Extertal, Joris aus Vlotho, dazu die Produzenten Hitnapperz und Busy, die Rapper Lord Scan, Italo Reno und Germany, allesamt aus Minden und Bad Oeynhausen.

Die Kinderband *Randale* um Jochen Vahle aus Bielefeld ist eine der erfolgreichsten in ihrem Feld.

Fast die gesamte »Hamburger Schule« der deutschsprachigen Popmusik stammt aus Bad Salzuflen aus dem Umfeld des Labels »Fast weltweit«, Bernd Begemann, Frank Spilker (*Die Sterne*), Bernadette La Hengst (*Die Braut haut ins Auge*); Jochen Distelmeyer (*Blumfeld*) kommt aus Bielefeld. Achim Knorr gehörte auch zu dieser Gruppe, ging nicht nach Hamburg, sondern nach Köln und wurde ein wunderbarer Musik-Comedian.

Zu den Musikern gehören auch der Keyboarder Georg Kochbeck, der mit der Band *Georgie Red* große Erfolge hatte und Komponist zahlreicher Filmmusiken ist. Die Band *Hammerfest* ist eine ostwestfälische Kultband unter dem Label »Krautrock«, die gerade auch mit dem Vlothoer Festival »Umsonst und draußen« bekannt wurde.

Der Punkband *Neurotic Arseholes* aus Minden schreibt man große Einflüsse auf die Punkszene zu, *ZZZ Hacker* ist eine Punkband aus Bielefeld und *Brausepöter* aus Rietberg.

In Bielefeld wurde Hollywoodgeschichte geschrieben: Der Meisterregisseur Friedrich Wilhelm Murnau lebte dort seine ersten vier Lebensjahre, dann verzog die Familie nach Kassel. Komponist Hans-Werner Henze wurde in Gütersloh geboren und wuchs in Ostwestfalen auf.

Schauspieler Gustav Peter Wöhler stammt aus Eickum/Herford und ist der Sohn eines Wirtspaares, von dort stammt auch Schauspielerin Angelika Thomas, Edgar Selge wuchs in Herford auf als Sohn des Jugendgefängnisdirektors, ebenfalls aus Herford, Iris Berben stammt aus Detmold, Aylin Tezel wurde geboren in Bünde und wuchs in Bielefeld-Sennestadt auf.

Der Schauspieler Ralph Herforth soll auf Anraten eines Regisseurs sich einen Künstlernamen zugelegt haben. Gebürtig heißt er Ralph Schwachmeier. Als Nachnamen wählte er sich seine Geburtsstadt Herford. Elegant machte er aus dessen abschließendem »d« ein »th«. Vielleicht wollte er damit eine internationale Karriere starten, denn auf Englisch würde man das »herfors« aussprechen ... May the force be with him.

Hüseyin Tabak, geboren in Lemgo, wohnt in Enger, ist Filmproduzent, Regisseur und Drehbuchautor. Sein Film *Oskars Kleid* lief gerade in den Kinos, während dieses Buch entstand. Dietmar Post, Regisseur und Produzent, stammt aus Espelkamp.

Die Transformationsforscherin Maja Göpel stammt aus Bielefeld, Sigrid Nikuta aus Herford ist im Vorstand der Deutschen Bahn AG und Vorstandsvorsitzende der DB Cargo. Burkhard Schwenker ist ein führender Berater für Wirtschaft und Politik und stand der Unternehmensberatung Roland Berger in verschiedenen Positionen vor.

Die Moderatorin Pinar Atalay ist aus Lemgo, Judith Rakers aus Bad Lippspringe. Moderator Matthias Opdenhövel stammt aus Detmold, *Galileo*-Moderator Stefan Gödde aus Paderborn. Multitalent und Moderatorin Tine Wittler stammt aus Rahden. Die TV-Richterin Barbara Salesch zog vor einigen Jahren nach Petershagen.

Zahlreiche Journalistinnen und Journalisten stammen aus OWL: Aus Minden kommt Lutz Hachmeister. Der Journalist, Filmproduzent und langjährige Leiter des Grimme-Instituts ist einer der wichtigen Regisseure für politische Dokumentationen. Volker Lilienthal aus Minden ist Professor für die »Praxis des Qualitätsjournalismus« in Hamburg und war lange leitend beim epd, dem *Evangelischen Pressedienst,* und *Zeit*-Kolumnist. Inge Czygan hat sicher eine der buntesten Karrieren gemacht, nach Volontariat beim *Mindener Tageblatt* war sie Jahrzehnte bei der *Bravo*. Der großartige, auch streitbare Reisejournalist Helge Timmerberg stammt aus Bad Oeynhausen. Der ebenfalls sehr streitlustige und umstrittene ehemalige *Bild*-Chef Kai Diekmann wuchs in Bielefeld auf. Schriftsteller Andreas Mand lebt seit vielen Jahren in Minden.

Peter Pauls aus Espelkamp ist ehemaliger Chefredakteur des *Kölner Stadt-Anzeigers* – das muss ein Ostwestfale in Köln erst mal erreichen! Friedrich Föst ist als Meteorologe aus Lübbecke in Ostwestfalen geschätzter als Sven Plöger, Jörg Kachelmann und Claudia Kleinert zusammen!

Auch die Liste der namhaften Menschen in der Politik ist lang. Bundespräsident Frank-Walter Steinmeier, SPD, Exkanzler Gerhard Schröder, SPD, Exministerin Edelgard Bulmahn, SPD, aus Petershagen, Exministerin Sabine Leutheusser-Schnarrenberger, FDP, aus Minden, Ralph Brinkhaus aus Rietberg war Fraktionsvorsitzender der CDU/CSU, Steffen Kampeter, CDU, aus Minden war Staatssekretär im Bundeswirtschaftsministerium und ist heute Geschäftsführer der Arbeitgeberverbände, Achim Post aus Rahden ist stellvertretender SPD-Fraktionsvorsitzender im Bundestag, aktuell im Tandem SPD-Vorsitzender in NRW und seit 2012 Generalsekretär der SPD Europas. Britta Haßelmann von den Grünen ist aktuell die Fraktionsvorsitzende im Bundestag und stammt aus Bielefeld. Carsten Linnemann, Generalsekretär der CDU, stammt aus Paderborn.

Klaus Töpfer, CDU, wuchs in Höxter auf. Antje Vollmer aus Lübbecke, im März 2023 verstorben, war Grünen-Ikone der ersten Stunde und wurde als erste Grüne zur Bundestagsvizepräsidentin gewählt.

Diese Aufzählung ist – natürlich – nicht vollständig und ich bitte jede und jeden um Verzeihung, die und den ich nicht genannt habe. Schreiben Sie mir und wir versuchen, das in der nächsten Auflage zu ergänzen.

Wo so viel Licht ist, gibt es natürlich auch etwas Schatten. Wo Berühmte, Wichtige, Ratgeber und Wegweiser geboren werden, sind auch Menschen, mit denen zumindest der Autor sich nicht identifizieren möchte. Die »faulen Äpfel«, über die ich zum Ende dieser Aufzählung den »Mantel des Schweigens« breiten möchte. Da ist Horst Wessel zu nennen, der aus Bielefeld stammende Verfasser des gleichnamigen Liedes, der späteren Parteihymne der NSDAP. Oder Alice Weidel, Frontfrau der AfD, Ostwestfälin aus Harsewinkel.

Vorsichtshalber breiten wir den Mantel auch über den zwielichtigen Unternehmer Lars Windhorst aus Rahden und den ehemaligen Anchorman des ZDF und heute rumschwurbelnden Peter Hahne aus Minden-Leteln.

Eine gewisse Bewunderung aber möchte ich aussprechen für Meisterfälscher Wolfgang Beltracchi aus Höxter. Ich weiß, dass diese Haltung kritikwürdig ist, aber wer die Reichen schädigt, und nur die konnten bei ihm kaufen, dem kann ich nicht richtig gram sein, selbst wenn er den Armen nichts abgibt.

Wer sich nicht gefunden hat oder weitere suchen oder aktiv ergänzen möchte, *Wikipedia* führt natürlich auch eine »Liste von Persönlichkeiten aus Ostwestfalen-Lippe«. Aber zum Trost: Auch ich, der Autor selber, bin da (noch) nicht gelistet.

Indien oder Bochum: Gustav Peter Wöhler

Der Schauspieler und Sänger Gustav Peter Wöhler ist aufgewachsen in Herford-Eickum. Dort betrieben seine Eltern eine Kneipe. »Was meinst du, was bei uns los war! Meine ganze Lust auf Theater, eigentlich wollte ich ja Sänger werden – Schlagersänger, Rocksänger später –, hat sich eigentlich ergeben durch unsere Kneipe, die ja immer noch existiert: *Eickumer Landhaus*, gehört uns natürlich nicht mehr, ist immer noch an der gleichen Stelle, Diebrocker Straße, da, wo es nach Laar geht, an der Kreuzung, wo der Eickumer Friedhof ist.« – Eine typisch ostwestfälische Ortsangabe.

Ich besuche Gustav in seiner Wohnung in Hamburg-St. Georg, irgendwie der größte denkbare Gegensatz zu Ostwestfalen. Mit seinem Mann zusammen lebt er in Hamburg und Berlin. Wir kennen uns noch nicht, haben aber einige gemeinsame Bekannte und Freunde und sind uns sofort vertraut wie alte Kumpel. Ostwestfalen verbindet. Und er erzählt mir den Witz von dem Ostwestfalen mit einem Papagei, den ich dann diesem Buch vorangestellt habe.

Den kleinen Saal mit Bühne im *Eickumer Landhaus* gibt es immer noch, erzählt Gustav. Sie haben dort neulich den achtzigsten Geburtstag seiner Schwester gefeiert. Auf dieser Bühne hat er als Kind gespielt und seine erste Theateraufführung gemacht: einen Weihnachtsabend mit der Schule. Mit der Klasse im eigenen Haus zu spielen, das stelle ich mir aufregend vor.

»Ja, klar war das aufregend. Das Problem war, dass meine Mutter keine Zeit hatte, sich das anzusehen.«

Dieses bittere Momentum zieht sich durch Gustavs Kindheit und Jugend. Als Gastwirtskinder bekamen sie wenig Betreuung, gleichzeitig war viel Mitarbeit gefordert. Die Mutter, die immer wieder sagte: »Lass mich in Ruhe. Ick häwwe keine Tied.«

»Du kriegtest ein Butterbrot in die Hand und dann hieß es: ›Raus in den Garten!‹, im Winter: ›Raus, Schlitten fahren. Du brauchst vor fünf gar nicht nach Hause kommen!‹ Kindergärten gab es ja noch nicht.«

Wenn Gustav Peter Wöhler erzählt, springt er in die Rollen seiner Protagonisten. Ich erlebe eine fulminante Solovorstellung zu seiner Familiengeschichte, der Kindheit in einer ostwestfälischen Landkneipe. Die Familie besaß als eine der ersten einen Fernseher. Und sofort spielt er eine Ansage von Irene Koss, der ersten Fernsehansagerin der Bundesrepublik nach. Er sagt, er habe überhaupt viel durchs Fernsehen aufgenommen: Leute gesehen, nachgemacht, kennengelernt, auch durch die Musikbox in der Kneipe. Und Gustav erzählt von Pina Bausch aus Wuppertal-Elberfeld, der großen Tänzerin und Choreografin, die auch ein Kneipenkind war. »Da hatten die 'ne große Kneipe und die Pina Bausch hat erzählt, sie hat immer unter dem Tisch gesessen und die Füße der Leute beobachtet.«

Gustav hat zwar nicht unterm Tisch gesessen, aber er hat den Leuten zugehört, hat beobachtet, wie sie sich verhalten. Der Erste, der morgens kam, war der Postbote. »Der kriegte ein Bier und 'nen Schluck. Dann fuhr der weiter und die Kneipe war offen. Die Ersten kamen schon um zehn, auch in der Woche.«

Aus dem Fernseher erhielt Gustav den Spitznamen »Porky«. »Weil ich ein kleiner Dicker war wie Tim, der Freund von Jeff aus *Lassie*.«

Gustav erinnert sich: »Bei uns lief immer der Fernseher, ständig. So wie heute Kinder ihr Handy haben, war das für uns Kinder damals die Aufbewahrungszelle. Wir saßen vorm Fernseher und wenn die Eltern nicht aufgepasst haben, kamen nach *Lassie* und *Fury* und *Am Fuß der blauen Berge* plötzlich richtige Filme. *Das Wunder von Mailand* und *Die Fahrraddiebe*. Ich war vollkommen fasziniert.«

Mit Schmerz erzählt er die Geschichte eines Arbeiterkindes, dem damals die Welt der Klassik und Literatur verschlossen blieb. Der Vater verkaufte sogar das Klavier der Gaststätte. »Klassik, das ist nur was für reiche Leute«, sagte er.

Als seine Schwester geheiratet hatte, trat sie, typisch für die Zeit, in den »Bertelsmann Lesering« ein. So kamen Bücher in sein Leben. Gustav merkte, wie er sich von seiner Familie entfernte, mit der er über diese Interessen und Sehnsüchte nicht reden konnte. Er wurde Teil der »Herforder Szene«. Anfang der Siebziger gab es einen Jazzclub, das *Flafla* gründete sich, ein selbstverwaltetes Jugendzentrum. »Das war meine Befreiung, weil ich erstmals Leute traf, die so dachten wie ich. *Kraan* kamen. *Missus Beastly*« – eine Herforder Krautkrock- und Psychedelic-Band, die es zu einigem Ruhm brachte.

Gustavs Mutter starb früh, er war in der dritten Klasse. Nach der vierten Klasse kamen die Freunde zur Realschule, er sollte zum Gymnasium und war dort allein. Ein Arbeiterkind auf dem Gymnasium. »Das hat man zu spüren bekommen von den Lehrern, unterschwellig. Das hast du gemerkt, im zweiten Jahr sind die Noten runtergefallen. Mein Vater kam vom Elternsprechtag: ›Der Junge kommt von der Schule runter, die wollen den da nicht.‹« Gustav selber wurde gar nicht gefragt, war aber heilfroh, wieder da zu sein, wo die Freunde waren, und machte die Mittlere Reife. Er war da schon in Hippiekreisen unterwegs, er wollte Kindergärtner werden. »Der hat mich auf dem Arbeitsamt angeguckt!« Und wieder springt Gustav in dessen Rolle: »Watt is datt denn? Bis 'n Kerl oder bisse kein Kerl? Watt willst du denn im Kindergarten?«

Dann starb sein Vater. Seine Schwester wurde erziehungsberechtigt, sein Bruder, der damals schon 21 war und die Kneipe übernahm, sagte: »Du, von Papa ein Freund, der hat in Herford 'nen Reifenhandel, die suchen da noch einen Kaufmannslehrling!«

Dreieinhalb Jahre hat er dort Großhandelskaufmann gelernt. »Jedes Jahr wurde es schlimmer«, aber er biss sich durch. Danach war er arbeitslos, wohnte aber schon in einer WG mit angehenden Sozialpädagoginnen. Gustav wollte das auch studieren und musste dafür Fachabitur machen. Ein Lehrer dort erkannte sein Talent.

»Mein Religionslehrer Dieter Meier, der lebt immer noch in Bünde, der hat gesagt, als ich mit meiner Band auf dem Schulfest gespielt habe: ›Mensch, Wöhler, Sie wollen doch wohl nicht Sozialarbeit studieren. Sie werden ja arbeitslos. Sie müssen Schauspieler werden.‹ Ich habe gesagt: ›Herr Meier, gucken Sie mich doch mal an.‹ ›Na und? Die sehen doch heute alle so aus. Sie können das, merken Sie das? Ich war in Bochum, habe da Theologie studiert, da ist eine ganz tolle Schauspielschule. Da müssen Sie hin.‹«

Und dieser Lehrer half ihm, stellte ihm Monologe zusammen für die Aufnahmeprüfung, wurde ein Mentor und Begleiter. Und es klappte!

Er wurde zugelassen, schaffte es in die zweite Runde. »Das hat mir richtig Spaß gemacht. Der zweite Tag, Tanzen und Improvisation, das war genau mein Ding. Am ersten Tag hat die Tanzlehrerin noch gesagt: ›Was soll ich denn mit dem anfangen? Guckt euch mal diesen Körper an. Ein total verbildeter Körper, den werd ich nie hinkriegen.‹ Und dann beim zweiten Tag, als ich getanzt habe, hat sie gesagt: ›Den oder keinen.‹«

Es war schwer für Gustav Peter Wöhler, sich von der Herforder Heimat zu lösen, berichtet er. Als er an der Schauspielschule in Bochum angenommen worden war, dachte er: »Das schaffe ich nicht, ich kann doch nicht aus Herford weg.«

Die vertrauten Freunde zurückzulassen, die WG, die Band. Beim legendären Festival »Umsonst und draußen« in Vlotho stand für den 19-Jährigen der erste große Auftritt mit seiner eigenen Band *Airbreak* an. Ich selber war bei diesem Festival einer der vielen Tausend Zuschauer.

Er traf dort auf die Jazzrock- und Weltmusikband *Embryo*. »*Embryo* ist eine Woche später mit der ganzen Mannschaft auf einen langen Indientrip gefahren. Roman Bunka (in den Siebzigern schon ein stilbildender Musiker) sagt zu mir: ›Mensch, Porky, du hast ja echt eine geile Stimme, willst du mit uns nicht mitfahren, nach Indien?‹ Und ich sage: ›Du, bei mir geht in zwei Wochen die Schauspielschule los.‹ ›Was willst du bei der Schauspielschule? Braucht man nicht! Komm mit nach Indien.‹ Und dann dachte ich: Oh Scheiße, was mache ich denn jetzt? Gehe ich jetzt auf die Schauspielschule oder nach Indien? Dann kam aber wieder der ostwestfälische Angsthase durch, dass ich dachte: Nach Indien, ohne Impfung, das überlebe ich nicht. Dann lieber Bochum.«

Jahrzehnte später treffen sie sich wieder bei der Premiere des Films *Bin ich schön?* von Doris Dörrie, in dem Gustav mitspielt und für den Roman Bunka die Musik geschrieben hat. Und Bunka sagt: »Ich hab schon auf der Leinwand gedacht: Den kenn ich doch! Das ist doch der Porky, der damals nicht mit nach Indien wollte!«

Gustav Peter Wöhler ist bekennender Ostwestfale. »Geworden. Wieder«, sagt er.

»Jetzt, wo ich älter geworden bin, komme ich zurück und freu mich jedes Mal. Hier sind meine Wurzeln. Hier komme ich her, hier komme ich weg. In Hamburg lebe ich seit vierzig Jahren, aber wenn mich einer fragt: ›Wo ist dein Zuhause?‹, dann würde ich sagen: ›Das ist Ostwestfalen. Herford, Eickum, Bielefeld – die Ecke.‹«

Stimmt Gustav mir zu, wenn ich versuche, diese Region zu heroisieren?

»Ich glaube, dass wir mehr kämpfen müssen als andere. In unserer Region gab es nur Holzküchen und Felder. Du musstest immer eine Spur besser sein, gewiefter, wenn du rauswolltest.«

Wir sprechen über seinen Schauspielkollegen Edgar Selge und dessen Roman »Hast du uns endlich gefunden«, der in Herford spielt und seine Jugend als Sohn des Jugendgefängnisdirektors schildert. Gustav findet das Buch großartig, trifft er Selge bei Dreharbeiten, tauschen sie sich aus über die gemeinsame Herforder Herkunft.

Wir sprechen über Hannes Wader und Gustav erinnert sich: Als er damals zu den Bielefelder Schwulengruppen ging und man gemeinsam im *Café Oktober* saß, trank Hannes Wader oft am Nebentisch seinen Kaffee.

»Ich wusste spätestens mit zwölf, dass ich nicht so bin wie die anderen. Ich hab mich nicht als schwul bezeichnet, aber ich hab das gemerkt, doch natürlich nicht ausgelebt. Das ging ja gar nicht. Zu Hause in der Kneipe hörte ich immer: ›Schwule an die Wand. Die müssen vergast werden. Das ist pervers. So was darf gar nicht existieren.‹ Und dann denkst du: Oh, scheinbar bist du so jemand.«

Erst die Schauspielschule in Bochum machte ihn bereit, sich zu outen.

»Dort waren von fünf Lehrern vier schwul. Es gab Schwulengruppen in Dortmund und Essen. Es gab die Gruppe *Brühwarm*, Corny Littmann und Ernie Reinhardt lebten in Essen in einer WG.«

Als er das nächste Mal nach Herford kam, sagte er seinen Freundinnen: »Ich muss euch was erzählen.«

»›Ach, der will uns bestimmt nur sagen, dass er schwul ist.‹

Ich sag: ›Ulrike, ja.‹

›Ja, das wissen wir schon so lange, wie du bei uns wohnst.‹

Ich sag: ›Woher?‹

›Das hört man doch. Das merkt man doch. Du bringst keine Frau mit, du redest nicht darüber. Du tuckst hier rum, dass die Heide wackelt.‹

Ich sage: ›Ich tucke?‹

›Ja, du tuckst!‹

Ich sag: ›Ist das schlimm?‹

›Wieso schlimm? Du bist eben schwul.‹«

Gustav ist öffentlich geworden mit seinem Denken, in Moderationen bei den Auftritten, in Magazinen und in vielen queeren Medien interviewt und so immer wieder sichtbar geworden.

Es war ein weiter Weg für den jungen Ostwestfalen zum offen schwulen Künstler, vom Kneipensohn zum Schauspieler, Entertainer und Musiker. »Heute weiß ich, das ist meine Welt. Ich wurde ja früher immer anders gespiegelt: ›Lass das, das kannst du nicht.‹«

Wenn er heute Konzerte gibt mit der *Gustav Peter Wöhler Band*, spricht er auch über seine Heimat: »Neulich war mein Konzert in Detmold und ich habe über all das gesprochen, mein Schwulsein, was mich als Kind verletzt hat, was mich traurig gemacht hat, was mich hat verzweifeln lassen, was ich überwunden habe durch Humor und Selbstironie. Zum Beispiel war ich ja viel zu fett. Ich hab das benutzt, hab mich auch immer so angezogen, dass man sieht: Da ist jemand, der freut sich, dass er so dick ist. Was natürlich nicht der Fall war. Ich bin beschimpft worden und beleidigt worden ohne Ende als

Kind und als Jugendlicher. Auch noch später im Schwulsein. Auch da war ich viel zu dick, keiner wollte mit mir irgendwas zu tun haben. In der Schauspielschule hab ich dann abgenommen, einfach weil ich gemerkt hab: Da passiert jetzt was mit dir. Und das war so einfach. Ich war ja dick, weil ich immer nur alles in mich reingefressen hatte.«

Auch der Humor spielte in diesem Prozess eine wichtige Rolle: »Ich glaube, dass Humor einen Selbsterhaltungstrieb hat. Also, dass man sich mit Humor am Leben erhält. Ob das jetzt eine ostwestfälische Eigenart ist, kann ich nicht sagen. Es war auf jeden Fall bei mir so.«

Bielefeld ist das Hannover Ostwestfalens: Dietmar Wischmeyer

Diese Aussage stammt von Dietmar Wischmeyer. Er muss es wissen, denn er hat in beiden Städten gelebt! Geboren ist er allerdings in Oberholsten im Wiehengebirge, 15 Kilometer Luftlinie zu Ostwestfalen, heute zum Meller Stadtteil Oldendorf gehörig. Hier entspringt die Hunte, mit 189 Kilometern der längste linke (also westliche) und insgesamt zweitlängste Nebenfluss der Weser. Hier befindet sich, ebenfalls Abteilung »Unnützes Wissen«, auch die größte deutsche »Besamungsstation«, eine der führenden Rinderzuchtorganisationen in Europa. Und in Oberholsten befinden sich zwei Sternwarten, aufgrund der »nebel- und kunstlichtarmen Gegend« (eine Feststellung, die ich unkommentiert lassen möchte). Aber all das ist leider Niedersachsen und nicht Ostwestfalen. Also zurück:

Wischmeyer ist als Autor, Kabarettist und Radiomacher eine der wichtigsten gegenwärtigen Stimmen deutscher Satire. Er gehört zum festen Team der *heute-show*, ist mit täglicher Kolumne zu hören im RBB und ist seit 1988 beim FFN *Frühstyxradio*. In seinen früheren Bühnenprogrammen war er oft in Rollen zu erleben, die er fürs Radio entwickelt hatte, als »Günther der Treckerfahrer«, »Der kleine Tierfreund« und andere. Der Günther ist bis heute geblieben.

Viele seiner legendären Radiofiguren für das *Frühstyxradio* zitieren immer wieder diese Menschen aus den dörflichen Welten, aus denen er stammt, die zwei genannten sowie »Frieda und Anneliese« und »Willi Deutschmann«. Wischmeyer kann den krachenden Witz, der über scheinbare Geschmacksgrenzen geht wie bei den »Arschkrampen«, aber eben auch die fein ziselierte Satire, die exzellente Analyse und die komische Überhöhung, bis zur extremen, aber dann eben entlarvenden Übertreibung und der harten Polemik. Sein Witz ist gepaart mit immensem Wissen. Dietmar ist ein Wissbegieriger. Ein intellektueller Staubsauger. Kein Thema, wo er nicht »wissend und belesen« ist, dabei aber nie ein Dröhner. Er hat die Gabe, mit seinem Witz auch den, der weniger weiß, sich nicht dümmer fühlen zu lassen.

Dietmar ist außerdem ein begnadeter Schrauber, an allem, was Räder hat. Ein Fahrrad-, Motorrad- und Treckerexperte par excellence. Gäbe es eine Professur für Fahrradentwicklung, -historie und aktuelle Tendenzen, er müsste sie innehaben. Außerdem gingen an ihm zwei Landwirte und ein Erntehelfer verloren. Stattdessen studierte er Philosophie und Literaturwissenschaft in Bielefeld.

Er ist in Niedersachsen geboren, lebt da auch wieder und ist – laut Ina Müller – das »Maskottchen des Landes«. Andererseits gehört er auch zur »Bielefelder Schule« des deutschen Humors (Hans Zippert, Til Mette, Ingolf Lück, Wiglaf Droste, Fritz Tietz, Christian Y. Schmidt, Ralph Ruthe, Abdelkarim und andere).

Und knallhart fragt Wischmeyer: »Wann ist man also ein Ostwestfale? Wenn man da geboren ist? Wenn man da gelebt hat oder wenn man da gestorben ist?«

Das ist genau auch mein Problem. Wie will ich es halten für mein Buch? Dietmar sagt: »Damit fängt es nämlich an: Hannah Arendt wird immer als Hannoveranerin gewertet, obwohl sie hier nur geboren ist und mit einem Jahr weggezogen.«

Er hat, wie gesagt, Philosophie studiert und weiß so was.

»Na, so zehn Jahre sollte man vor Ort gelebt haben«, sage ich.

Mit meiner Kurzdefinition argumentiert Wischmeyer weiter und wehrt sich mit Händen und Füßen, zu OWL addiert zu werden: »Ich habe in Bielefeld studiert, was ja eindeutig Ostwestfalen ist, dort habe ich bloß acht Jahre lang gewohnt. Das ist der Kontakt. Mein leiblicher Kontakt. Also knapp daneben.«

So leicht bin ich aber nicht vom Pferd zu werfen. »Ja, eben. Du warst nah dran. Du bist auch jetzt wieder nah dran! Landkreis Schaumburg, der Puffer zwischen OWL und Hannover!«

Ich schaue, ob meine Worte wirken, und setze nach: »Schon Konfusion, der große ostwestfälische Weise hat gesagt: ›Ganz dicht daneben ist sehr nah dran!‹«

»Wenn dir nichts mehr einfällt, kommst du mit Konfusion!« Er lacht.

»Ich umkreise dieses Ostwestfalen. Als Jugendlicher bin ich in Melle zur Schule gegangen. Der südliche Teil von Melle, Ortschaft Neuenkirchen, stößt direkt an die ostwestfälische Stadt Spenge. Das ist die Grenze. Der Grenzfluss ist die Warmenau. Die Grenze war damals eine Holzbrücke. Wenn man nach – Ostwestfalen hieß das damals noch nicht, sondern Preußen –, wenn man nach Preußen rüberwollte, musste man über eine Holzbrücke. Niedersachsen war damals in den Sechzigerjahren in weiten Teilen ein reines Agrarland. Wenn wir als Kinder da rüberwollten, sagten wir: ›Wir wollen wieder in dieses Land fahren, wo sie Streifen auf der Straße haben.‹ Weil, da wo wir wohnten, war ’ne Straße: Teer, und links und rechts waren Bäume, an der Seite ein Graben. Aber dass man da Striche in der Mitte hatte, das gab es damals nur in Nordrhein-Westfalen.«

Dietmar erinnert sich, dass in NRW die Alleebäume abgesägt und gefällt wurden, weil man im durch Stahl und Kohle reichen NRW die Straßen breiter machte. Ich erinnere mich auch an die ersten Fahrten mit Mofa und Moped und dass man am Straßenbelag sofort merkte, ob man noch in NRW oder schon in Niedersachsen war.

Und wie war das Leben damals in Bielefeld?

»Ich hab da acht Jahre gewohnt in der schlimmsten Zeit dieser Stadt. Eine klassische Industriestadt, da waren alle Fabriken mittendrin. Dürkopp, Adler, Anker, Gildemeister. Alles ging weg und dann wollte Bielefeld einen Flughafen, einen internationalen Flughafen. Der geplante oder angedachte Flughafen Nagelsholz lag aber dummerweise auf dem Gebiet von Spenge, Kreis Herford. Die Spenger fanden es nicht prickelnd, dass sie weggemacht werden sollten für einen Flughafen für Bielefeld. Die Bielefelder haben gedacht, das findet sich, und haben den Autobahnzubringer schon mal geplant. Den gibt es heute, es ist der Ostwestfalendamm. Das ist der Zubringer von der A2 zum fiktiven Flughafen Bielefeld International. Dafür sind Hunderte Häuser abgerissen worden! Das ist dieser Irrsinn, in dem Bielefeld lebt. Da muss man Komödiant werden. Es gibt keinen anderen Ausweg. Das ist der Grund, warum so viele Komiker von hier stammen.«

Den Begriff »OWL« schreibt Dietmar einem Marketingleiter der Stadt Bielefeld zu. Dadurch hätte sich Bielefeld als Zentrum der Region etabliert und alle anderen mitgenommen. Dietmar sagt: »Als Mindener fühlst du dich ja nicht außen vor, sondern denkst: ›Ach, das sind wir.‹ Da ist keine Eifersucht entstanden, das ist die große Leistung. Das war eine geniale Idee.«

Die Stadt Bielefeld ist für mich ganz persönlich eine absolute Leerstelle. Wir waren, wenn wir in der Schule blaumachten, ein paarmal nach Bielefeld in die Uni gefahren, hatten uns aber nie getraut, in eine Veranstaltung zu gehen, einen Seminarraum zu betreten oder etwa mit den dort Studierenden zu reden. Nur dort zu sitzen, war schon großartig genug. Dann hatte ich auf Baustellen in Bielefeld gearbeitet, als Handlanger in der Übergangszeit zwischen Abitur und Beginn meiner Lehre. Aber Bielefeld als Stadt habe ich nie kennengelernt.

Wie war Bielefeld so? »In den Achtzigern hatte Bielefeld diesen Wahnsinn, die Chuzpe, den Bahnhofsvorplatz, der einfach nur Bahnhofsplatz hieß – einleuchtend –, umzubenennen in ›Platz des Widerstands‹. Was für eine Frechheit von einer Stadt, in der Horst Wessel geboren wurde, dem die Nazis ihre Parteihymne widmeten. Ein Schlag ins Gesicht aller Opfer des Nationalsozialismus. Das fanden die Bielefelder ganz scheiße! Aber die Bielefelder sind nicht so doof wie ihre Kommunalpolitiker und deswegen hieß dieser Platz immer ›Platz des Würstchenstands‹, weil hier der Stand der Firma Spengemann war.«

Warum war Dietmar zum Studieren in Bielefeld, warum so nah an zu Hause?

»Diese Uni ist für uns gegründet worden, für die kleinen Aufsteiger, die Kleinbürgerkinder, die nicht nach Tübingen, Göttingen oder an diese großen Unis mit diesen ganzen muffigen Talaren wollten, sondern in diese scheiß-kack-prollige Betonuni nach Bielefeld. Ich wollte Germanistik und Philosophie studieren und damit nicht an eine dieser klassischen Unis, das wäre für mich nicht gut ausgegangen.«

Ingolf Lück, der fast zur gleichen Zeit in Bielefeld studierte und schon in Theaterprojekten arbeitete, hatte ich gefragt, ob Dietmar damals schon öffentlich wahrnehmbar war: »Nee, der war mein Tutor in Deutsch. Dietmar hat unter anderem beim ›Bielefelder Colloquium Neue Poesie‹ mitgewirkt. Da waren wir in Bielefeld echt Vorreiter, die ganzen konkreten Poeten, die waren alle hier. Daher kenne ich Dietmar Wischmeyer. Angefangen hat der mit Liebold und Asso Richter, einem Kumpel, der bei mir im Rocktheater Bass gespielt hat. Die sind dann zu FFN gegangen und haben in Hannover die Radio-Comedy erfunden. Kann man wirklich sagen.«

Dietmar sagt: »Bielefeld und umzu war irgendwie ein bisschen schäbig, ein bisschen durchschnittlich, aber das war in

Ordnung. Das war gut, genau so, wie es war. Ich hätte mir nicht vorstellen können in diesem Hamburg zu leben: diese Blasiertheit, dieses von sich Eingenommene.«

Gehört die Bescheidenheit zum Ostwestfalen? Der Philosoph gibt eine philosophische Antwort: »Um Understatement zu haben, müsste man sich einer gewissen Größe bewusst sein, erst dann kann man ja Understatement entwickeln. Man kann sich keiner Sache rühmen, für die man gar nichts kann. Dass man irgendwo wohnt und irgendwo geboren ist, das zeichnet einen ja nicht aus, das ist ein Zufall.«

Weser und Willem: Martin Sonntag

Martin Sonntag ist seit Januar 2024 Leiter des *Caricatura Museum für Komische Kunst* in Frankfurt. Er stammt aus Porta Westfalica-Barkhausen. In Kassel lernten wir »Mindener Jungs« uns kennen. Martin leitete 23 Jahre lang die dortige *Caricatura Galerie für Komische Kunst*, der ich von Beginn an eng verbunden bin, u. a. bin ich ehrenamtlich im Vorstand. Er ist einer meiner engsten Freunde. Wir pflegten eine »temporäre Wohngemeinschaft«, jahrelang hatte ich ein Zimmer bei ihm in Kassel. Den größten Teil meiner Wintertournee mit meinem Jahresrückblick, mit vielen Terminen in Hessen, wohnte ich bei ihm.

Er, der vielbeschäftigte Ausstellungsmacher und Kulturarbeiter, kommt gerade von einem Besuch bei seinem Vater hier in Minden. Wir sind verabredet zu einem Kaiser-Besuch inmitten baumbestandener Höhen. Martin »kommt hier wech« und ist unmittelbar unter dem Kaiser-Wilhelm-Denkmal aufgewachsen. Sein Heimatdorf Barkhausen ist eine der 15 Gemeinden, aus denen »die Verwaltung« 1973 im Rahmen der Gebietsreform die Stadt Porta Westfalica geformt hat.

Martin zeigt über die Weser auf die Orte um die Porta: »Die wenigsten können alle 15 Dörfer aufzählen und wenn du dann jemanden aus Wülpke kanntest und dahin wolltest, warst du mit dem Moped auch irgendwie eine Stunde unterwegs.«

Wir stehen seitlich auf den Stufen des Kaiser-Wilhelm-Denkmals, das hier alle nur »den Willem« nennen, und blicken jetzt Richtung Norden ins Land. Hier sind wir über der Porta Westfalica, der »Westfälischen Pforte«, an der die Weser spektakulär das Weser- und Wiehengebirge durchbricht.

Gleichzeitig ist Porta Westfalica auch der Name der Stadt zu Füßen beider Gebirgszüge. Hier beginnt die Norddeutsche Tiefebene. Wir versuchen, die Hamburger Köhlbrandbrücke zu sehen.

Zwei Jungs, vielleicht elf Jahre alt, kommen zum Denkmal hoch. Einer ruft: »Boah! Wir sind schon über den Wolken!«

Martin und ich müssen lachen. Aber immerhin stehen wir auf dem Wittekindsberg, so heißt die denkmalbestandene Erhebung, in einer Höhe von 268 Metern.

Wir steigen von der Ringterrasse zum Denkmal hoch und schauen zum Kaiser.

»Das ist einfach eine geile Landmarke!«, sagt Martin.

Ich zitiere aus *Wikipedia*: »Das Kaiser-Wilhelm-Denkmal ist im Zyklopenstil des Spätwilhelminismus ausgeführt und bereits aus großen Entfernungen zu erkennen. Damit ist es landschaftsprägend für die Region.«

»Zyklopenstil?«, fragt Martin ungläubig.

Ich surfe weiter: »Das Zyklopenmauerwerk oder Polygonalmauerwerk ist eine Sonderform des Bruchsteinmauerwerks aus sehr großen, unregelmäßigen Steinen, welche sorgfältig aufeinandergeschichtet sind.«

Martin wird das Fachvokabular sofort für künftige Fachdiskussionen abspeichern.

»Martin, was ist denn toll an Porta Westfalica? Was ist das Geile, wenn man hier groß wird?«

»Viel Elend!«, flachst er. Martin Sonntag ist bestens gelaunt bei diesem Heimatbesuch. »Die Natur! Das merke ich immer, wenn ich zurückkomme. Es ist tatsächlich die Weser. Also für mich jetzt: Weser und Willem. Das sind die beiden Sachen, die für mich die direkte Verbindung sind. Vielleicht deswegen, weil man immer an der Weser und am Willem im Berg gespielt hat.«

»Seid ihr in der Weser schwimmen gewesen?«

»Nee. Nie.«

»Das machte man nicht, oder?«

»Ich bin einmal reingefallen und panisch nach Hause gerannt, denn es war klar: Die Weser war verschmutzt durch die Werra. Da kamen aus der DDR sehr, sehr hohe Salzanteile mit. Und auch sonst war die sehr dreckig. Wir haben auch schon in der Grundschule die Verschmutzungskarten der deutschen Flüsse gehabt. Da war die Weser ganz schlecht.«

»Jau. Man hatte irgendwie das Gefühl, man fällt in ein Säurebad.«

»Ja, das war so. Aber wahrscheinlich waren die Schafsköttel, in denen man sich gewälzt hat beim Fußballspielen auf dem Bolzplatz, ätzender als die Weser.«

Martin schwärmt vom Anblick, wenn man vom Norden kommt und »du dann auf den ersten Hügel nach der Norddeutschen Tiefebene guckst, der sich dann tatsächlich da spalten lässt durch diesen Weserdurchbruch.«

Wieder lacht er: »Wenn es 100 Meter höher wäre, wäre es spektakulär. Aber so sieht es auch schon ganz gut aus.«

Wir schauen zur anderen Weserseite, wo sich ein Stolleneingang befindet. Als ich Anfang der Achtzigerjahre Minden verließ, war es nur ein Gerücht: die Stollen in beiden Bergen der Porta, in denen Zwangsarbeiter als Außenlager des KZs Neuengamme Munition herstellen mussten, die morgens und abends über die Weserbrücke zogen. Mittlerweile ist das erforscht und eine Gedenkstätte in Aufbau. Das wurde ein Thema zu Martins Schulzeiten. Heute führt der Verein *KZ- und Dokumentationsstätte Porta Westfalica* verschiedene Informationsveranstaltungen und Begehungen durch.

Über uns steht er nun, der Kaiser Wilhelm der Erste, und hält segnend den rechten Arm über seine ehemaligen Untertanen. Wenn die ICEs durch die Porta Westfalica rauschen, erzählt Martin, zeigen die Reisenden immer wieder zum Kaiser und sagen: »Das ist der Hermann!« Das Hermannsdenkmal aber ist 60 Kilometer entfernt.

Wilhelm ist auch immer mal bereit für Schabernack. Im Oktober 2018 berichtete die lokale Presse, der Kaiser habe ein neues Hobby: Jo-Jo. Man hatte am Denkmal entdeckt, dass der Kaiser über Nacht ein rotes Jo-Jo am rechten Mittelfinger seiner ausgestreckten Hand hängen hatte. Das schwang sanft im Wind über der Porta Westfalica. Wer es ihm an den Finger gebunden hat, blieb bis heute unentdeckt.

Martin hat Geschichte studiert, aber da alle Historiker zur Fälschung neigen, bin ich unsicher, was den Wahrheitsgehalt der folgenden Aussage betrifft: »Ich glaube, die Briten haben das Denkmal bombardiert, weil sie im Zweiten Weltkrieg dachten: ›Guck mal, selbst Wilhelm der Erste war schon Nazi, mit Hitlergruß.‹ Da haben sie nicht verstanden, dass die ausgestreckte Rechte natürlich was ganz anderes ist. Er segnet das westfälische Land. Und dann war es wie bei Helgoland: Sie haben den Kaiser nicht kaputt bekommen.«

Eingeweiht hat das Denkmal für Wilhelm den Ersten sein Enkel, Wilhelm der Zweite.

Wir als Kinder, Heranwachsende und letztlich auch als Erwachsene haben uns um den historischen Wilhelm eigentlich nie gekümmert. Das Denkmal als solches ist für uns absolut identitätsstiftend, aber dort hätte auch etwas ganz anderes auf dem Berg sein können: ein Handball oder eine Statue von Herbert Lübking, unserem Welthandballer mit Franz-Beckenbauer-Nimbus. Was Wilhelm der Erste politisch wollte oder getan hat, wussten wir nicht und es interessierte uns auch nicht.

»Man wusste nur so grob, der Erste war noch in Ordnung, der Zweite war der Doofe«, erinnert sich Martin. »Und das ist ja zum Glück der Erste, der hier steht. Um die Inhalte hat man sich nicht gekümmert, das war vollkommen unwichtig. Aber trotzdem war es Historie und die ist hier verbunden mit Wilhelm und natürlich der Wittekindsage. Die Wittekindsburg, die ist ja auf dem Kamm da, ein Stück weiter.«

Es sind vom Kaiser-Wilhelm-Denkmal nur knapp 2 Kilometer auf dem Höhenkammweg bis zu den Resten der Wittekindsburg, wo heute eine Restauration ist. Durch Bergbauarbeiten versiegte die dort gelegene Wittekindsquelle 1938.

Was war denn jetzt mit Wittekind?

»Wittekind, das war schon ein ganz steiler Zahn! Ein steiles Ross. Das wissen ja die wenigsten. Im Wappen von Niedersachsen, da ist das Ross vom Wittekind drin.«

Ich zitiere aus dem Niedersachsen-Lied:

»Wir sind die Niedersachsen,
Sturmfest und erdverwachsen,
Heil Herzog Widukinds Stamm.«

Martin vollendet: »Genau. Und das Ross war weiß, weil er nach der Taufe durch Karl den Großen ein weißes Pferd bekommen hat. Angeblich! Aber so ist es überliefert!«

Martin Sonntag kann viele dieser Legenden erzählen, »weil ich mal als Kind das Buch mit den Wesersagen geschenkt bekommen habe.«

Im Berg, in dem er groß geworden ist und wo er »jede Hecke kennt«, befindet sich auch die Wittekindsquelle.

»Es ging um den Sachsenkönig Wittekind, der sollte von Karl dem Großen christianisiert werden. Wollte er aber nicht, natürlich wollte er das nicht. Und die haben sich einen ordentlichen Kampf geliefert über viele Jahre. Und Wittekind war ein ausgebuffter Hund, natürlich. Es gibt viele Geschichten, wie er Karl dem Großen immer wieder entkommen ist.«

Hat der hier gewohnt, der Wittekind?

»Der hat ja überall hier in allen Bergen und Ecken gewohnt, natürlich.«

Also eine Art Robin Hood?

»Unter anderem hat er in der Wittekindsburg da hinten gelebt.«

»Aha.«

»Ja. Und dann Wittekindsquelle. Da war er schon ziemlich durchgerockt. Auch die Finte mit den umgedrehten Hufeisen unter den Pferdehufen hat nicht mehr funktioniert, um die Franken in die falsche Richtung zu lotsen, die ihn verfolgt haben.«

Wittekind hatte den Trick mit den falsch genagelten Hufen erfunden?

»Ja! Da hat er das Patent drauf. Das hatte schon mal geklappt. Aber jetzt war er völlig am Arsch, komplett am Ende. Schleppte sich quasi die letzten Meter zu seiner Schutz- und Trutzburg, der Wittekindsburg, hin. Er verzweifelte schon und sprach auf seinem Ross am Ende: ›Wenn es dich denn gibt, du Christengott, dann sende mir ein Zeichen!‹ Und zack! Der Blitz fährt vom Himmel, das Pferd scheut, scharrt im Boden, eine Quelle entspringt: die Wittekindsquelle! Das war das Zeichen. Da sagte der Wittekind: ›Jo, dann ist das wohl so, dann lasse ich mich jetzt christianisieren.‹ Ganz genau so hat es sich zugetragen.«

Aha. So sagt es mir Martin, der studierte Historiker, mit ernstem Gesicht, inzwischen aber Chef des *Museums für Komische Kunst*. I'm not convinced! Aber was soll's!

»Also, Martin, so wie du es erzählst, habe ich nur noch wenig Zweifel.«

»Wenig?«, fragt er mit hochgezogener Augenbraue.

»Eigentlich keine mehr.«

»Richtig so!« Dabei legt er mir den Arm über die Schulter und dreht mich leicht Richtung Minden: »Und dann haben die beiden sich hier auf den Berg gestellt, da war das Denkmal natürlich noch nicht da, Karl und Wittekind, Hände über die Schultern, wie Jungs das so machen, wenn sie sich vertragen haben, und guckten ins Land. Und dann haben sie diese Häuser da am Horizont gesehen und Karl sagte zu Wittekind: ›Min und din soll die Stadt sein.‹ Daher kommt der Name Minden. So ist es. Genau so hat es sich zugetragen.«

Und ich nicke gläubig.

Auf ein Wort

»Es gibt in Ostwestfalen, und das gilt eigentlich bis heute, die Volksweisheit zur Zeugung: Wenn es ein Junge werden soll, muss die Frau beim Koitus mit den Füßen Richtung Hermannsdenkmal liegen.«

***Dietmar Wischmeyer**, Satiriker, Berufsnarr, Unterhaltungskünstler (zu Protokoll gegeben mit dem Zusatz, das solle man aber noch mal nachrecherchieren: »Vielleicht ist es genau umgekehrt und dann hat man den Salat.«)*

Rot-Grün in Detmold

In der Verkehrssteuerung ist an allen Ampeln in Deutschland die Farbsprache eindeutig: Rot heißt »Stopp«, Grün erlaubt die Bewegung. Traditionell haben wir ein männliches Ampelmännchen, eine Silhouette, rot stehend, grün gehend. Den größten Coolness-Faktor hatte lange das grüne Ost- beziehungsweise DDR-Ampelmännchen. Neben dem Ost-Sandmännchen ist das wohl der größte und nachhaltigste Erfolg der ehemaligen DDR.

Ergänzung aus der Abteilung »Unnützes Wissen«: Wir haben für alles eine Verordnung, die Ampeln sind geregelt in der »Richtlinie für Lichtsignalanlagen« (RiLSA). Es gibt bei uns nur wenige Ausnahmen bei den Ampelmännchen. In einigen Großstädten, sogar in Bielefeld, gibt es mittlerweile gleichgeschlechtliche Paare zu sehen. In Duisburg leuchtet ein Bergmann mit Grubenlicht rot und grün. In Bad Nauheim erledigt Elvis Presley mit umgehängter Gitarre den Job. In Friedberg steht Elvis am Mikro mit eingeknickten Beinen rot, um die Fußgänger aufzuhalten, mit dem berühmten Hüftschwung in Grün, wenn alle gehen dürfen. In beiden Städten hatte der »King of Rock« gelebt, als er in Deutschland stationiert war. In Mainz gibt es Mainzelmännchen-Ampelmännchen. In Emden sollte es der Ottifant werden, das aber erlaubten die Stadtoberen nicht, nun bemüht man sich um den hüpfenden Otto!

Aber den Vogel schießt inzwischen Ostwestfalen ab. Im Detmolder Stadtteil Hiddesen steht das Hermannsdenkmal und an allen drei Fußgängerampeln dort gilt: »Bei ›Hermann‹ stehen, bei ›Thusnelda‹ gehen.« Hermanns Frau Thusnelda mit den lustig schwingenden Zöpfen fordert zum Überqueren der Straßen auf. Hermann steht militärisch »stramm«, mit extrem kurzem Schwert, den Maßen des Rundlichts geschuldet, und lässt den Fußgänger warten.

Der in Hiddesen ansässige Künstler und Cartoonist André Sedlaczek hat diese Arbeit entworfen und realisiert. Von ihm stammt auch ein spezielles Ortsschild wenige Meter vor dem eigentlichen Ortseingangsschild als spezieller Gruß an die Fahrenden: ein kreisrundes Schild, farblich erinnert es an das korrodierte Kupfer des Hermannsdenkmals. Mit seinen stilisierten Nieten sieht es aus wie ein Schutzschild, von ihm blickt uns ein Hermann-Porträt mit Flügelhelm auf dem Kopf direkt an und wir können ihm in die leicht schielenden Augen schauen. Und das sieht sehr, sehr lustig aus und ist – typisch ostwestfälisch und den Detmolder Entscheidungsträgern sei Dank – wunderbar selbstironisch. Darunter steht: »Luftkurort Hiddesen«. Aber natürlich gab es auch Kritik, man mache »unseren Hermann lächerlich«, wenn der schiele.

Doch auf einem darunter montierten rechteckigen Schild in gleicher Farbgebung steht mit angemessenem Stolz: »Hier ist der Hermann zu Haus.« In Gegenrichtung, also bei Ortsausfahrt steht auf dem unteren Schild ostwestfälisch-kumpelig das Tschüss dieser Region: »Man sieht sich!« Und das ist als Versprechen und Hoffnung zugleich gemeint.

Die Schlacht am Teuto: Arminius

Blättern wir kurz zurück. 2009 war ein Jahr der großen Jubiläen. Sechzig Jahre Bundesrepublik. Zwanzig Jahre Mauerfall. Zweitausend Jahre Schlacht am Teutoburger Wald. Diese Schlacht im Jahre 9 nach Christus nennen wir im Rückblick die Varus-Schlacht. Die scheinbar militärisch weit überlegenen Römer unter ihrem Feldherrn Varus wurden von Arminius und seinen Truppen vernichtend geschlagen. Bis heute ein nationaler Mythos. Niemand weiß bisher, wo genau die Schlacht stattgefunden hat, es war aber wohl im heutigen Ostwestfalen – oder knapp daneben im angrenzenden Niedersachsen.

Was wir über Arminius wissen, hat als Erster Tacitus notiert, der römische Chronist, aber selbst der war ja nicht dabei gewesen, sondern wusste auch nur alles vom Hörensagen. Eine nicht wirklich seriöse Quelle. Arminius war ein Cherusker, das kann als sicher gelten. Cherusker lebten, so hat es Wikipedia notiert, unsere zeitgenössische Chronistin, »im Gebiet beidseitig des oberen Flussgebietes der Weser im heutigen Ostwestfalen-Lippe und in Niedersachsen bis zur Elbe.« Arminius und seine Frau Thusnelda waren also frühe Ostwestfalen.

Bei den Recherchen zu diesem Buch konnte ich eine bahnbrechende Entdeckung für die ostwestfälische Geschichtsforschung machen: Arminius lebt. Ich traf ihn kurz im neutralen Bückeburg, vermittelt durch eine Person, die anonym bleiben möchte. Allerdings ist er, der frühere Siegertyp und Superheld mit dem Potenzial zur Marvel-Comic-Figur, über die Jahrhunderte etwas übellaunig bis leicht depressiv geworden. Er lebt heute mit seiner Frau Thusnelda, übrigens eine geborene Segestes, unter dem falschen Namen Armin Hermann in Wöbbel, einem Ortsteil von Schieder-Schwalenberg in Lippe, und führt dort eine kleine Schmiede mit Schwertschleiferei, beliebt vor allem bei Freunden historischer Ritterspiele. Er wollte sich nicht interviewen lassen, sagte er mir bei dem kurzen Treffen, hat mir aber ein schriftliches Statement zugemailt, um ein paar historische Ungenauigkeiten zu korrigieren:

»Sehr geehrter Herr Gieseking, lieber Bernd, bevor wieder Fake News über mich in Umlauf gebracht werden: Ja, ich bin Arminius, germanischer Feldherr. Die meisten werden mich aus Detmold kennen. Dort steht mein Hermannsdenkmal! Ich bin da leider ganz schlecht getroffen! Schlechter ist höchstens noch das Kanzlerporträt von Helmut Kohl im Kanzleramt. Aber der Herr von Bandel, mein Gestalter, hatte weder Foto noch ein anderes Porträt aus meiner Zeit um 9 nach Christus vorliegen. Und ich selber wollte mich schon zum Zeitpunkt des Baus nicht als noch lebend zu erkennen geben.

Ansonsten bin ich doch recht stolz auf diese ›Kolossalstatue‹. Ich bin da 26,57 Meter hoch, das Bauwerk misst insgesamt 53,46 Meter und ist damit die höchste Statue in Deutschland. Und bis zur Errichtung der New Yorker Freiheitsstatue 1886 war ich, war mein Denkmal die höchste Statue der westlichen Welt.

Hermann der Cheruskerfürst. Aber der Name geht mir vielleicht auf den Sack! Hermann! Diesen Namen gab es damals noch gar nicht. Nicht mal unter Germanen. Das war Luther! Martin Luther hat mich ganz falsch übersetzt! ›Hartzer‹ hat er gesagt, ich sei ›ein Hartzer oder Hartzlender nomine Hermannus‹ gewesen. ›Armin‹, das hätte ich noch durchgehen lassen! Aber doch nicht ›Hermann‹! Warum denn nicht gleich ›Eugen‹?

Hör mir auf mit Martin Luther! Der war doch auch bekloppt! Der hat alles übersetzt, was ihm in die Finger kam. Zum Beispiel: die Bibel. Wenn der da auch so übersetzt hat wie bei mir, dann aber gute Nacht! Damals, zur Zeit der Varus-Schlacht, da gab es noch kein Katholisch und kein Evangelisch. Im Jahre 9 nach Christi Geburt, als ich Varus besiegt habe, da war Jesus noch nicht mal gestorben.

In diesem Jahre 9, sagen Historiker, war Jesus ungefähr erst 13 Jahre alt. Von Jesus haben wir in Ostwestfalen nix gewusst. Jesus selber von Ostwestfalen zeitlebens wahrscheinlich auch nix. Es gab keine Mail, keine SMS, keine Zeitung, keine *Tagesschau*. Ich bin sicher: Jesus wäre in den sozialen Medien gescheitert. Stell dir vor: Jesus auf YouTube! ›Und hier ein kleiner Film, wie ich übers Wasser gehe!‹ Hätte es bei Jesus zum Influencer gereicht? Nein, denn der Mann hatte ja nur zwölf Follower. Da nützt auch die Speisung der Fünftausend nichts.

Ich schweife ab. Seit damals, seit der Schlacht am Teutoburger Wald streife ich durch die deutsche Geschichte. Angeblich habe ich damals Deutschland gegründet! So ein Quatsch! Ich bin den Römern reingegrätscht, das ja, und zwar voll fies und erfolgreich! Nur mit dem Schwert in der Hand! Mann gegen Mann. Das Schwert an sich ist heutzutage völlig unterbewertet! Das ist auch schade.

Ich war zu Anfang selbst Mitglied im römischen Heer. Ich war zwar Germane, Cherusker, aber ich hatte diesen Job bei den Römern: Ich war Söldner. Ich war mit den Römern quasi als Gastarbeiter in meinem eigenen Land unterwegs.

Damals, im Jahre 9 gab es von Deutschland keine Spur! Ich war zwar Cherusker, war aber mittlerweile selber fast ein Italiener geworden. Ein Römer eben. Pizza, Pasta, Cappuccino. Nur Latte macchiato hatten wir noch nicht. Heute, wenn ich gut drauf bin, da rühr ich den Milchschaum mit dem Schwert!!

Ich war Oberbefehlshaber damals, Stammesführer. Ich habe

die Hilfstruppen befehligt, also die, die nicht Römer waren. Die meisten davon Cherusker! Ein paar Tausend Mann. Aber wenn ich heute einen Job suche, ist das als Qualifikation gar nicht mehr gefragt. Ich habe mich allein in den letzten zwei Jahren über siebzig Mal beworben! Und was kriege ich jedes Mal zu hören? Erstens: Mein Führungsstil sei autoritär und damit total antiquiert! Und zweitens: Ein Schwert sei in einem Vorstellungsgespräch ein äußerst irritierender Gegenstand, zumindest aus Arbeitgebersicht. Das Ergebnis: Hartz IV und jetzt Bürgergeld.

Immer wenn ich mich bei der Bundeswehr bewerbe, heißt es: Jemand, der über zweitausend Jahre alt sei, wäre für den Dienst an der Waffe zu alt. Aber der Präsident der Vereinigten Staaten ist auch schon über achtzig. So groß ist der Unterschied da nicht.

Bei jedem neuen Verteidigungsminister bewerbe ich mich erneut. Aktuell rechne ich mir größere Chancen aus. Pistorius, das klingt ja schon lateinisch. Übersetzt heißt es ›Bäcker‹. Aber eine Antwort kriegt auch der nicht gebacken.

Man macht sich heute gar kein Bild davon, wie das damals war im Teutoburger Wald: Wir standen bis zu den Sandalen im Schlamm. Gab ja noch keinen Klimawandel. Da waren selbst die Sommer immer feucht. Tagelang bin ich mit den römischen Truppen marschiert: Horn-Bad Meinberg, Pivitsheide, Bad Salzuflen, Bad Oeynhausen. Kreuz und quer. Keine Brücke über der Weser, da mussten wir dann durch. Nass bis auf die Rüstung! Überall nur Trampelpfade. Keine Autobahn, keine Bundesstraßen. Keine Spur von Straßenpflaster. Nur Matsch und Kacke! Ja, was glaubst du denn? Die Römer waren unterwegs mit über viertausend Tieren. Kühe, Ochsen, Pferde, Esel. Und da musst du hinterher. Und dann musst du da durch. Da weißt du aber, warum du abends die Sandalen ausziehst. Und Vandalen heißen so, weil die das nicht machen!

Varus und ich waren also damals unterwegs mit unseren Legionen durch Ostwestfalen! Das war wie Ferienbeginn in Nordrhein-Westfalen und Ford-Betriebsferien-Anfang zusammen. Fünfzehntausend Krieger, dazu Sklaven, Frauen und Kinder. Und die hatten alle Hunger! Die mussten jeden Tag essen! Und aufs Klo! Die Autobahnraststätte Herford war noch nicht mal in Planung. Kein Gedanke an Sanifair! Nirgends ein Aldi, kein Rewe weit und breit. Lidl? Nicht dran zu denken! Keine Pommesbuden, kein Kiosk, kein McDonald's.

Der römische Soldat war sowieso eine arme Socke. Der hatte ganz schön was zu schleppen. Helm, Schild, Schwert, Lanze. Dann Marschgepäck, Kochgeschirr, Übergangsmantel. Zusammen fast 50 Kilo. Das Gewicht von einem Sack Zement! Oder fünf Kästen Mineralwasser. Damit bist du unterwegs, und das jeden Tag und dann aber: richtig marschieren und nicht wandern wie Kerkeling auf dem Jakobsweg. Das war keine Warmduscherabteilung, wenn eine römische Legion durch die Lande zog!

Pferdewagen, Ochsenkarren, beladene Esel. Aber nur ein schmaler Weg durch die ostwestfälischen Sümpfe. Wenn die Römer morgens losmarschierten, dauerte das ewig, bis die loskamen. Die Kolonne zog sich über 15 Kilometer. Verstehst du? Da waren die Ersten schon im Abendlager angekommen, da waren die Letzten noch nicht mal aufgebrochen! Stau ist keine Erfindung des 20. Jahrhunderts!

Und ich mittendrin!

Dann hatte ich aber die Faxen so richtig dicke.

Irgendwo zwischen Vlotho und Bad Oeynhausen bin ich dann mit meinen Truppen erst kurz desertiert und dann habe ich sofort gegen meine alte Truppe gekämpft!

Als ich angriff, waren die Römer natürlich überrascht. Varus hat sich nachher ins eigene Schwert gestürzt. Das war Tradition nach schweren Niederlagen. Heutzutage ist das Schwert absolut unterschätzt.

Ja, ich habe gegen die Römer gekämpft und ich habe sie besiegt. Aber mehr auch nicht! Und heute glauben irgendwelche Spinner, ich hätte die Nation gegründet. Die einen verwechseln mich mit Siegfried aus den Nibelungen, die anderen mit Roland aus Bremen. Das nervt!

Worüber hätten wir uns denn als Deutsche finden sollen im Jahre 9 nach Christus? Womit hätten wir uns denn identifizieren können? Es gab noch keine nationalen Symbole. Es gab keine Flagge und keine Hymne. Außer ›Wo die Weser einen großen Bogen macht‹! Es gab keine Nationalmannschaft. Handball, Fußball, das war ja alles noch nicht erfunden. Es gab keine Rüstung von Adidas. Es gab keine Nationalheiligtümer. Es gab ja noch nicht mal Franz Beckenbauer!!

Die großen deutschen Bücher und Dichtungen, ›Winnetou Teil 1‹ von Karl May, ›Die Glocke‹ von Friedrich Schiller, ›Die Made‹ von Heinz Erhardt, da war noch kein Wort von geschrieben! Wir hatten noch nicht mal Schrift! Wir hatten noch nicht einmal ein Wort für Deutschland. Für den Römer waren wir Germanen damals einfach Barbaren.

Das ist heute anders. Schau dich doch nur mal im Bundestag um. Der Germane heute ist eher ein Dandy. Die Generation Schnieke. Die Damen im Bundestag ziehen sich an, als gingen sie auf den Laufsteg, wenn sie eine Rede halten. Die Herren können nicht nur Krawatte binden, die wissen sogar, welche zum Anzug passt. Welche Pantolette zur Rüstung passt, weiß ich bis heute nicht! Thusnelda, meine Frau, die lässt mich ohne geputzten Helm doch gar nicht vor die Tür!

Ich rege mich nur auf. Ich geh gleich lieber mein Schwert schleifen! Das Schwert ist auch viel zu sehr aus der Mode gekommen. Der offene Zweikampf. Was gibt es stattdessen? Disput. Diskussion. Man muss ja nicht gleich auf den Tisch hauen, aber man kann doch mal das Schwert nehmen.

Die Einzige, die das sauber hinbekommen hat, war die Merkel! Die hat alle rasiert. Kohl, Merz, Koch, Röttgen. Jetzt wo die weg ist, traut sich der Merz wieder. Aber nun will der Wüst ihn links überholen und der Söder sitzt ihm auch im Nacken. Warum nehmen die kein Schwert? Auch bei der Linken. Schwertkampf ist ehrlicher als jede Abstimmung oder Parteineugründung!

Heute bist du mit Schwert nur noch eine Karnevalsattraktion. Aber früher, Mann gegen Mann. Oder Amazone gegen Amazone. Verstehst du? Ein ordentlicher Zweikampf. Diese ganzen Wahlkampfveranstaltungen sind doch Mist. Gebt den Politikern Schwerter in die Hand und dann sollen die das untereinander entscheiden! Das würde dem Volk mehr Spaß machen, als nur einmal alle vier Jahre die Stimme abzugeben. Das wäre auch die Lösung gegen die niedrige Wahlbeteiligung. Da wären die Stadien aber voll! ›Heute in der Münchener Allianz Arena: Söder gegen Merz.‹ Im Berliner Olympiastadion Lindner gegen Habeck. Baerbock gegen Wagenknecht. Aber wir haben in Deutschland höchstens ein Schweizer Messer in der Tasche und kein Schwert am Gürtel.

Manchmal könnte ich verzweifeln! Da schlage ich Varus und gebe mir wirklich alle Mühe und dann sieht Deutschland so aus, wie es heute aussieht? Pazifismus ist schön und gut, aber man braucht doch auch mal Ergebnisse. Auch innerparteilich. Oder in den Talkshows bei Lanz und Co: weniger reden, mehr Schwert!

Ich muss jetzt schließen und die Mail schnell an dich versenden. Sonst streicht mir Thusnelda wieder die Stellen mit dem Schwert.

Glück auf!

Dein Armin Hermann«

Auf ein Wort

Ostwestfalen hat mindestens zwei Superhelden: **Arminius** und **Padermann**. Letzteren kennt niemand besser als Erwin Grosche, der mir schrieb:

»Padermann, der große Superheld, steht für eine bessere Welt, die im Kleinen beginnt und immense Auswirkungen hat auf das Große. Padermann ist der Flügelschlag des Schmetterlings in China, der in Paderborn das Glockenläuten auslöst.

Er kann nicht sehr gut fliegen und hilft eher alten Menschen über die Straße.

Im Grunde ist er wie wir: höflich, hilfsbereit und ein wenig nervig. Er hat eine Scheu vor Frauen, ist aber immer verliebt in sie. Er könnte mehr auf seine Ernährung achten, aber sein kleiner Bauch macht ihn auch bei aller Supermann-Tauglichkeit so menschlich.

Walter Gödden hat ihn sogar aufgeführt in seinem Buch über Science-Fiction-Literatur in Westfalen, dabei gibt es Padermann wirklich.

Er steckt in jedem Fußballer des SC Paderborn, sonst wäre ein Aufstieg in die erste Liga nicht möglich gewesen. Er steckt in jedem Paderborner, der morgens aus dem Haus geht und abends wieder heile nach Hause kommt. Er ist ein Symbol für alle unsere Superkräfte, von denen wir manchmal gar nicht wissen. Vielleicht können wir alle fliegen wie er, nur halt nicht so gut.«

*Padermanns akribischer Biograf **Erwin Grosche** hat dessen Abenteuer zuverlässig protokolliert, manchmal sogar gefilmt. Es gibt sie jedoch nur als Buch und auf YouTube, weil seltsamerweise noch nie im Fernsehen über Padermann berichtet wurde.*

Die mit dem Bauch tanzt: Ella Carina Werner

Auf Facebook lese ich das »Radikalfeministische Tiergedicht Nr. 8«:

Der Hahn erläutert unentwegt
Der Henne, wie man Eier legt.

Kompakter und pointierter wurde das Verhältnis Mann – Frau literarisch noch nie beschrieben. Urheberin dieses genialen Zweizeilers ist Ella Carina Werner, Ostwestfälin aus Bad Oeynhausen, die mittlerweile in Hamburg lebt. Ich stehe an Gleis 11, Hannover Hauptbahnhof, 11.38 Uhr, und warte auf sie. Gleich fährt ihr Zug ein. Ella Carina Werner ist auf dem Weg nach Frankfurt, zu einer Lesung mit ihrer *Titanic*-Redaktion. Sie war dort Redakteurin, inzwischen ist sie Mitherausgeberin und Kolumnistin, die begehrteste Position in Deutschlands »endgültigem Satiremagazin«. Wer hier schreibt, gilt als Edelfeder und Ella Carina folgt auf Max Goldt und Heinz Strunk, womit sie ausreichend vorgestellt sein sollte.

Sie hat ihren Eltern, besonders ihrer Mutter, und damit auch der Stadt Bad Oeynhausen ein wunderbares literarisches Denkmal gesetzt mit ihrem Romanerstling »Die mit dem Bauch tanzt«. Ellas Mutter war die erste Bauchtänzerin in Ostwestfalen und ihr Vater, Psychotherapeut im Hauptberuf, fuhr seine Frau zu den Auftritten in der Region.

Der nächste Bucherfolg wurde »Der Untergang des Abendkleides«, übrigens im Satyr Verlag erschienen wie auch dieses

Buch. Arno Frank schrieb darüber auf *Spiegel online*: »Bisweilen liest es sich wie Kafka nach einem guten Joint.«

Ella hat ein besonderes Talent für Titel. Mit Katinka Buddenkotte, Westfälin aus Münster, ist sie Herausgeberin von »Niemand hat die Absicht, ein Matriarchat zu errichten – Komische Texte und Cartoons von Frauen«. Ihr jüngster Erzählband hat den Titel: »Man kann auch ohne Kinder keine Karriere machen«. Das *Neue Deutschland*« nannte ihn ein »feministisches Feuerwerk«.

Wie kam sie zum satirischen Schreiben?

Tilman Rammstedt, sagt Ella Carina Werner gleich zu Beginn, habe sie »humorsozialisiert«: »Ein Bielefelder Schriftsteller, der jetzt schon lange in Berlin wohnt, wie alle. Der ist einer meiner wichtigsten Humoreinflüsse.«

In Hamburg geboren, ist sie mit einem Jahr nach Ostwestfalen gekommen.

»Die lustigsten Leute, die ich kenne, kommen aus Ostwestfalen. Es ist ja auch das Provinzielle, das Kleinstädtische, in dem ja oft mehr Komik gedeiht.«

Ich gebe ihr recht und argumentiere, Berlin, Köln oder andere Städte wären verloren ohne uns aus der Provinz: »Diese Städte leben davon, dass wir dahin ziehen. Wie viele der Berliner oder Kölner Komiker stammen denn tatsächlich aus Berlin und Köln?«

Ella nickt: »In den großen Städten gibt es so geile Sachen, die du besuchen kannst. Die kannst du dort auf der Bühne sehen. Aber wenn du in der Kleinstadt lebst, gibt es dieses Angebot ja nicht. Du musst es selber erzeugen. Du musst selber deine witzige Zeitschrift gründen.«

Wenn Ella ihre Oma in Hamburg besuchte, musste sie in Hannover umsteigen. »Ich habe es geliebt, mir da Rattelschneck-Postkarten zu kaufen. Ich habe die gesammelt.« Rattelschneck ist ein deutsches Comiczeichner-Duo. »Ich wäre aber nie auf die Idee gekommen, dass ich mich vielleicht mal für Humor interessiere, dass das Teil einer Tradition ist. In Bad Oeynhausen hatte ich keinen Kontakt zu Humorerzeugnissen. Ich hab mir das einzeln zusammenklamüsern müssen. Bis da so ein Mosaik entsteht und man begreift, für was man sich eigentlich interessiert.« Sie lacht: »Wahrscheinlich gibt es die *Titanic* jetzt auch in Bad Oeynhausen.«

Sie erinnert sich an das Aufwachsen in Bad Oeynhausen und grinst: »Ich hatte da so eine Kabarettgruppe und eine Theater-AG. Wir dachten, wir sind die Besten und Witzigsten – weil wir keine Vergleichsmöglichkeiten hatten. Schöner Größenwahn in der Provinz.«

Ich widerspreche: »Wir Ostwestfalen sind doch eher bescheiden!«

Ella lacht schon wieder: »Ich eher nicht. Bad Oeynhausen ist ja auch so eine schöne, alte mondäne Kurstadt.«

»Ich bin nur nach Oeynhausen gefahren, wenn mein Vater da in der Herzklinik lag. Für mich war Oeynhausen nur ein Durchfahrtsort.«

Ella widerspricht vehement: »Das ist schon völlig absurd. Das ist die Grundkomik an Oeynhausen, dass die Autobahn durch die Kurstadt führt. Aber direkt hinter der Autobahn sind die Konzertmuschel und die ruhigen Orte. Ich hab damals im Kinderchor gesungen, im ›Kurchor‹: ›Die Luft ist hier so toll!‹ Und nebenan war jeden Tag Stau. Dadurch hat Oeynhausen so eine Grundkomik. Eine Stadt, die extrem gut vorgegaukelt hat, dass sie toll ist.«

Und Ella beginnt, mitten im Café das Lied aus Kinderchorzeiten zu singen:

Autoschlangen auf Autobahnen,
Benzingestank und Radau …
So was hält der allerstärkste Mensch nicht aus,

davon wird ihm im Kopfe ganz flau.
Nimm den Fuß vom Gaspedal und ruh dich aus
und fühl dich bei uns wie zu Haus!

Herzlich willkommen in Bad Oeynhausen,
hier findest du deine Rast.
Herzlich willkommen in Bad Oeynhausen,
wir begrüßen dich als Gast.

Ich lache mich kaputt. Ein A-cappella-Konzert zur besten Mittagszeit mitten im Café.

Ella erzählt von ihren drei Geschwistern, ihrem »Familienclan«, insgesamt »sechs Leute, die sich immer übereinander lustig gemacht haben.«

Damit beschreibt sie ein für mich in ganz Ostwestfalen gültiges Phänomen, das uns auch unterscheidet von anderen: »Da wurde viel gefrotzelt. Das war auch ein sehr gutes Ventil, um alles wieder glattzubügeln.«

Ella erinnert sich an eine spezielle Episode: »Mein großer Bruder Lasko ist sehr lustig. Der ist anderthalb Jahre älter als ich. Der ist der Verbalkomiker bei uns. Unsere Nachbarin hat ihre Kinder immer doll angeschrien. Und mein Bruder, der war vielleicht zehn Jahre, tritt auf den Balkon und ruft zurück: ›Können Sie Ihre Kinder nicht leiser misshandeln?‹ Das hat der so rausgehauen – als Zehnjähriger!«

In Schultheateraufführungen hat Ella normale Rollen komisch gespielt. »Ich hab meist Männer gespielt, das meist total unpassend, und die Leute haben sich totgelacht.«

Und ihr Verhältnis zu Ostwestfalen heute?

»Ich bin ja komplett zugezogen. Ich hatte keine Verwandten dort, aber ich fühle mich immer noch sehr verbunden. Ich bin in Hamburg geboren, wohne da jetzt auch wieder seit vielen

Jahren, würde aber nie sagen, dass ich Hamburgerin bin. Ich hab in Ostwestfalen sehr, sehr gerne gewohnt und wenn es so was gibt wie ein zwanzigjähriges Abijubiläum, bin ich die Erste, die da ist.«

Sie reiht ihre Erinnerungen aneinander, erzählt vom Niedergang der Kurstädte durch die Gesundheitsreform von Horst Seehofer 1996. Damit sei viel weggebrochen. Bielefeld sei eine coole Stadt, mit »damals sehr ausgeprägter linker Szene. Wir waren immer donnerstags im *Falkendom*. The place to be. Der coolste Ort im Umkreis von 1.000 Kilometern.« Auch die *Musikbox* in Minden war immer wieder Ziel, das *Forum Enger*. Ella spielte in einer Punkband. »Wir hießen *Café Litauen* und haben sogar mal den Ostwestfalen-Musikpokal gewonnen.«

Dann erzählt sie von ihrem ersten Buch, vom Roman über die, die mit dem Bauch tanzt. »Ich habe viel Brauchtum und Feste mitbekommen. Weil meine Mutter Bauchtänzerin war. Sie war ›Shahzadi, die Perle aus dem Orient‹, die erste Bauchtänzerin in Ostwestfalen-Lippe. Die war bei vielen Junggesellenabschieden, goldenen Hochzeiten, Petersilienhochzeiten. Meine Mutter, die ein eher schüchterner und zurückhaltender Typ ist, hat immer schon Rollenspiele geliebt. Da kann man reinschlüpfen in eine andere Persönlichkeit. In dieser Rolle, als, wie man das damals noch sagte, ›rassige Orientalin‹, konnte sie anders und befreit vor anderen Leuten agieren. Und mein Vater hat das einfach aus Liebe mitgemacht. Der hat ja weiter als Psychotherapeut gearbeitet und hat sich dann aber als Mustafa einen Turban aufgesetzt, mit Glitzerumhang. Heutzutage sieht man das anders. Im Zuge von Begriffen wie ›kulturelle Aneignung‹ wird es belächelt oder kritisch gesehen. Aber damals war das eine totale Verheißung. Wer es sich leisten konnte, hatte solch einen exotischen Act auf seinem Fest. Und die haben das nicht ironisch gemeint. Aber es hat ihnen Spaß gemacht. Und meine Mutter sprach dabei auch typisch ostwestfälisch. Und die Auftraggeber und Gäste wunderten sich dann: ›Ja, Sie sprechen ja schon sehr gut Deutsch.‹«

Ella Carina Werner findet an Ostwestfalen faszinierend, »dass es so dazwischen ist. Zwischen Rheinland und Nordsee. Ganz erstaunlich, dass da auf einmal noch ein Wiehengebirge kommt, das finde ich das Besondere. Das ist quasi ein Transitraum, ein Zwischenraum.«

Das interpretieren andere ganz anders, nämlich als die tiefste Form von Provinz. Auf 1LIVE liefen damals die *Bad Oeynhausen Cops*, gesprochen von Oliver Kalkofe und Oliver Welke. »Das war total das Ding«, erinnert sich Ella. »Zwei langweilige Polizisten in Oeynhausen. In Oeynhausen kannte man das aber gar nicht und fühlte sich auch nicht gemeint.«

Sie überlegt kurz: »Mein größtes Glück war, dass meine Eltern mit mir in eine ganz proletarische Siedlung gezogen sind. Da hat niemand studiert. Ich kannte gar nicht das Konzept des Akademikers, obwohl meine Eltern Akademiker aus Hamburg waren. Man konnte sich gar nicht als was Besseres fühlen. Ich kannte keine Gruppe, zu der ich mich hätte zugehörig fühlen können. Alle Männer im Dorf waren Säufer. Da ging alles sehr handfest zu. Ich kann mich mit jedem auf allen Leveln unterhalten.«

Und Ella Carina Werner sagt einen zentralen Satz: »Ich glaube, dass gerade aus der Provinz heraus die coolen Sachen entstehen.«

Schließen wir mit Ella Carinas »Radikalfeministischem Tiergedicht Nr. 25«:

Die Mäusin sagt zum Mauserich:
»Du bist nicht wichtiger als ich.«
Murmelt er im Mauseloch:
»Doch.«

Auf ein Wort

»Es gibt sie wirklich. Magische Orte, die sich ins Gedächtnis einbrennen. Die unvergessen bleiben, ein Leben lang. Bad Oeynhausen ist ein solcher Ort. Als es mich vor vielen Jahren dorthin verschlug, war ich in einem erbärmlichen Zustand. Grün hinter den Ohren, unfähig, auf eigenen Füßen zu stehen. Keinen klugen Gedanken vermochte ich zu fassen, kein vernünftiges Wort brachte ich über meine Lippen. Sosehr ich mich auch abstrampelte, nichts bekam ich gebacken, war ständig auf Hilfe anderer angewiesen. Doch mit Bad Oeynhausen kam die Wende. Ich begann, im Leben Fuß zu fassen. Auf einmal konnte ich meine Wünsche und Bedürfnisse artikulieren. Auch meine gesamte Erscheinung veränderte sich. Innerhalb von nur drei Jahren verdoppelte sich meine Körpergröße. Ob es an der guten Luft lag? Oder an den Thermalquellen? Vielleicht werde ich es nie erfahren. Eines jedoch kann ich für mich mit Sicherheit sagen: Diese Stadt ist pure Magie!«

Münster, im Juli 2023, für Bernd Gieseking

***Stephan Rürup**, Cartoonist und Musiker, Redakteur der Satirezeitschrift* Titanic, *für die er weiterhin zeichnet, wie auch für die* Welt am Sonntag, *die IG Metall und andere. 2018 gewann er den Deutschen Cartoonpreis. Geboren in Bad Oeynhausen, verließ er, gezwungen von herzlosen Eltern, die Stadt im Alter von drei Jahren.*

Ein Hamburger aus Minden: Henning Venske

Hamburg. *Café Funk-Eck*, Rothenbaumchaussee. Ich bin verabredet mit Henning Venske, Kabarettist, Schriftsteller, Regisseur, Schauspieler, Moderator. Eine der wichtigsten Stimmen seiner Generation, einer der prominentesten und sprachmächtigsten Künstler mit Wurzeln im Ostwestfälischen.

Henning tritt ein, groß gewachsen, schlank, mit einer nie vergehenden Jugendlichkeit trotz seiner 84 Jahre. Erstmals sehe ich ihn mit Gehstock. Er kommt von der Probe. Henning führt Regie in *Alma Hoppes Lustspielhaus*, seinem Stammhaus in Hamburg, beim neuen Kabarettsolo von Jan-Peter Petersen, Mitbegründer der Bühne.

»Grüß dich«, sagt Henning zu mir.

Sehr herzlich, fast überschwänglich wird er von der Mitarbeiterschaft im *Funk-Eck* begrüßt. »Das ist mein Stammcafé seit 1968«, erklärt er lächelnd. Er nickt den Mitarbeiterinnen zu. »Ich habe hier Generationen an Servicekräften erlebt.«

Das *Funk-Eck* liegt gegenüber dem NDR-Hörfunk, wo er über Jahrzehnte in den Studios immer wieder als Sprecher arbeitete, moderierte, Texte einlas.

Henning gilt als Hamburger, hat aber einen bewegten Lebensweg und mit seiner Frau noch eine Zweitwohnung in München, wo er lange als Akteur, Autor und Regisseur der *Münchener Lach- und Schießgesellschaft* gearbeitet und gelebt hat. Henning ist das Kind pommerscher Eltern, geboren in Stettin und wuchs nach Kriegsende in Minden auf. Davon wusste ich lange nichts.

Für mich war er der bewunderte Satiriker, den ich aus dem Radio und als Chefredakteur von *Pardon* kannte. Wir lernten uns persönlich in Kassel kennen bei einer monatlichen kabarettistischen Radiosendung für hr2, *Das war's. War's das?*, im Februar 1995 erstmals produziert vor Live-Publikum im Foyer des HR in Frankfurt, dann einige Jahre im Wechsel in Kassel und Darmstadt mit Thomas C. Breuer, Urban Priol, Henning und mir. Mastermind der Sendung und verantwortlicher Redakteur war sein Freund Werner Klein, Förderer vieler im Feld der Kleinkunst, dem auch ich viel verdanke.

Ich war überrascht, als ich damals erfuhr, dass Henning Venske seine Kindheit und Jugendjahre in Minden, meiner Heimatstadt, verbracht hatte.

»Henning, bist du Hamburger?«, frage ich jetzt.

Auf meine Frage grinst er breit und sagt, durchaus mit Stolz: »Ich bin Hamburger aus Minden.«

Henning, Jahrgang 1939, freut sich auf ein bald anstehendes Klassentreffen mit den alten Gefährten. Sein künftiger Lebensweg war damals nicht zu erahnen. Venske ist einer der ganz Großen der satirischen Bühnenkunst, war Fernsehstar, Moderator von *Musik aus Studio B*, moderierte mit »Lilo« Pulver die *Sesamstraße* und war Ensemblemitglied der *Münchener Lach- und Schießgesellschaft*, bis 1993, danach als Solokabarettist eine der klarsten und bedeutsamsten Stimmen im deutschen Kabarett. Nach einer furiosen Abschiedstournee mit seinem Programm »Summa Summarum«, das es Gott sei Dank auch als Buch gibt, verabschiedete er sich weitgehend von der Bühne, ist aber immer noch mit literarischen Programmen zu sehen. Und er ist weiterhin zu lesen, die Textproduktion endet nie.

Die aktuelle Regiearbeit ist bei weitem nicht das einzige Tun des »Ruheständlers«. Strahlend erzählt er von seinem neuesten literarischen Projekt – gemeinsam mit seiner Enkelin. »Sie malt, ich schreibe. Erscheint zu meinem Fünfundachtzigsten im April 2024.« »Es war mir ein Vergnügen«, seine beeindruckende Autobiografie, erschien zu seinem 75. Geburtstag.

Und wie kam er zum Kabarett? Sammy Drechsel, der Impresario der *Münchener Lach- und Schießgesellschaft*, war ein manischer Fußballer und hatte als »Kabarett-Betriebsmannschaft« den »FC Schmiere« ins Leben gerufen, eine Mannschaft, in der auch immer wieder andere Prominente, teils bekannte, erfolgreiche Fußballer mitspielten. Sammy Drechsel fragte den Satiriker nicht, ob er sich für das Ensemble interessieren würde, sondern: »Spielst du eigentlich gerne Fußball?«

Ich hatte auch von Hennings sportlicher Vergangenheit nichts gewusst. Henning erzählt, Paul Breitner habe damals immer wieder mitgespielt, aber auch Helmut Rahn, der im WM-Finale in Bern das entscheidende 3 : 2 erzielte, dessen Mannschaftskamerad Horst Eckel und »Ente« Lippens. Henning schmunzelt: »Die Aufgabe dieser super Fußballer war, mich so anzuschießen, dass der Ball ins Tor prallte.«

Immer wieder wurden auf den Tourneen des Münchener Ensembles Freundschaftsspiele organisiert, gegen die Bundesligamannschaften von Bremen, Braunschweig und anderen.

Und seine Kindheit und Jugend in Ostwestfalen? Henning, Jahrgang 1939, zog erst nach Petershagen, kam 1951 nach Minden in die Quinta des Ratsgymnasiums, wo sein Vater später dann Schuldirektor war. In seiner Autobiografie erzählt Henning: »Ich war Fahrschüler. Mit der MKB, der Mindener Kreisbahn, fuhr ich täglich über Heisterholz, Todtenhausen, Kutenhausen nach Minden in Westfalen, um dort vom altsprachlichen Gymnasium eine Portion humanistische Bildung abzuholen.«

Henning fuhr also damals – ich war zwar noch nicht geboren und meine Eltern waren selbst noch Kinder – täglich, nur 400 Meter entfernt, an meinem Elternhaus in Kutenhausen vorbei.

»Es war mir ein Vergnügen« ist ein großartiges Erinnerungswerk, pointiert und detailliert. Ein Geschichtsbuch. Jetzt im *Café Funk-Eck* schwärmt Henning Venske vom »fabelhaften« Deutschlehrer Gressel, einem der jüngeren, aus dem Krieg gekommen als Pazifist, einem der wenigen Kriegsgegner in diesen Jahren, der die Geschichte der Nazis und des Krieges im Unterricht aufgearbeitet habe. Venske wurde Mitglied der »Deutschen Jungenschaft«, einer Jugendorganisation, hervorgegangen aus der Bündischen Jugend der Zwanzigerjahre, die sich klar gegen den Nationalsozialismus aussprach. In Minden hatte sie rund zwanzig Mitglieder. Henning erzählt von frühen Einflüssen dieser Gruppe, hin zu einer erstrebten linken, pazifistischen Gesellschaft, von Fahrten »per Anhalter« durch Europa mit der »Jungenschaft«, auf denen sie immer wieder auch den Deutschenhass der damaligen Zeit erlebten.

Henning blieb bis zur Oberprima, dann zwang ihn der Schulwechsel des Vaters zu einem letzten Schuljahr in Münster. »So was geht gar nicht!«, sagt Henning Venske im Nachhinein. Der junge Mann lehnte sich auf. »Ich war eher ein Rocker. Ich fiel nur unangenehm auf mit Protest und schlechtem Benehmen.«

Seine Erinnerungen an das Aufwachsen in Minden hingegen sind fast romantisch. Er habe »schöne Bilder vom Weserbergland«. Er erzählt vom Schwimmen in der Weser, wo sie sich im Beiboot der Schleppkähne bis zur Porta ziehen und dann, auf dem Rücken liegend, zurücktreiben ließen.

Und Ostwestfalen als Region, als Prägung, als Heimat? »Das ist wahnsinnig schwer für mich zu beschreiben. In der Schule spielte die Herkunft eigentlich keine Rolle, denn mehr als die Hälfte der Kinder waren Flüchtlinge, keine ›Eingeborenen‹.« So gab es für ihn auch erst später in Hamburg Kontakt mit dem Plattdeutschen als Sprache.

Ich erzähle von den vielen Künstlern aus Ostwestfalen, wie etwa Erwin Grosche. »Erwin ist auch aus Ostwestfalen? Mehr muss ich gar nicht wissen!« Grosche sei ein ganz wunderbarer Bühnenkünstler, den er über die Maßen schätze. Wiglaf Droste habe er leider nie kennengelernt. »Sehr begabt. Aber ich weiß nicht, ob wir uns verstanden hätten.«

Und Henning kennt natürlich die »Detmolder Klassiker«, Freiligrath, Weerth, Grabbe, kennt Peter Hille (siehe S. 181). »Ein Leben zwischen Parkbänken!«, kommentiert und charakterisiert Henning Letzteren. Gerade hat Henning eine Lesung mit Texten von Erich Mühsam gemacht. »Der Hille nimmt bei Mühsam viel Platz ein.«

Wir sprechen über seine eigene beeindruckende Biografie »Es war mir ein Vergnügen«. Ganz uneitel sagt Henning Venske: »Es reicht, wenn du die ersten vierzig Seiten liest. Den Rest musst du gar nicht lesen. Da kannst du ergründen, warum ich mich wie entwickelt habe.«

Er war in den Wirren des Krieges mit Mutter, Tante und Cousin an den Wolfgangsee in Österreich evakuiert worden. Von dort mussten sie direkt nach Kriegsende fliehen. Henning Venske gelingt eine beeindruckende Schilderung ihrer Flucht, ihres Heimwegs, eine aufreibende, entbehrungsreiche und oft gefahrvolle Wanderung mit Irrwegen vom Wolfgangsee über 1.100 Kilometer nach Kiel. Drei Monate sind sie unterwegs, die Kinder, er und sein Cousin, barfuß. »Eine Wanderung durch ein völlig zerstörtes, zerbombtes, ruiniertes Land, mit Mutter, Tante, ihrem Sohn und mir. Das ist vermutlich die wichtigste Geschichte überhaupt in meinem Leben, diese Wanderung, und ich habe versucht, die zu erzählen, allgemeingültig, also nicht mit einem ›Ich‹, sondern in der dritten Person. Ich habe dabei die Aufzeichnungen meiner Mutter zugrunde gelegt.«

Als die vier nach diesem Gewaltmarsch in Kiel ankommen, ist es der Tag von Hiroshima, der Tag der Bombe. Als sie über die Kieler Förde setzen, passiert das Wunder: Auf dem Schiffsdeck treffen sie auf Hennings Großvater und Großmutter. In seinem Buch schreibt Venske: »Es war das unglaublichste Comeback seit Lazarus. Am 6. August waren Mutti und Janni, Henning und Wolfgang an ihrem Ziel angekommen, und am gleichen Tag verglühte Hiroshima unter der Atombombe. Aber das interessiert sie nicht, denn sie erfuhren es nicht.«

Ich lege das Buch und die folgenden Kapitel über das Aufwachsen in Ostwestfalen allen ans Herz, nicht nur Ostwestfalen.

Zu Venskes Lebensweg gehören Regieassistenzen bei Samuel Beckett und Fritz Kortner, intensive Arbeiten für den Hörfunk, auch Journalistisch-Investigatives über Korruption in Wilhelmshaven, »Dreckiger Sumpf«, und später Kabarett mit Jochen Busse und Dieter Hildebrandt, dazu kommen zahlreiche Text- und Regiearbeiten.

Wenn er heute als Kabarettist nach Minden kommt und dort im Theater gastiert, wie fühlt sich das an? »Ein schönes Haus. Für mich sind die Auftritte in Minden ein Heimspiel. Dann kommen Klassenkameraden, die ich zum Teil gar nicht kenne«, sagt Henning verschmitzt.

Zum Ende unseres Gesprächs frage ich noch einmal nach Ostwestfalen, auch ob man das nicht politisch eigenständig machen sollte.

Henning lächelt süffisant: »Ich bin ein Liebhaber von Regionen. Ostwestfalen als eigenes Bundesland, das würde mir gefallen.« Kurze Pause. Sein Lächeln wird breiter: »Ich würde die Regionen aber immer abhängig machen von der regionalen Küche. Und da haben wir eigentlich keine.«

Method-Acting in Warburg: Sarah Hakenberg

Sarah Hakenberg hatte mich angerufen, mitten im Corona-Stillstand. Meine sehr geschätzte Kollegin, Musikkabarettistin mit Wohnsitz in Warburg. Sie habe einen Song geschrieben, »Der letzte CDU-Wähler«, und wolle ein Musikvideo drehen.

»Bernd, würdest du die Hauptrolle übernehmen? Ich kann mir keinen anderen vorstellen.«

Wer könnte, wer würde da Nein sagen? Die Titelrolle! Ich sah mich schon auf Filmfesten, auf roten Teppichen mit Blitzlichtgewitter und allem Schnick und Schnack. Ich sagte zu und fuhr nach Warburg, eine Stadt, die ich eher vom Drumrum- und Vorbeifahren kannte, auf dem Weg nach Kassel. Ich ahnte nichts von deiner Schönheit, Warburg!

Auf der Fahrt dorthin, zu den Dreharbeiten jagten sich in meinem Kopf die Gedanken. Meine erste Hauptrolle! Ich sah mich schon in einer Reihe mit den Großen der internationalen Schauspielkunst. Eine Rolle, die nur mit der Methode des »Method-Actings« umzusetzen war. Die Großen des Method-Actings sind Marlon Brando, Dustin Hoffman, Jack Nicholson, Robert De Niro, Nicolas Cage, Leonardo DiCaprio. Und nun ich!

Ich spielte die Titelrolle in einem Jackett in leichter Übergröße, darunter eine bis auf das letzte Knopfloch geschlossene, zu enge und zu kurze Strickjacke mit Hornknöpfen, eine posthume Leihgabe meines verstorbenen Schwiegervaters, dazu eine leicht unmögliche Brille. Für die Darstellung des deprimiert durch Warburg wandelnden letzten CDU-Wählers wählte ich als »method« für mein »acting« meine Frustrationen nach zahlreichen Bundestagswahlen über SPD und Grüne.

Wir drehten unter anderem in der *Tenne*, bei Tatjana und Hans-Stefan. Ich, der letzte und einzige CDU-Wähler dieses Films, musste mich dort neben dem »SPD-Stammtisch« platzieren, der mit echten Mitgliedern des SPD-Ortsvereins besetzt war, die also auf jegliches Method-Acting verzichten konnten. Die mussten nur da sein, um authentisch zu wirken.

Ich dagegen setzte mich einsam an den Nebentisch, bestellte ein Bier, holte aus der Innentasche meines Jacketts eine kleine Vase und ein eingedrehtes CDU-Fähnchen, hisste es vor mir und prostete dem zu, während die Genossen nebenan sehr ausgelassen wirkten. Am Ende des Drehs kniete ich in einer Bank der Altstadt-Kirche »St. Mariä Heimsuchung« – sie heißt wirklich so! – und suchte himmlischen Beistand. Pfarrer Johannes Insel begrüßte uns quasi »ökumenisch«, also »überkonfessionell«. Als getaufter Evangele musste ich nun lernen, wie man sich als gläubiger Katholik bekreuzigt. Hier verordnete Regisseurin Hakenberg mir eine Einzelprobe.

Das Video wurde vielfach kommentiert, besonders von Kolleginnen und Kollegen. Das ist vielleicht nicht ganz objektiv, trotzdem möchte ich zwei Stimmen zitieren. Arno Frank schrieb auf Facebook nur: »Sagenhaft!« Dagmar Schönleber kommentierte: »Erschreckend glaubwürdig!« Und das ist mir mehr als jeder rote Teppich!

In Warburg jedoch mussten sich unsere drei »Unterstützer«, Pfarrer Insel und das Wirtspaar, nachträglich rechtfertigen gegenüber der Warburger CDU, die zu allem Überfluss ihren Stammtisch tatsächlich auch in ebenjener Gaststätte hat.

Auf diese Weise lernte ich also erstmals die zauberhafte Stadt kennen. Seit 2012 nennt sich Warburg auf den Ortseingangsschildern stolz »Hansestadt«. Sie ist eine echte Perle, die südöstlichste Stadt von Ostwestfalen. Aber sie ist auch eine Herausforderung für Spaziergänger und Fahrradfahrer. Hier gibt es ein ganz klares Oben und Unten. Wenn man vom Diemel-Ufer aus, von der Altstadt her, hochschaut auf die Neustadt, dann allein erschließen sich einem sofort Schönheit und Steilheit und man möchte sich mit dem Aufblick zufriedengeben, statt den Aufstieg zu wagen.

In beiden Stadtteilen aber betören den Besucher die zahlreichen Fachwerkhäuser, Gassen und Winkel. Man nennt die Stadt deshalb das Rothenburg des Nordens. Damit konfrontiert, ziehen die Warburger allerdings vielsagend die Augenbraue hoch.

Sarah Hakenberg ist keine gebürtige Ostwestfälin, wurde aber »sobutz« nach Wohnsitzwechsel eine bekennende. In ihrem Ostwestfalen-Song schmettert die Wahl-Warburgerin fröhlich:

Empfindest du bei viel zu viel Kultur auch manchmal Qualen?
Komm zu uns nach Ostwestfalen. (...)
Was willst du noch in München, Hamburg, Köln oder Berlin?
Hier kannst du nach Niesen, Fölsen, Hembsen oder Pömbsen ziehn!

Nun bin ich mit ihr verabredet für dieses Buch, um mehr über Warburg zu erfahren, zum einen. Zum anderen wollen wir über die Laudatio sprechen, die ich im Herbst auf sie halten werde, denn sie ist die aktuelle Trägerin des Peter-Hille-Preises, des »Nieheimer Schuhus«, ein westfälischer Literaturpreis (siehe S. 181). Ich bin ihr Vorgänger und es ist Tradition, dass der für die Nachfolgerin spricht.

Ich klingele an einer Stadtvilla. Sarah wohnt mit Mann Kai und den Kindern Miko und Joscha im zweiten Stock. Eine wunderschöne alte Holztreppe führt zur lichten Wohnung und hier zieht es den Besucher sofort zur großen Glasfront. Man schaut von hier auf den nächsten Hügel.

Warburg hat nicht ganz so viele Hügel wie Rom, aber anscheinend eine ähnliche Anzahl Sakralbauten. Eine Kirche scheint neben der nächsten zu stehen, viele Kindergärten und Schulen sind konfessionell geprägt. »Ich kam ja aus München«, erzählt Sarah, »mir war das Katholische dieser Gegend gar nicht bewusst.«

Ich deute auf einen Kirchenbau. Ein Kloster, klärt Sarah mich auf. St. Jakob von Sarug. Dieses Gebäude ist das spirituelle Zentrum der »Syrisch-Orthodoxen Kirche von Antiochien« in Deutschland unter Leitung des Patriarchen »Seine Heiligkeit Moran Mor Ingnatius Aphrem II.« aus Syrien. Er ist Erzbischof und Patriarchalvikar seit 2012. Die Gemeinschaft, sagt ihre Website, hat ungefähr hunderttausend Mitglieder in mehr als sechzig Gemeinden, denen seine Eminenz vorsteht. Ich staune.

Sarah, Tochter zweier Westfalen, wuchs in München auf, lebte in Köln und Straßburg und kam dann mit ihrer Familie nach »Südostwestfalen«. Wieso Warburg? Die Verkehrsanbindung über das nah gelegene Kassel sei ideal für eine Tourneekünstlerin, sagt sie. »Du bist sehr schnell in Wilhelmshöhe. Wir haben uns die Stadt angeschaut und haben uns verliebt. Stell dir vor, du lebst in Berlin! Wenn ich von der Tournee am Bahnhof Warburg ankomme, steigen fünf Menschen aus und nicht fünfhundert. Ich muss in keine U-Bahn steigen mit diesen fünfhundert. Ich gehe mit meinem Rollkoffer durch die Gassen, treffe wen und bin schon zu Hause.«

In der Kernstadt wohnen etwa zehntausend der insgesamt 24.000 Einwohner. Klar, sagt sie, auf den Dörfern gebe es teilweise sehr konservative Strömungen, aber hier im Zentrum wohnen viele Pendler, viele, die schon woanders gelebt hätten und zurückgekommen seien. »Das spürt man. Mir begegnet hier sehr viel Offenheit, eine große Toleranz. Und anders als in München wird mir hier nie vorgeworfen, hier nicht geboren zu sein. Und die Menschen sprechen alle so wie ich – wieder anders als in Bayern. Ich bin zwar in München aufgewachsen, aber hier ist eigentlich meine Heimat.«

Die Tochter zweier Westfalen aus Soest darf wieder »Brötchen« sagen statt »Semmel«. Endlich »Guten Tag« und nicht »Grüß Gott«. »Diese westfälische Sprachfärbung: ›hiar‹, ›hömma‹ oder ›Serviate‹.«

Sie lacht: »Das gefällt mir. Da ist Sprache Heimat. Das zelebriere ich regelrecht.«

Sarah betitelte ihr Ostwestfalen-Programm mit »Dann kam lange nichts«.

Ein Textauszug: »Irgendwann hat mir mal ein Hannoveraner erzählt, er wäre mit dem Zug einen Monat lang durch Deutschland gereist – OWL ist ihm nicht untergekommen. [...] ›Essen, dann kam Dortmund, dann kam lange nichts, dann Kassel.‹ ›Lange nichts.‹ – Das ist Ostwestfalen!«

Sarah strahlt und redet sich regelrecht in Rage: »Erzähl so etwas mal in München über München! Aber hier? Keiner nimmt übel! Sondern alle lachen. Über mich. Und sich. Das ist doch eine Auszeichnung.«

Sie bestätigt mir damit meine Theorie und macht sie zum Lehrsatz: »Die Ostwestfalen sind bedingungslos zur Selbstironie fähig.«

Und wie sind sie nun, die Ostwestfalen? Bodenständig, sagt sie. Es gibt viele mittelständische Firmen. Fast jeder hat einen Job und man kann hier gut leben. »Die produzieren irgendein kleines Teil und da ist man dann stolz drauf. Die schrauben hier keinen R2-D2 zusammen. Ganz Brakel produziert Klemmen. Das ist nichts, worüber die Welt spricht, aber etwas, was die Welt braucht.«

Das sei eben typisch. Man gibt nicht an damit. »Man ist so wenig stolz auf sich.«

Sarah Hakenberg vertritt die These, dass es in Warburg wesentlich touristischer sein könnte. Aber man habe kein Interesse zu erzählen, wie großartig es hier sei, dass es hier Besonderes gibt. »Kloster Corvey. Das ist Weltkulturerbe, das ist hier umme Ecke.« Sie schwärmt vom Diemel-Radweg: »Da spricht keiner drüber!« Gleichzeitig freut sie sich über diesen Ist-Zustand. Das habe Vorteile. So bleiben die Mieten günstig.

Die Kabarettistin Hakenberg beendet ihr Ostwestfalen-Lied mit den Zeilen:

Und kommt ihr hier durch Ruhe und Natur mit euch ins Reine,
hab ich wieder Berlin für mich alleine.

Ihre eigentliche Wirklichkeit aber ist eine andere als die satirische Pointe des Liedes: »Hier ist kein Tourismus wie in Brügge. Du kannst jederzeit auf die Straße treten, ohne dass dich jemand umrennt.« Und dann kommt wieder so ein wunderbarer Sarah-Hakenberg-Satz: »Es ist auch schön ohne die Welt.«

Sie denkt kurz nach und sagt: »Mein Gott, ist das schön hier!«

Ostwestfälische Bodenhaftung: Burkhard Schwenker

Von allen aus unserer Jugendclique wurde und ist Burkhard Schwenker unzweifelhaft der mit dem größten gesellschaftlichen Einfluss. Als ich ihm nun gegenübersitze in Hamburg, in seinem Büro an der Außenalster, ist es fast, als sei seit damals keine Zeit vergangen.

»Gut gehalten«, lobe ich ihn. »Viel Sport?«

Er lacht, steckt sich eine Zigarette an und spielt, als sei *er* der Satiriker, auf seine oft internationalen Tätigkeiten an: »Das sind die langen Wege auf den Flughäfen.«

Seit Jahren haben wir uns nicht mehr gesprochen. Als Erstes erzählen wir uns gegenseitig von letztjährigen Wandertouren, überrascht von dieser Parallele. Der Ostwestfale ist kein Mann für die Berge. Wir erzählen von für uns beide hasardeurhaften Alpenüberquerungen, zu denen uns jeweils unsere Frauen verleitet haben. Seine Route verlief vom Tegernsee nach Sterzing, unsere startete am Brenner Richtung Italien. Nun können wir stolz von Höhen und Tiefen, von Erschöpfung und Erleichterung, von Euphorie und Dopamin beziehungsweise Glückshormonausschüttungen erzählen und sind damit erneut verbunden. Zwei Ostwestfalen auf dem Weg nach oben.

Nach oben hatte ihn sein Lebensweg zuvor schon in der deutschen Wirtschaft und Politik geführt.

Er war der, den wir nach der Schule fast als Ersten aus den Augen verloren. Sein Vater war Tischlermeister mit eigenem Betrieb und hätte sich wohl eine Nachfolge durch seinen Sohn gewünscht, aber Burkhard hatte andere Ideen, Ziele und Fähigkeiten. Seine endgültige Karrierestation wurde die Unternehmensberatung Roland Berger, deren Geschäftsführer und Aufsichtsratsvorsitzender er wurde. Burkhard Schwenker amtiert dort inzwischen mit dem klingenden Namen »Vorsitzender des Advisory Councils«. Er moderierte und gestaltete den komplizierten Übergang nach Fortgang des Gründers und Übervaters Roland Berger. Er sitzt in zahlreichen Aufsichtsräten, war stellvertretender Vorsitzender der Atlantik-Brücke, ist Vorsitzender des Kuratoriums der Zeit-Stiftung. Die Liste kann man beliebig und beeindruckend fortsetzen. Er ist einer der »Wichtigen« im Land. Vielleicht sogar einer der »Mächtigen«, mindestens ein gefragter Ratgeber, ein kluger Kopf, den auch die Kanzlerin fragte.

Das war ein weiter Weg vom beschaulichen Heimatdorf Todtenhausen, wo der Vater Schrankwände und Küchen plante und produzierte, bis in die Entscheidungszentralen von Wirtschaft und Politik, wo er, der Sohn, Strategien und Lösungswege skizziert und beschreitet. Was hat er an ostwestfälischen Eigenschaften in seine Arbeitsfelder eingebracht?

»Being humble«, sagt er sofort in perfektem Englisch und übersetzt direkt: »Bodenständigkeit.« Er habe viel gesehen im Laufe seiner Karriere, wichtig für seinen Weg sei dabei aber auch »Glück« gewesen. Auf einem solchen Weg bestehe jedoch immer die Gefahr, sich für großartig zu halten, so Schwenker. Ostwestfalen, sagt er, helfe dabei, auf dem Boden zu bleiben.

Er schwärmt von einem Start-up in Bielefeld, »Talents' Friends«, das er dort über die Uni, an der er einst selber studierte, kennengelernt hat. Wenn sich ein Start-up in Berlin gründet, »da hält sich jeder schnell für den Größten, Besten, Schönsten.« In Bielefeld, in Ostwestfalen sei man bodenständiger, man unterliege nicht so schnell einem Hype. Burkhard

Schwenker sagt: »Die Ostwestfalen sind im Kern bescheidener, selbst wenn sie erfolgreich sind.«

Man lässt da »nichts so raushängen« wie in den hippen Metropolen. Überhaupt sei Ostwestfalen eine herausragend prosperierende Wirtschaftsregion.

Wenn Burkhard selbst seine »Beruflichkeit« fassen soll, spricht er von drei Säulen. Zum einen liegt da sein wissenschaftliches Interesse, sein Wunsch und Ziel, die Betriebswirtschaft weiterzuentwickeln. »BWL kann mehr, als sie tut.«

Die zweite ist sein sozialpolitisches Engagement mit dem Ziel hin zu einer »fairen Gesellschaft«. Gerade als Kuratoriumsvorsitzender der Zeit-Stiftung möchte er an den Weichenstellungen arbeiten. Schwenker geht selber mit bestem Beispiel voran. 2015 schlug die Diskussion über Kanzlerin Merkels Satz »Wir schaffen das!« hohe Wellen. Einem sozialen Engagement oder konkretem christlichen Helfen standen viele, teils radikale Stimmen gegenüber. Burkhard und Sabine Schwenker, Eltern dreier Kinder, reagierten und nahmen einen afghanischen Flüchtling auf. »Ali ist Teil unserer Familie geworden. Als er kam, konnte er nicht rechnen und schreiben. Nun steht er kurz vor seiner Meisterprüfung. Wir sind sehr stolz auf ihn.«

Das *Manager Magazin* berichtete ausführlich darüber. Ernst erläutert der überzeugte Christ: »Ich wollte speziell in meiner Peergroup zeigen, dass auch und gerade wir sehr konkret helfen können. Meine Frau Sabine und ich haben mit unserem Tun dann tatsächlich Nachahmer gefunden.« Aktuell unterstützen sie Flüchtlinge aus der Ukraine.

Die dritte Säule beschreibt Schwenker ganz gradlinig: »Ich habe gelernt, wie man komplexe Unternehmen führen kann. Das möchte ich weitergeben.«

Wir diskutieren am Beispiel unserer eigenen Lebenswege über Herkunft als einen in der Gesellschaft entscheidenden Faktor und die daraus resultierende mangelhafte Chancengleichheit. Schwenker wünscht sich »Fairness in der Bildung«. Wir reden auch darüber, dass »wir vom Dorf« manche »Codes« des Bildungsbürgertums entweder nicht entschlüsseln konnten oder teils erst erlernen mussten. Allein das Gefälle Stadt – Land, in dem wir aufwuchsen. Die Welt, aus der wir kommen, war klein. Unsere Dörfer, er aus Todtenhausen, ich direkt daneben aus Kutenhausen, waren zwar seit 1973 »eingemeindet« zur Stadt Minden, aber wir fühlten uns nicht als Städter. Sich erinnernd sagt Burkhard: »Wenn meine Mutter nach Minden musste – *musste*, nicht wollte –, dann war das eine Reise. Das wurde geplant. Das wurde besprochen. Das war ein großes Ding.«

Und dann schwärmt er von Ostwestfalen, von der Uni Bielefeld. Diese Reformuniversität, Ende der Sechzigerjahre gegründet, lobt Burkhard Schwenker in höchsten Tönen. Das exzellente Studium damals bei erstklassigen Professoren: »Reinhard Selten! Der einzige deutsche Nobelpreisträger in den Wirtschaftswissenschaften!« Führend auf dem Gebiet der Spieltheorie. Mit ihm hat er als Student eng zusammengearbeitet. »Das war hochmathematisch«, schwärmt Burkhard noch heute.

Ein gemeinsamer Freund, der mit ihm damals in der WG wohnte, Horst Röthemeier, heute selber erfolgreicher Unternehmer, der eine Edeka-Supermarkt-Kette unter seinem Namen aufbaute, sagt: »Wenn alle anderen ins Bett gingen, blieb Burkhard mit der Whisky-Flasche noch in der Küche sitzen und stellte stundenlang – mit dem Filzstift auf dem Kühlschrank – komplizierteste mathematische Berechnungen an.«

Der oberste Lipper: Frank-Walter Steinmeier

Wenn ich schon über Ostwestfalen-Lippe schreibe, dann muss auch der oberste Lipper Gelegenheit bekommen, sich zu äußern. Ich habe also ein freundliches Schreiben aufgesetzt an unseren Bundespräsidenten Frank-Walter Steinmeier. Geboren ist er in Detmold, aufgewachsen in Brakelsiek, Abitur in Blomberg. Er ist der Sohn eines Tischlers, ich der Sohn eines Zimmermanns. Er schrieb seine Doktorarbeit über Obdachlosigkeit, ich absolvierte mein Zivildienst in einem Nichtsesshaftenheim. Und wir sind beide Ostwestfalen. Diese drei Parallelen sollten doch wohl genügen, mir zu antworten.

Und ich bekam Antwort. Post vom Bundespräsidenten. Sein Büro teilte mir äußerst freundlich mit, dass er natürlich häufig Anfragen bekommen würde zu den unterschiedlichsten Anlässen und dass er aufgrund der gleichen Behandlung für alle diese Anfragen im Grunde allesamt negativ bescheiden müsse. Aber die Leiterin des Referats 15 schickte mir seine Rede mit zum Festakt »900 Jahre Lippe und 50 Jahre Kreis Lippe« vom März 2023, dort könne ich in vielem seine Haltung zu Lippe und dessen Würdigung finden.

Und tatsächlich ist die Rede erhellend. Man findet sie in voller Länge auf der Internetseite des Bundespräsidenten. Frank-Walter Steinmeier steigt ganz persönlich ein und erzählt von den Zeiten, als er noch »i-Männchen« war, und erklärt auch gleich dieses typisch ostwestfälische Wort: ein Grundschüler, in seiner Kindheit noch Volksschüler. Er berichtet, wie er beim

TuS Brakelsiek Fußball gespielt hat, wie das Leben ihn dann zwar auch an andere Orte brachte, wie ihn »dieser hügelige lichte Landstrich aber bis heute geprägt hat«.

Es ist ein kleiner Geschichtsvortrag über die Sozialgeschichte Lippes. »Reich und wohlhabend war diese Region in den meisten ihrer 900 Jahre nicht. Jahrhundertelang kostete es viel Anstrengung, etwas aufzubauen. Die Höfe waren klein, die Männer gingen den Sommer über ins Ruhrgebiet oder anderswo auf Ziegelei oder nach Norddeutschland zum Grasmähen. Theodor Fontane schreibt von den treuen Lippern, die jedes Jahr wiederkamen, schreibt von ihrem Fleiß, vor allen Dingen aber von ihrer Not zu Hause. Und ich glaube, das alles zusammengenommen, das hat die Menschen geprägt, es erzog zur Bescheidenheit, zur Beharrlichkeit, auch dazu, die Dinge vom Ende zu betrachten und nicht in Verzweiflung zu verfallen, wenn manche Dinge nicht sofort klappen. Und ich glaube, es schützt vor Selbstüberschätzung.«

Das ist eine Analyse, die so ja auch Burkhard Schwenker vornahm, die auch ich absolut teile. Kaum jemand aus den hiesigen Landstrichen agiert mit »dicker Hose«.

Steinmeier führt weiter aus: »Und wer sie kennt, die Lipper, der wird sagen: Ja, sie sind nüchtern. Ihre Sprache: ohne Girlanden, schnörkellos, geradezu lakonisch. Der Rheinländer, der auf die anteilnehmende Frage ›Wie geht's denn?‹ eine ausführliche Antwort erwartet, der wird enttäuscht. Da kann in Lippe die Lage noch so schwierig sein, der Lipper antwortet: ›Jau, nutzt ja nix!‹«

Das kann ihm so eigentlich kein Redenschreiber formuliert haben, es sei denn, der käme selbst aus Ostwestfalen-Lippe.

Und nun kommt meine Lieblingsstelle: »Die Antwort mag knapp sein, aber sie sagt viel. Zum Beispiel die Skepsis der Lipper gegenüber jeder Form von Schwärmerei, ihre tiefe Abneigung gegen Aufschneiderei oder gar Prahlerei zeigt viel von einer guten Portion Gelassenheit. Und so sind die Menschen eben hier zwischen Teutoburger Wald und Weserbergland. Und es ist meine Heimat und hier fühle ich mich immer noch zu Hause, und das ist gut so.«

Das ist eine wirklich schöne rhetorische Volte, die den berühmten Satz seines Parteikollegen Klaus Wowereit zitiert, und sehr fein wertet Steinmeier damit seine eigene Aussage zum fast existenziellen Bekenntnis auf.

Steinmeier erinnert im Folgenden auch an die legendäre Fürstin Pauline, 1769 geboren, 1820 in Detmold verstorben. Ich hatte kürzlich bei einem Besuch im *Lippischen Landesmuseum Detmold* erstmals von ihr erfahren. Das Haus empfehle ich jedem, am besten mit einer Führung. Unter anderem ist dort das Kleid ausgestellt, mit dem Fürstin Pauline erfolgreich bei Napoleon vorsprach, allerdings wurde mir bedeutet, es sei nach dem Besuch bei dem Franzosen wohl für andere »Hofdamen« extrem umgeschneidert worden. In Steinmeiers Vortrag heißt es, sie habe nicht nur die Leibeigenschaft der Bauern in Lippe aufgehoben, sondern verbleibe vor allem auch durch ihr außerordentliches soziales Engagement im kollektiven Gedächtnis aller Lipperinnen und Lipper. »Sie gründete den ersten Kindergarten in Deutschland. Sie richtete Erwerbsschulen für – so sagte man damals – verwahrloste Kinder ein, sie gründete ein freiwilliges Arbeitshaus (für erwachsene Almosenempfänger), eine Pflegeanstalt mit Krankenstube. In der historischen Erinnerung steht Fürstin Pauline bis heute als eine fürsorgliche Landesmutter, aber nicht nur das. Sondern eine, die so zugleich die lippische Souveränität erfolgreich verteidigte, indem sie sehr intelligent, sehr geschickt jonglierend zwischen dem napoleonisch bestimmten Rheinbund auf der einen Seite und Preußen auf der anderen Seite agierte.« – Nicht zuletzt durch jenen legendären Besuch bei Napoleon.

Steinmeier widmet sich in seiner Rede auch der geistig-intellektuellen Geschichte Lippes, den 48er-Revolutionären und er nennt die Dichter und Schriftsteller Christian Dietrich Grabbe, Ferdinand Freiligrath und Georg Weerth die »drei großen Söhne Detmolds oder Lippes«.

Er zählt den lippischen Pickert genauso auf wie die lippische Braukunst und den lippischen Wacholder. Diese Verdienste und Leuchttürme verbindet er in einer Region, in der immer wieder auch völkische Tendenzen und Rechtsradikalismus zu beobachten sind, mit einer klaren Aufforderung: »Und die lippische Gesellschaft ist in den vergangenen Jahren auch vielfältiger, toleranter und weltoffener geworden wie die deutsche Gesellschaft insgesamt. Ich bin überzeugt: Heimatverbundenheit und Weltoffenheit, das gehört nicht nur zusammen, sondern das sind Seiten einer Medaille.«

Und es ist so lustig wie selbstironisch, wenn Steinmeier in seiner Rede zwei der legendären Anekdoten über die sparsamen Lipper zitiert, beide beziehen sich auf die Gespräche des lippischen Verhandlungsführers Heinrich Drake zur politischen Neuordnung der Bundesländer nach 1945. Drake war der letzte Landespräsident der Länder Lippe und Schaumburg-Lippe und wurde der erste Regierungspräsident des neuen Regierungsbezirks Detmold.

Er verhandelte dabei mit dem ersten nordrhein-westfälischen Ministerpräsidenten Rudolf Amelunxen und dessen niedersächsischem Amtskollegen Hinrich Wilhelm Kopf über den lippischen Beitritt zu Nordrhein-Westfalen. Die Zeiten waren schlecht, man vereinbarte, jeder sollte zu den Verhandlungen etwas zum Essen mitbringen. »So war es dann auch«, berichtet Steinmeier. »Amelunxen brachte einen westfälischen Schinken mit, Hinrich Kopf eine Oldenburger Mettwurst. Drake brachte seinen Bruder mit.«

Die zweite Anekdote aus Steinmeiers Rede geht so: Als die Verhandlungspartner der Lipper nach stundenlangen Verhandlungen um eine Erfrischung baten, stand Heinrich Drake wortlos auf und öffnete das Fenster. Woraufhin er sich genauso wortlos wieder gesetzt haben soll. Frank-Walter Steinmeier kommentiert diese Legende mit den Worten: »Worauf es mir ankommt: Selbst wenn die Anekdoten nicht stimmen, verweisen sie doch auf legendäre Eigenschaften der Lipper: ihre Sparsamkeit, ihre Bauernschläue und ihren trockenen Witz.«

Die Leiterin vom Referat 15 schloss ihr Schreiben an mich übrigens mit den zauberhaften Zeilen: »Der Bundespräsident wünscht Ihnen für Ihr Buch über Ostwestfalen-Lippe bestes Gelingen und Ihnen persönlich alles Gute – insbesondere Gesundheit. Diesem Wunsch schließe ich mich gerne an.«

Doar segg ick moal: »Danke! Ok wenn hei ut Lippe kummt!«

Ein Hauptstadtbesuch: bei der Regierungspräsidentin Anna Katharina Bölling

Ich bin auf Hauptstadtbesuch. Nein, nicht Berlin. Ich bin in der wahren Hauptstadt, der von Ostwestfalen. Ich sitze in Detmold im Vorzimmer der »Königin von Ostwestfalen-Lippe«. Ich bin verabredet mit der Regierungspräsidentin Anna Katharina Bölling, seit 2022 im Amt. Sie ist Ostwestfälin durch und durch. In Minden ist sie aufgewachsen. 2020 war sie als erste Frau zur Landrätin des Kreises Minden-Lübbecke gewählt worden.

Ich lese noch mal im Handy quer unter den Stichworten Lippe und OWL beim Chefhistoriker Wikipedia. Was wir Ostwestfalen als unsere Heimat ansehen, ist verwaltungstechnisch der Regierungsbezirk Detmold. Ostwestfalen-Lippe ist im Grunde nur ein Synonym für den Regierungsbezirk. Umgangssprachlich immer genutzt für diese Region, die aber im Grunde kein juristisch definierter Raum ist, keine Verwaltungseinheit. Es ist die Addition des ehemaligen Regierungsbezirks Minden plus das Land Lippe (beziehungswweise bis 1918 das gleichnamige Fürstentum). Kurz heißt der Bezirk »Minden-Lippe«, im Juni 1947 fliegt Minden ganz raus und der Regierungsbezirk wird in »Detmold« umbenannt.

Ein grober geschichtlicher Abriss: Minden war bis zur Industrialisierung die größte und bedeutendste Stadt des heutigen Ostwestfalen. Bischofssitz bis zur Reformation 1530, dann wurde in Minden eine Kirchenordnung nach Lutherscher Lehre erlassen, danach war es Fürstbistum bis zum Westfälischen Frieden 1648 und wurde brandenburgisch! Wichtiger und mächtiger damals und mit mehr Einwohnern als Paderborn,

Herford und Bielefeld. Preußisch wurde Minden 1701. Bis 1947 war Minden der Verwaltungssitz für den Regierungsbezirk Minden, und das war ganz OWL mit Ausnahme von Lippe, denn Lippe war immer eigenständig. Mein Freund André Sedlaczek, er wohnt im gleichen Stadtteil, in dem auch der Hermann steht (siehe S. 94), sagte mit Nachdruck: »Lippe war nie preußisch.«

Die Lipper haben nach dem Zweiten Weltkrieg sehr gut verhandelt bei ihrem Anschluss an Nordrhein-Westfalen. Der Regierungssitz gehörte dazu. Dabei stellen die 340.000 Lipper nur 16,7 Prozent der ostwestfälischen Gesamtbevölkerung.

Lippe war bis dahin ein »Einzelstaat«, mit Detmold als Landeshauptstadt, schon seit 1468. Den Status der Residenzstadt lässt man sich natürlich nicht so einfach nehmen, schon gar nicht von den Beamten in Minden. Diese Mindener Beamten mussten nun aus dem wunderschönen klassizistischen Regierungsgebäude nah der Weserbrücke umziehen nach Detmold. Hier ist inzwischen der Regierungssitz in einen funktionalen Siebzigerjahre-Neubau gezogen, in dem gerade auch ich sitze und auf Einlass warte. Aber ich bin auch etwas »vor der Zeit«. Also lese ich weiter.

Die »Herrschaft Lippe«, ab 1528, und das »Fürstentum Lippe«, ab 1789, waren immer ein eigenständiger Teil verschiedener politischer Konstrukte, Niederrheinisch-Westfälischer Reichskreis, im Rheinbund, im Deutschen Bund, im Norddeutschen Bund, im Deutschen Kaiserreich ab 1871 und nach 1919 als demokratisch verfasster Freistaat in der Weimarer Republik. Erst die Briten als Besatzungsmacht zwangen die Lipper, ihre jahrhundertealte Selbständigkeit aufzugeben, aber der »künftige Reichtum durch Kohle und Stahl« lockte die finanzbewussten Lipper. Ein fundiertes Vorurteil sagt ihnen einen gewissen Geiz nach.

Lippe blieb in manchem bis heute eigenständig. Während es für OWL eine gemeinsame Handwerkskammer gibt, teilt sich die IHK, die Industrie- und Handelskammer zum Beispiel weiter in die IHK Ostwestfalen zu Bielefeld und die IHK Lippe.

Auf die Minute genau öffnet sich die Tür zu meiner Audienz: Die Regierungspräsidentin lässt mich vor. Bestens aufgelegt wartet sie auf meine Fragen. Und ich kann wirklich sagen: Noch nie sind meine Fragen so charmant und oft witzig nicht beantwortet worden wie von Frau Bölling. Auf die Frage, was die Lipper von den Ostwestfalen unterscheidet, sagt sie, fast ohne nachzudenken: »Uns verbindet mehr, als uns trennt.«

Sie ist Landesbeamtin und darf sich natürlich bei keinerlei Parteinahme erwischen lassen, schon gar nicht als Ostwestfälin am Regierungssitz Lippe.

Ob sie nun als Regierungspräsidentin quasi die »Königin« von OWL sei. Sie lacht. Sie sei gewählte Landesbeamtin und als solche eher die Botschafterin der Landesregierung.

Sie wuchs auf mit Blick auf die Porta und studierte in Bonn. Damit ist sie Fachfrau: Wie sind sie denn, die Rheinländer und Ostwestfalen?

Kollegen von dort seien schon mal enttäuscht, gibt sie zu, wenn es bei Reden nicht den gewohnten Zwischenapplaus gebe. Aber, sagt sie, hier in OWL sei nun mal ein Grundsatz: »Nicht gemeckert ist genug gelobt.« Und den Satz kennen wir bereits. Und ja, sie kenne die Witze über den angeblichen lippischen Geiz und berichtet eine Anekdote von dem schon ausführlich gewürdigten Neunhundert-Jahr-Festakt mit dem Bundespräsidenten. Steinmeier habe dort gesagt, das sei wohl typisch, dass man sich bei der Feier den Moderator gespart habe, aber es gebe ja immerhin einen Ablauf.

»Großer Lacher in der Runde«, berichtet Frau Bölling.

Wie ist in NRW die Sicht auf uns? Natürlich gebe es Frotzeleien zwischen Rheinland, Westfalen und Ostwestfalen. Aber, und sie lächelt, möglicherweise sei OWL eben doch ein ganz besonderer Landesteil und »nicht nur geografisch ganz oben«.

Anna Bölling zitiert ihre CDU-Parteikollegin Ina Scharrenbach, NRW-Ministerin für Heimat, Kommunales, Bauen und Digitalisierung, die gesagt hatte, Ostwestfalen-Lippe sei »die Daniel-Düsentrieb-Region in Nordrhein-Westfalen«.

Eher Klein- und Mittelbetriebe prägen die wirtschaftsstarke Region, aber auch Weltmarken. Die seien oft familiengeführt über viele Generationen. Eine Stärke seien die guten Netzwerke. Ostwestfalen sei letztlich klein, also kenne man sich. Eine »Region der Anpacker und Macher. Wir tun es, wir machen es!«

Dann zählt sie die wirtschaftlichen Stärken der Region auf, die Firmen von Weltrang, nennt Bertelsmann als den stärksten Konzern dieser Region überhaupt, spricht von den »Hidden Champions«, von »Spitzen-Cluster« und »It's OWL«.

NRW hat fünf Regierungsbezirke, Arnsberg, Köln, Düsseldorf, Münster und Detmold. »Wir sind der kleinste. Und feinste«, sagt Frau Bölling lächelnd. Der Regierungsbezirk Detmold sei historisch gewachsen, dagegen habe der Regierungsbezirk Arnsberg im Sauerland Teile vom Ruhrgebiet, der Regierungsbezirk Münster die Exklave Gelsenkirchen bekommen. »Die beneide ich nicht. Unser Regierungsbezirk Detmold als Verwaltungseinheit dagegen ist eine gewachsene Kulturlandschaft.«

Beim Anschluss an NRW hatte Heinrich Drake als Ergebnis die »Lippischen Punktationen« erreicht. Ein Begriff wie für eine Raterunde bei *Wer wird Millionär?*.

Ist das

A) die Perforation bei Briefmarkenbögen des Landes Lippe

B) das Ausrufezeichen, das hinter jeden Satz mit Lippe-Bezug gesetzt werden muss!

C) drei Punkte als Auslassungszeichen in allen Veröffentlichungen, in denen die Lipper das »Ostwestfalen« vor ihrem Namen weglassen oder

D) eine 16 Punkte und vier Zusätze enthaltende Sondervereinbarung für den Anschluss Lippes an das Land Nordrhein-Westfalen?

D ist natürlich richtig. Dort heißt es zum Beispiel:

»1. Von Seiten des Landes Nordrhein-Westfalen wird bei der Übernahme und Eingliederung des Landes Lippe in jeder Hinsicht großzügig und entgegenkommend verfahren werden. Auf die 800-jährige Geschichte des Landes Lippe, seine geschlossene Verwaltungseinheit soll im Rahmen der bestehenden gesetzlichen Bestimmungen jede erdenkliche Rücksicht genommen werden.«

Unter Punkt 4: »Als Sitz der Verwaltung dieses Regierungsbezirks wird Detmold in Aussicht genommen.«

Unter Punkt 7: »Die kulturellen und sozialen Einrichtungen des Landes – Landestheater, Musikakademie, Landesbibliothek, Landesmuseum, Archiv, soziale Anstalten usw. – bleiben erhalten und werden gefördert.«

»14. Das Land Lippe wird in allen Teilen als Erholungsgebiet des rheinisch-westfälischen Industriereviers angesehen und genießt die sich daraus ergebende Förderung. Das Gleiche gilt für die Bäder des Landes (Salzuflen, Meinberg).«

Weithin sichtbarstes Zeichen der Verhandlungen: Das Landeswappen Nordrhein-Westfalens schmückt bis heute eine lippische Rose; Heinrich Drake bewies nicht nur Verhandlungsgeschick, sondern auch großes Gespür für Symbole.

Ich berichte von meiner Theorie, dass der Ostwestfale wie kaum ein anderer der regionalen Gruppierungen die Gabe zur Selbstironie habe. Ja, sagt Frau Bölling, das passe zur Mentalität. Ostwestfalen seien zurückhaltender als viele andere, einerseits, aber damit eben auch selbstreflektierter.

Aber, fügt sie sehr ernst an, darin könne auch eine Schwäche stecken. Andere Regionen würden stärker für sich selber werben, das läge dem Ostwestfalen eher fern.

Zum Ende unseres Gesprächs muss ich meine große Kritik loswerden und gleichzeitig meine Vision beschreiben. Wir haben als Region Ostwestfalen-Lippe kein eigenes Wappen und keine eigene Fahne. Die Regierungspräsidentin nickt, schmunzelt und lässt das ansonsten unkommentiert. Hohe Diplomatie bei allen Antworten kann ich ihr jedenfalls bescheinigen. Es passt zu ihrem politischen Credo: »In der politischen Arbeit ist doch der Kompromiss das Gute.«

Plötzlich inspiriert fahre ich fort: »Wir sind nur ein Teil von NRW.« Was sie von einer Initiative »Für ein 17. Bundesland – für ein freies, eigenständiges Ostwestfalen-Lippe« halte?

Mit beinah entwaffnendem Lächeln sagt sie: »Als Beamtin des Landes kann ich das leider nicht unterstützen.«
Immerhin: Die Regierungspräsidentin hat »leider« gesagt.

Mutterwitz

Wir Ostwestfalen, ich habe das bereits ausgeführt, sind also witzig und ironisch, vor allem selbstironisch. Wie sehr, kann ich am besten an meinen Eltern zeigen.

»Unser Mudder«, wie wir sagen, kam vom Augenarzt und meinte: »Grauer Star, nur noch dreißig Prozent auf dem linken Auge.«

Sie machte eine kleine Pause, in der wir den Schreck ihrer Mitteilung verarbeiteten. Dann sagte sie: »Aber das hat ja auch sein Gutes. Seh ich den Dreck nicht mehr so!«

Nach einer Minipause sagte unser Vater: »Denn sieh zu, dass die Brille nicht zu gut wird!«

Monate später hatte Ilse wegen des Grauen Stars Operationen an beiden Augen. Es hieß am Telefon: »Alles gut verlaufen.«

Ich kam Wochen später nach Hause und fragte: »Und, Mutter? Wie isses jetzt nach den OPs?«

»Ach, hör bloß auf!«

»Wieso, Ilse? Was ist denn?«

Und sie: »Hab ich immer schon so ausgesehen?«

»Bitte?«

»Lauter Falten! Das hab ich nicht gewusst! Wenn ich das geahnt hätte, hätte ich die Operation gar nicht machen lassen. Hab ich dem Arzt gestern auch gesagt.«

So sind meine Eltern, so ist der Ostwestfale: immer ein Spruch gegen die Widrigkeiten des Alltags.

Von Flechthecken und alten Säcken

Ich bin verabredet mit dem Stadtheimatpfleger der Stadt Nieheim, Ulrich Pieper. Kennengelernt haben wir uns, als ich in Nieheim eingeladen war als Peter-Hille-Preisträger (siehe S. 181). Dieses Mal möchte ich mich informieren über das legendäre *Sackmuseum*. Pieper ist mittlerweile Ehrenvorsitzender im Heimatverein, der das Museum betreibt. Seit Jahrzehnten ist er dort aktiv und von ihm stammt auch die Idee, das Heimatmuseum im alten Kornhaus umzuwandeln in ein Sackmuseum. Ein Haus, das sich unterscheiden sollte von anderen Heimatmuseen, das nicht nur alte Töpfe und Geräte zeigen sollte, nicht »Trödel und Tüges«, wie die meisten dieser Häuser.

Anfangs wurde er belacht und belächelt, als er mit diesem Vorschlag vor etwa vierzig Jahren im Verein aufschlug. Heute ist das Museum eine Erfolgsgeschichte und wird überregional wahrgenommen, auch mit und durch den impliziten Witz im Titel. »Im *Sackmuseum* findet man die gesamte Geschichte der Säckel, Beutel und Tüten«, erzählt Uli, wie ihn seine Freunde nennen. Er hat ein didaktisches Konzept und sagt: »Säcke begleiten dich im ganzen Leben, den ganzen Tag. Schon kurz nach dem Aufstehen brauchst du eine Filtertüte oder einen Teebeutel, um Kaffee oder Tee zu kochen, mittags holst du die Kartoffeln im Sack oder im Beutel oder in Tüten, abends futterst du die Kartoffelchips aus der Tüte. Und steigst du ins Auto, hast du die Airbags rund um dich rum, also Luftsäcke.«

Uli wird philosophisch, wenn er sagt, dass kein Gegenstand uns Armut und Reichtum so direkt bewusst machen würde wie ein Sack. Der Sack begleite den Menschen ab der Zeugung, mit dem Samen im Hodensack, und das Leben ende im Leichensack. Das Museum arbeitet auch an der Korrektur der oft negativen Konnotation des Sacks: Drecksack, alter Sack, nasser Sack oder fauler Sack. So bezeichnete der damalige Bundeskanzler Schröder, im Museum heute als »Geldsack von Putin« dargestellt, einst die Lehrerschaft und erntete den vielleicht ersten Shitstorm der Bundesrepublik.

Das Museum zeigt ungefähr siebentausend Exponate. Zu sehen sind der kleinste Postsack der Welt, Strohsäcke, Dudelsack und Klingelbeutel. Mein Lieblingsexponat ist eine Sackausklopfmaschine beziehungsweise Sackreinigungsmaschine, mit der Bäcker auch die allerletzten Reste aus den Mehlsäcken klopfen konnten.

Alles begann, als man einen »Leihsack der Genossenschaft Nieheim« mit ebendiesem Aufdruck ausstellte. Die Besucher waren sehr interessiert und Uli wurde klar, dass diese Säcke durch die aufgedruckten Namen ein Stück Heimatgeschichte repräsentieren können, und er begann mit der Sammlung. Säcke mit Aufdrucken verkörpern Firmen- und Familiengeschichten, selbst deutsche Geschichte ist ablesbar. Wenn erst Säcke aus bester Baumwollqualität gefertigt werden, dann aber nur noch Säcke aus Chemiefasern vorhanden sind, lässt sich daran auch der jeweilige Wohlstandsverlust der Gesellschaft ablesen, wie Exponate aus den Kriegsjahren oder auch aus der DDR beweisen.

Auf drei Stockwerken ist die Geschichte der Säcke präsentiert. Klammerbeutel, Tüten, Wäschesäcke, aber auch Skurrilitäten wie eine sehr große, »bollerige« Herrenunterhose, »Schenkelbeutel« genannt. Daneben hängt ein knappes Spitzenunterhöschen, ein String. Allein an diesem Wandel in der Unterwäsche, an Materialität und Umfang des Kleidungsstücks, sagt Uli, könne man die zunehmende Erderwärmung ablesen.

Die Hodensäcke von Bullen waren die ersten Transportbehälter der Menschheitsgeschichte. Man konnte sie schon in der frühen Menschheitsgeschichte nutzen, ohne nähen zu müssen, in späteren Zeiten wurden sie umgearbeitet zu Geldbeuteln oder Handtaschen. »Das ist ja ein Stück Leder!« Und dann erzählt Uli, dass in der Ausstellung ein solcher Bullenhodensack hänge, allerdings war er leer. Die Leute hätten den immer wieder angefasst und waren enttäuscht. »Inzwischen haben wir da zwei Tennisbälle reingetan, zum großen Vergnügen unserer Besucher.«

Die Idee aber, ein »Sackmuseum« als Museumstitel und Motto auszugeben, wurde im Vorstand anfangs komplett negativ beschieden, das sei »bekloppt« und »idiotisch«, man würde sich lächerlich machen! Doch Piepers Beharrlichkeit hat sich ausgezahlt. Heute zählt das Museum zu den außergewöhnlichsten Museen weltweit und wird immer wieder in den Medien benannt.

Damit nicht genug, kann die Stadt Nieheim auch ein immaterielles Weltkulturerbe für sich reklamieren: die Nieheimer Flechthecke, ein »lebender Zaun«, geflochten aus Weidenruten und Haselnusszweigen in einer speziellen Flechttechnik. Neben dem praktischen Nutzen der Flechthecke als Zaun hat sie große Bedeutung sowohl als CO2-Reservoir wie auch für die Biodiversität, als Lebensraum für Tiere und Pflanzen. Der Heimatverein bekam für seine vielfältigen Aktivitäten rund um die Nieheimer Flechthecke verschiedene Ehrenpreise.

Wenn man Nieheim besucht, gibt es weitere Attraktionen vor Ort. Die Stadt hat zwei Beinamen. Einmal nennt man sie die »Deutsche Käsestadt«, denn es gibt einen regionalen Käse, eine Art Harzer, mit Kümmel und weniger als ein Prozent Fett. Den ließ man trocknen und nutzte ihn als Reibekäse. »Gerade arme, kinderreiche Familien konnten den gut strecken, indem sie ihn auf einen Teller rieben. Das Brot wurde mit Schmalz oder Butter dünn gestrichen und dann mit der bestrichenen Seite in den geriebenen Käse gelegt.« Was haften blieb, war dann der Brotbelag – dünn, aber schmackhaft. Neben dem *Deutschen Käsemuseum* gibt es hier auch noch das *Biermuseum*.

Der zweite Beiname lautet die »Weber-Stadt«. Friedrich Wilhelm Weber, Arzt, Politiker, Poet und Ostwestfale, 1813 geboren in Bad Driburg, praktizierte als Arzt in seiner Heimatstadt und im ostwestfälischen Bad Lippspringe. Man nannte ihn den »roten Weber«, denn er war 31 Jahre lang für die Zentrumspartei im preußischen Landtag. Im Alter lebte er in Nieheim, wo er auch beerdigt wurde. Sein Opus magnum ist das Epos »Dreizehnlinden«, mehr als zweihundert Auflagen dieses heute vergessenen Werkes wurden gedruckt, mehr als zwei Millionen Exemplare verkauft. Es ist die Geschichte des heidnischen Sachsen Elmar und der Christin Hildegunde, die zu Toleranz und gegenseitiger Achtung aufruft, auch wenn Elmar sich fürs Happy End taufen lässt. Die Geschichte spielt in der Abtei Corvey bei Höxter. Eine frühe und im Grunde politische, ostwestfälische »Romeo und Julia«-Geschichte.

13 Fragen an Achim Post

Ich hatte noch nie in meinem Leben einen Fragebogen entwickelt. Als der Abgabetermin für dieses Buch näher rückte, überlegte ich, von wem ich vielleicht noch eine kurze Stellungnahme erbitten wollte. Ich kam auf vier; zwei, die ich lange kenne, die beide in die Politik gegangen sind, für unterschiedliche Parteien, SPD und CDU, die sich aber beide in ihren Ämtern und mit ihren Aufgaben immer wieder für Ostwestfalen-Lippe einsetzen. Dazu eine Politikerin der FDP, die im selben Amateurkabarett wie ich mitgespielt hat, und die »oberste« Grüne von OWL, die Bundestagsfraktionsvorsitzende.

Der Erste ist Achim Post, SPD, geboren in Rahden, in Espelkamp aufgewachsen, stellvertretender Fraktionsvorsitzender im Bundestag und einer von zwei Landesvorsitzenden in NRW. Er war bis November 2023 mehr als zehn Jahre Generalsekretär der Sozialdemokratischen Partei Europas.

Was verbindet Sie persönlich mit der Region Ostwestfalen-Lippe?

Alles.

Sind Sie »bekennender« Ostwestfale?

Ja.

Ostwestfalen-Lippe, was ist für Sie das Besondere dieser Region? Was zeichnet die Ostwestfalen aus?

Man macht bei uns in OWL kein Gewese um sich selbst.

Was ist das Charakteristische am Ostwestfalen?

Trockener Humor.

Was sind, falls überhaupt vorhanden, unsere Schwächen?

Wir könnten auch mal was sagen.

Was ist Ihr Lieblingsort in Ostwestfalen-Lippe?

Der jeweilige Platz beim wahren Derby in NRW: GWD Minden gegen den TuS Nettelstedt.

Welche Produkte oder Firmen aus Ostwestfalen fallen Ihnen spontan ein?

Bier und Bratwurst.

Was ist die für Sie wichtigste kulturelle Errungenschaft oder (Künstler-)Persönlichkeit aus OWL?

Ansgar Brinkmann, der »weiße Brasilianer«.

Haben Sie eine Anekdote/Erinnerung oder einen Moment, den Sie gern erzählen möchten?

Ich werde nie vergessen, wie mein Bundestagskollege Stefan Schwartze aus Vlotho vor meiner Wahl zum stellvertretenden Vorsitzenden der SPD-Bundestagsfraktion was richtig Gutes über mich gesagt hat. Seine Rede bestand aus einem Satz: »Achim, kannste nix von sagen.«

Kopfnicken bei den vier Abgeordneten aus OWL. Ratlose Gesichter bei allen anderen, gipfelnd in der Frage eines Kollegen: »Ich dachte, ihr seid Freunde!«

Gibt es Ihrer Meinung nach eine Kuriosität, eine Besonderheit, die hier einzigartig ist?

Bratwurstautomaten.

Haben wir Humor? Sind wir witzig?

Mehr, als man denkt.

Sind wir einzigartig?

Wir finden: ja.

Warum sind die Ostwestfalen – bei zwei Millionen Einwohnern – kein eigenes Bundesland geworden?

Wir arbeiten dran.

Auf ein Wort

»Meine These zu ganz Ostwestfalen ist ja: Das ist die Region der besten Bratwürste. Es gibt nirgendwo in Deutschland so gute Bratwürste

Ich habe mal mit Kollegen ein Bratwurstkataster gemacht, indem wir die Bratwürste alle getestet haben. Ich bin ein großer Fan der Bratwurst der Firma Lammerschmidt, die kommen nicht aus OWL, sondern aus Neuenkirchen, aber das liegt nur 3 Kilometer hinter der Grenze, die gehören dazu. Dann die Großen wie Spengemann aus Kirchlengern, Kreis Herford. Oder Damisch aus Bielefeld-Senne. Die gab es an allen Raststätten von Deutschland, die haben es leider aufgegeben. Da konnte man sich in jeder Stadt heimisch fühlen, indem man eine Rostbratwurst von Damisch aß.«

Dietmar Wischmeyer*, Fleischereifachverkoster*

Der Extertaler Katzenkopf, die Lippische Palme und die Mindener Einlochbohne

Auch im Bereich der Flora gibt es Ostwestfälisch-Skurriles. In Persona ist das der Pomologe Hans-Joachim Bannier. Ein Pomologe ist ein Obstbaukundler, und die Pomologie ist die Lehre der Arten und Sorten von Obst und deren Bestimmung und systematische Einteilung.

Bannier ist eine Legende in pomologisch interessierten Kreisen, Wikipedia nennt ihn den führenden Experten für alte Apfel- und Süßkirschensorten (Bannier hat alle sechshundert Süßkirschenbäume in Rinteln-Todenmann bestimmt und dabei vermeintlich ausgestorbene Sorten wie die Ochsenherzkirsche wiederentdeckt). Bannier kultiviert auf einer Streuobstwiese am Hang des Teutoburger Waldes 350 verschiedene Apfelsorten, die Anpflanzung wird deshalb auch »Obst-Arboretum Bielefeld« genannt.

Das alles erzählt mir Holger Hansing, Biologie- und Deutschlehrer am Herder-Gymnasium Minden. Ich bin an dieser Schule Pate für das Netzwerk »Schule ohne Rassismus – Schule mit Courage«.

Ich habe Holger zufällig getroffen bei einer Runde durch die Stadt, die mich an seiner Schule vorbeiführte. Er kündigt mir an, dass sich Schüler aus seinem Literaturkurs in Kürze bei mir melden wollen. Sie wollen eine Radiosendung über lebende und verstorbene Mindener Autoren produzieren.

Er fragt nach meinen neuesten Plänen und ich erzähle von meinem kuriosen Ostwestfalen-Buch. Wir gehen dabei, er auf dem Weg zum Auto, ich auf dem Weg nach Hause, durch den Botanischen Garten, als er mich fragt, ob ich denn schon Pflanzen berücksichtigt hätte bei meinem Buchvorhaben, und so erfahre ich von Bannier.

Dieser hat zuletzt einen Artikel im Jahresheft des Pomologenvereins über den Kaiserapfel veröffentlicht, benannt nach Kaiser Wilhelm I., dessen Denkmal bei uns über der Weser thront. Bannier berichtet dort, dass er in jedem Herbst vor seiner Haustür unzählige Pakete mit jeweils fünf reifen, nicht wurmstichigen Äpfeln von der Sonnenseite eines Apfelbaumes vorfindet, die er dann bestimmen soll. Im Zuge dessen bemerkte er, dass der »Kaiser-Wilhelm-Apfel« dem einer rheinischen Lokalsorte mit Namen »Peter Broich«, benannt nach dem Direktor einer Zuckerfabrik, wie ein Zwilling ähnelte. Der Sortenexperte stand vor einem Rätsel. Als er mit seiner klassischen Methode des Vergleichens und Fachliteraturstudiums (meist Pomologenwissen aus dem 19. Jahrhundert) nicht weiterkam, bat er die Universität Marburg um eine DNA-Analyse beider Apfelsorten – und tatsächlich: »Peter Broich« und »Kaiser Wilhelm« haben dasselbe Genmaterial. Wie es dazu kam, ist bis heute unklar. Ob auch im wahren Leben Verwandtschaftsverhältnisse zwischen Peter und Wilhelm bestehen, ist allerdings eine reine Mutmaßung.

Holger berichtet von der »extremen« Sortenkenntnis seines Vorbilds. Bannier könne bis zu sechshundert Apfelarten taxieren. Noch dazu sei er ein fundierter Kirschkenner, der die vielen Sorten unter anderem durch ihre Kerne voneinander unterscheide. Dazu habe er dicke Ordner mit Kirschkernen angelegt.

Das alles erzählt Holger in einer Mischung aus Ernst, Ehrfurcht und Amüsement. Und füttert mich anschließend mit Informationen.

Der »Extertaler Katzenkopf« wäre auch eine kniffelige Aufgabe für jedes Fernsehquiz: eine Apfelsorte aus OWL. Die Beschreibung sagt: »eine regionale Apfelsorte aus Lippe. Ein sehr großer Apfel, grünlich-gelb mit sonnenseits dunkelroter Schale. Pflückreife ab Mitte Oktober, Genussreife von November bis Dezember, bei kühler, guter Lagerung bis März lagerbar. Guter Massenträger, für windoffene Lagen empfohlen. Liebhabersorte, geschmacklich nicht so intensiv.«

Es ist eine sehr saftarme Apfelsorte, die deshalb auch »Lippische Steckrübe« genannt wird. Herr Bannier kann sie angeblich schon anhand des dumpfen Aufschlags auf die Tischplatte durch die Papiertüte hindurch bestimmen. So hart klingt nur diese alte Apfelsorte. Das alles erzählt mir Holger und ist dabei mehr als begeistert.

Als ich meinem Verleger davon berichte, erzählt er mir vom »Schönen aus Wiedenbrück«, einem Apfelbaum, der bei seiner Familie in der Wiese steht. Um 1900 wurde diese Sorte von der Baumschule Dürbusch in Wiedenbrück gezogen und 1913 sogar ausgezeichnet als beste lokale Apfelsorte in Westfalen und Lippe. Es gibt augenscheinlich noch mehr Äpfel born in OWL!

Holger ist »nah dran« am berühmten Pomologen Bannier und hat immerhin schon die über fünfhundert Obstbäume an den Straßenrändern von Porta Westfalica mit dessen Hilfe kartiert. Der engagierte Lehrer hat für mich aber noch eine weitere Überraschung parat. Er fragt, ob ich schon gehört hätte von der »Mindener Einlochbohne«. – Natürlich nicht.

Eine Einlochbohne wird in der Reihe gesät und man legt nur eine Bohne ins Loch, daher der Name. Das steht im Gegensatz zur »Horstsaat«, eine andere Form der Reihensaat, bei der jeweils ein Häufchen Bohnen in vorgezogene Rillen gelegt und dann wieder mit Erde zugedeckt wird. Die Einlochbohne, oder auch »Einbohne«, wird im Internet als das »Saatgutsparmodell unter den Buschbohnen« bezeichnet. Sie wird gesät in einem »Abstand von 20 cm, da die Pflanzen dieser Sorten in der Regel kräftig verzweigt sind und ausreichend Wuchsraum benötigen.«

Phasclus vulgaris var. nanus, so der lateinische Name, kommt aus dem Mindener Raum, sie blüht leicht rosa und bildet helle Hülsen, die Bohnen selbst sind hellbraun bis schwefelgelb und länglich.

Auf einem Infoblatt des *Freilichtmuseums Detmold* heißt es, dass diese Mindener Einlochbohne von einem kleinen Hof in Dankersen stammt. Dorthin gelangte sie durch eine alte Nachbarin, die sie zuvor auf ihrem Hof vermehrt hatte.

Das *Freilichtmuseum Detmold* sucht indessen noch Hobbygärtner als Erhalter für diese und andere Früchte.

Dazu gehört auch die »Lippische Palme« – ein Braunkohl (*Brassica oleracea var. sabellica*)! Und das ist eine Grünkohlart. Je nach Gebiet wird diese Kohlart Braunkohl, Federkohl, geschlitzter Kohl, Krauskohl, Winterkohl oder Blätterkohl genannt – oder eben Grünkohl.

Das Museum schreibt: »Die Lippische Palme ist eine Lokalsorte des Lipper Berglandes und war hier früher weitverbreitet. Ihren Namen verdankt die Sorte der Tatsache, dass die unteren Blätter laufend entfernt und an Kleinvieh verfüttert wurden, der verbleibende, als Gemüse genutzte Schopf lässt die Sorte wie eine Palme erscheinen. Diese hochwertige Braunkohl-Variante stammt aus Eschenbruch nahe Blomberg. Sie war früher im Dorf in vielen Gärten im Anbau, ist aber heute nur noch im Garten des Spenders zu finden und wird hier mindestens seit den 1950er-Jahren auf lehmigem Schluffboden vermehrt.«

Wenn Sie also über Schluffboden im Garten verfügen oder anderweitig mitwirken wollen am Erhalt seltener Pflanzen wie der Lippischen Palme oder der Mindener Einlochbohne oder des ein oder anderen seltenen Apfels, nehmen Sie Kontakt auf mit dem *Freilichtmuseum Detmold.* Die ostwestfälische Natur wird es Ihnen danken! Auch wenn Sie in ganz anderen Regionen wohnen.

Auf ein Wort

»Wacholder macht schöne Kinder!«

***Friederike Krause**, Blomberg*

»Aber erst der zweite!«

***Silke Jösting-Krause**, ihre Mutter*

Bio in Ostwestfalen

Als ich neulich mit meiner Mutter einen Spaziergang machte, kamen wir bei Schlingmanns, einem ehemaligen Bauernhof vorbei. Hof und Stall existieren nicht mehr, die alten Hofgebäude wurden abgerissen, eine kleine Siedlung ist auf den umliegenden Wiesen entstanden. Wir gingen jetzt auf asphaltierten Straßen, wo früher Wege mit Schlaglöchern waren, die wir mit unserem Bauschutt füllten. Es war normal, dass wir als Kinder halfen. Jetzt erinnerten meine Mutter und ich uns an den früher reichlich bestellten Garten und den Mist, den wir von Schlingmanns holen mussten. Wir waren damals das, was man heute »Selbstversorger« nennt. Die Gärten waren voller Gemüse. Alles wurde »eingeweckt«, es wurde eingekocht in die Gläser der Firma Weck. Und nahm man zum Einkochen »Einmachgläser« anderer Firmen, blieb es doch fast immer bei der Vokabel »einwecken«. Das Wort steht im Duden. Wenn die Marke zum Verb wird, ist das ein genialer Werbeerfolg. Das Einwecken ist aus der Mode gekommen, die Selbstversorgung stagniert und die Firma Weck musste im Sommer 2023 Insolvenz anmelden.

Es war ein Paradies, früher bei uns auf dem Land. Unsere Ernährung damals muss ungeheuer gesund gewesen sein. Alles wurde selbst geerntet, was aber auch bedeutete, alles musste selber gepflanzt werden – und der Mist untergegraben, vom Bauern Schubkarre für Schubkarre voll geholt; ich habe das gehasst. Und wehe, ich hatte die Furche nicht gerade gegraben. Der rechte Winkel war in unserem Garten die einzige

Dominante, die Ilse, meine Mutter, neben sich gelten ließ. Eine Dominante aber auch, die unbarmherzig eingefordert wurde!

Wir hatten fast alles und es wuchs im eigenen Garten: Es gab Erbsen, dazu wurden alljährlich die Erbsenbraken in die Erde gerammt und winters wieder gelagert, es gab Wurzeln, also Möhren, dicke Bohnen, Schnippelbohnen, Salat, Rote Bete. Und Erdbeeren. Jede Menge Erdbeeren. Mein Bruder mochte keine Erdbeeren. Ich mochte meinen Bruder.

Nur exotisches Gemüse und Obst, das gab es nicht! Ich bin in Ostwestfalen aufgewachsen ohne Kiwis. Kannte ich nicht. Auberginen. Das waren geradezu orientalische Seltsamkeiten, deren Wohlgeschmack wir nicht einmal ahnten. Oder Brokkoli. Bei uns gab es Blumenkohl. Zucchini? Wir hatten lange Gurken!

Man könnte denken, wir lebten, ohne es zu wissen, komplett »öko«, aus heutiger Sicht total »bio«. Und das würde auch stimmen, wenn das frühjährliche Spritzen nicht gewesen wäre. Denn Spritzen war plötzlich total in! Alle spritzten, was das Zeug hielt. Wie man heute Sitzrasenmäher kauft und als neues Statussymbol auf nur 72 Quadratmeter Rasen stolz vorführt, so waren es damals die gelben Spritzen, die man, Taucherflaschen gleich, stolz auf dem Rücken trug, um Büsche, Bäume und Beete zu besprühen. Okay, vielleicht war unsere Ernährung doch eher ungeheuer als gesund.

Überall wurden Hausschlachtungen gemacht. Wir Jungs waren sauer, nicht beim Erschießen des Schweins mit dem Bolzenschussgerät dabei sein zu dürfen, aber wenn es dann, tot, heiß abgebrüht wurde, um es zu entborsten, wenn es an der Leiter hochgebunden wurde, wenn der Schlachter es mit sicheren Schlägen und Schnitten zerteilte, die Därme säuberte und die frisch gekochte Leberwurst darin abfüllte und wir Jungs jeder eine eigene kleine sogenannte »Pingelwurst« bekamen, die wir in den nächsten Tagen stolz auf Grau- und Schwarzbrot schmierten, wenn wir aus den Schnapsgläsern von Papa, Opa, den Onkeln und dem Schlachter heimlich die letzten Tropfen rausschleckten, dann waren wir dem Paradies schon sehr nah.

Aber doch gab es schon einen Gruß, einen ersten Sendboten ferner, exotischer Welten. Es war fremd und vertraut zugleich. Es war faszinierend ausländisch und zugleich perfekt integriert. Eines der ganz großen kulinarischen Ereignisse in meiner ostwestfälischen Jugend: Mirácoli.

Extra erfunden für das Befüttern jüngerer Geschwister. Das waren meine ersten Erfolgserlebnisse auf dem Weg zum Meisterkoch. Unsere Eltern auf Arbeit und ich als der Große – »de Ölste van Südmaas Ilse« – musste meinen kleinen Bruder bekochen.

Natürlich verputzten wir zu zweit die große Packung! Die mit vier bis fünf Portionen. Wir waren Spaghettijunkies und konnten nicht genug bekommen von diesem Stoff. Und der Stoff – das war und ist die Tomatensauce mit der »original Würzmischung für den unnachahmlichen Mirácoli-Geschmack.« Unnachahmlich! Auf Französisch steht dort: »mélange secret«, ein Geheimnis also! Ein Geheimnis wie das Vermächtnis der Inka! Das war der geheimnisvolle Piratenschatz! Dieses Rezept mussten Long John Silver und Jim Hawkins auf der Schatzinsel gesucht haben!

Geheimnisvoll ist diese Wirkung bis heute. Einmal alle paar Monate muss das sein! Mirácoli gibt mir jedes Mal diese Erinnerung an Jugend, an Heimat, an erste feinmotorische Herausforderungen, Spaghetti auf die Gabel zu drehen. Als Gier noch vor Genuss regierte, wurden die Spaghetti klein geschnitten! Gern würde ich mich heute dafür bei jeder Nudel einzeln entschuldigen.

Frühkindliche Prägungen, sagt man, seien entscheidend. Vater, Mutter, Landschaft. Bei mir: Ostwestfalen. Stippgrütze und Miráculi. Ostwestfalen ist nicht gerade das Geburtsland großer Meisterköche. Und es ist nicht die Heimat ausgesprochener Gourmets. Aber der Steckrübeneintopf meiner Mutter! Und der besonders am zweiten Tag. Warum schmeckt Eintopf am zweiten Tag immer noch mal besser?

Es hat Jahre gedauert, bis ich wirklich zu schätzen wusste, wie viel mehr an Geschmack, Geheimnis und Können in Ilses Sauerkrautsuppe oder ihren sensationellen Senfeiern lag.

Mit dieser Sauerkrautsuppe und den Senfeiern habe ich später in nordhessischen Wohngemeinschaften glänzen können. Neulich traf ich einen der damaligen Mitbewohner und er fragte mich: »Deine Senfeier, Bernd. Machst du die noch? Ich hätte mal wieder richtig Lust drauf!«

Auf ein Wort

»Meine Urgroßmutter hieß Anna Zimmer, war ungefähr einen Meter fünfzig hoch wie breit, stammte aus Ostwestfalen irgendwo zwischen Bielefeld und Hameln und war als gelernte Köchin eine Riesin in der Küche, die den besten westfälischen Eintopf der Welt zusammenzimmerte, die Leib- und Magenspeise nicht nur aller Westfalen, wichtiger als der Westfälische Frieden und der westfälische Witz zusammen, was ich als Kind am Niederrhein jeden Donnerstag nach der Schule erleben durfte.«

***Michael Ringel**, Redakteur der »Wahrheit«, der täglichen Satireseite in der* taz

Velocipede

Vorurteile gegenüber Bielefeld gibt es diverse, viele, eine gewisse Geringschätzung schwingt oft mit, aber im Gegenteil, ständig müsste man Loblieder singen. Hier war ein Zentrum der Textilindustrie, hier sitzt der Nahrungsmittelgigant Dr. Oetker, der mit Pudding berühmt und mit Fertigbackmischungen und Pizza mehr als reich wurde.

Aber was wenigen bewusst ist: Hier war ein Zentrum der Nähmaschinenherstellung und der Fahrradproduktion. Bielefeld war eine Fahrradstadt. »Velocipede« hießen sie anfangs, die von »Menschen betriebenen Landfahrzeuge mit einem oder mehreren Rädern«.

Die *Neue Westfälische* berichtete vor einigen Jahren ausführlich und Autor Joachim Wibbing erinnerte an Zeiten, als noch das Vorderrad mit Tretkurbeln betrieben wurde.

Selbst Miele stellt lange Jahre Fahrräder her, Mopeds und Motorräder, sogar kurzeitig Autos, wenn auch nur insgesamt 143 Stück. Auch Dürkopp produzierte Motorräder und Autos, vor allem Nähmaschinen und Räder. Die Firma Dürkopp hatte einen Riecher für den aufkommenden Trend und nahm schon 1885 die Produktion auf. Unter dem Namen Dürkopp Adler AG ist das Unternehmen heute immer noch ein namhafter Hersteller von Industrienähmaschinen.

Der frühe Erfolg der Gründungsphase fand Nachahmer und Bielefeld wurde ein Zentrum der Fahrradproduktion: Göricke, Anke, Rabeneick, Koch's, Adler, Baer & Rempel, Fischer & Krecke und andere.

In den Dreißigerjahren stammte jedes fünfte Rad in Deutschland aus Bielefelder Produktion. Viele andere kamen aus Nürnberg. Dies weiß mein persönlicher Zweiradexperte Dietmar Wischmeyer: »Fahrrad und Nähmaschine, die gehören immer zusammen«, führt er aus. »Das sind ja die wahren Gründe für die Emanzipation der Frau. Fahrrad und Nähmaschine – denn mit dem Rad kamen die Frauen selbst irgendwohin, und mit der Nähmaschine konnten sie in Heimarbeit eigenes Geld verdienen. In Bielefeld gab es über hundert Fahrradfabriken und in Nürnberg genauso. Alles kam entweder aus Nürnberg oder Bielefeld, nur dass, muss man zugeben, Nürnberg die etwas schönere Stadt ist.«

Dietmar Wischmeyer schraubt fast ausschließlich an Bielefelder Rädern. »Ich habe zwei Dürkopp-Räder, ein Miele-Rad, ein sehr schönes Anke-Rad. Siebzig, achtzig Jahre alt sind die.«

2019 trat Dietmar bei einer Weihnachtslesung in der Stadthalle Bielefeld mit musikalischer Begleitung durch das Bielefelder Fahrradklingelorchester auf. Mit acht Fahrrädern wurde »Kling, Glöckchen, kling« intoniert. »Plus Altflöte und eine Opernsängerin. Klang gar nicht so schlecht und war sehr lustig. Nur der Aufwand stand in keinem Verhältnis. Wir haben drei oder vier Tage geübt. Die Klingeln mussten gestimmt werden. Einzelproben. Und wie stimmt man eine Fahrradklingel?«

Wie heißt die Straße?

Im Dorf rundum sprachen alle Platt, außer mit uns, den Jungs und Mädchen, die gerade heranwuchsen. Unsere Eltern schämten sich lange für die Sprache der scheinbar Ungebildeten. Die Sprache, die sie uns »zu unserem Besten« nicht beibringen wollten. Wie bitter! Für beide Seiten: für sie und uns – und für diesen Kulturwert »Platt«. Es hat Jahrzehnte gedauert, bis der Wert dieser Sprache, der Dialekte im Allgemeinen, erkannt wurde, bis unsere Eltern und Onkel und Tanten, also die ostwestfälischen »native speaker« ein Bewusstsein und Selbstbewusstsein dafür entwickelten. Ich trage immer wieder voller Stolz ein T-Shirt des Vereins zur Förderung der plattdeutschen Sprache im Mühlenkreis Minden-Lübbecke e. V. mit der Aufschrift »Platt is cool!« Datt hewe ick gümmer wier an, also wenn et e woasken is.

Meine Eltern haben miteinander immer Platt gesprochen. Sie wechselten in jedem Gespräch mit anderen permanent die Sprache. Wollten sie etwas unter sich abstimmen, sprachen sie Platt, waren alle anderen wieder einbezogen, sprachen sie Hochdeutsch. Sie ärgerten sich über Freunde und Verwandtschaft, wenn die das Plattdeutsch quasi verleugneten und es nicht mehr benutzten. Ilse und Hermann, »use«, sprachen diese anderen eisern ausschließlich auf Plattdeutsch an.

Waren sie beim Arzt, an der Fleischtheke oder probierte Hermann »im Laden eine Hose an«, tauschten sie sich aus auf Platt, das Ergebnis dessen sagten sie dem Gegenüber auf

Hochdeutsch. Mit diesem sprachlichen Talent hätten die beiden auch als Simultandolmetscher arbeiten können – wenn das jemals fürs Plattdeutsche gefragt gewesen wäre.

Ein Phänomen, das mir früher nicht aufgefallen war, das ich jetzt nach Rückkehr fast täglich an meinen Eltern beobachtete, ist die stets exakte Zuordnung der genauen Wohnorte und der jeweiligen Verwandtschaftsverhältnisse derer, über die man spricht. Bei jeder Zusammenkunft meiner Mutter mit anderen wird die Verbindung »erstellt«, als würde man sich auf einem »Google Maps des Ostwestfälischen« orientieren. Die genaue soziale und lokale Verortung der Menschen, über die sie spricht, die sie in ihrem Leben kannte und kennt, ist der Einstieg, ohne den nicht über jemand anderen weitergeredet werden kann. Wer wo gewohnt hat, wer was gemacht und wer was gesagt hat. Diese Gespräche scheinen Loriot abgelauscht, aber hier sind sie das Leben! Stumm bin ich immer wieder Zeuge dieser mäandernden Suche, oft ohne Zeit und nur mit ungefährem Ziel. »Sech eis, wo wurnt de?«

Schon immer mal wollte ich ein solches Gespräch notieren. Ich habe, seit ich zurück bin, einen Schlüssel zum Haus meiner Eltern. Beide sind hörgeschädigt und ich klingele immer, bevor ich ihr Haus betrete. Das müssen sie überhört haben. Ich gehe in die Küche und höre, wie mein Vater Hermann und meine Mutter Ilse in der Stube reden. Und dieses Mal schreibe ich mit. Der Originaldialog fand natürlich auf Plattdeutsch statt:

Ilse ist sehr nachdenklich und eröffnet grad mit: »Sag mal, der Dieter …«

Hermann fragt sofort: »Welcher Dieter?«

»Der mit Isolde verheiratet ist.«

»Kühnemanns Isolde?«

»Ja.«

»Was ist mit der?«

»Nicht mit ihr, mit ihm!«

»Ja, was ist mit dem?«

»Wo wohnt der?«

»Aber da wohnt sie doch auch!«

»Ja, natürlich wohnt die da auch, aber das ist egal jetzt. Jedenfalls, wo die wohnen, wie heißt da die Straße?«

Hermann schaut: »Warum willst du das denn wissen?«

»Spielt doch keine Rolle, aber wie heißt die?«

»Isolde ...«

»Nein, die Straße!«

»Ja, wie heißt die? Moment. Da wohnt doch noch der ...«

»Der Richard, der wohnt da noch«, sagt Ilse.

Hermann, verstehend: »Ach so, der bei Kieslings den Abfluss repariert hatte.«

»Genau der.«

»Aber der ist doch tot. Den hab ich doch noch mit getragen. Da wär uns fast der Sarg weggerutscht, so hat es gegallert den Tag.«

»Ja, klar ist der tot.«

Hermann sagt: »Aber wenn der tot ist, dann wohnt der da doch gar nicht mehr.«

Ilse entgegnet: »Aber der Dieter und die Isolde.«

»Ja, die wohnen da noch.«

»Wieso noch?«, fragt Ilse.

»Die wollen ja zu ihrer Tochter nach Friedewalde ziehen.«

»Zu Mechthild?«

Jetzt fragt Hermann: »Ist das die Ältere?«

»Nee, das ist die Jüngere. Die Ältere heißt Claudia. Die wohnt in Friedewalde. Die Jüngere wohnt in Stemmer.«

»Und Röckemanns wohnen da auch.«

»Röckemanns wohnen doch nicht in Stemmer!«

Hermann präzisiert: »Nein, ich meine, in der Straße!«

»Röckemanns? Die vorher an der Bastau gewohnt haben?«

»An der Bastau? Ne, das war Werner.«

»Du meinst Wilhelm«, korrigiert Ilse.

»Wilhelm?«

Ilse erklärt: »Röckemanns Cousin! Aber der selber heißt gar nicht Röckemann. Der heißt anders.«

»Wer ist denn Röckemanns Cousin?«

»Mensch, der Wilhelm! Der war damals mit Pattensens Ingrid verlobt.«

Hermann sagt: »Das ist aber schon lange her.«

»Ja, klar ist das lange her.«

»Und wen hat er dann geheiratet?«

Ilse sagt: »Na, Ingrid.«

Hermann überlegt: »Aber wenn die sowieso geheiratet haben, dann hättest du das mit der Verlobung doch gar nicht extra sagen brauchen.«

»Das hab ich gesagt, weil die Isolde einen Onkel hat, der früher in der Straße von Kühnemanns ...«

Hermann fragt dazwischen: »Und was hat das mit Röckemanns zu tun?«

»Moment! Der in der Straße von Kühnemanns damals betrunken vom Fahrrad gefallen ist und sich den Arm gebrochen hat.«

Hermann stutzt: »Der war das?«

»Ja klar. Was dachtest du denn?«

»Ich dachte, das wäre Meisolle gewesen.«

Darauf sie: »Der ist auch betrunken vom Rad gefallen, aber der hat sich doch den Hals gebrochen. Jedenfalls beinah. Aber gestorben ist er dann ja trotzdem.«

»Stimmt, das war Meisolle. Aber gestorben ist der erst ein paar Jahre später.«

Darauf Ilse: »Tot ist tot!«

Und Hermann: »Stimmt! Bei dem hab ich auch getragen.«

Dann wieder sie: »Und der Meisolle, der hätte sich damals auch gern mit der Ingrid verlobt.«

»Woher weißt du das denn?«

Und Ilse: »Von Isolde.«

Hermann fragt: »Isolde? Wie kommst du denn jetzt auf die?«

Ilse sagt: »Weil ich die sonst immer nur auf dem Friedhof treffe.«

»Und diesmal?«

»Na, da bei sich auf der Straße und da kam die grad vom Friedhof.«

»Isolde?«, vergewissert sich Hermann.

»Ja. Sag ich doch. Isolde.«

Und dann Hermann: »Aber wie heißt noch mal die Straße, wo ihr beiden euch da jetzt getroffen habt?«

Am Ende stellt also Hermann die Frage, die Ilse am Anfang gestellt hat. So wird schließlich ihre Frage zu seiner. Das ist Ehe! Das ist Gemeinschaft. Aber damit ist der Dialog noch nicht zu Ende.

Das Finale lasse ich im Original stehen:

Ilse sagt: »Worümme froagest du datt overhaupt?«

Und Hermann: »Over datt wollst du doch wierten!«

Darauf Ilse: »Ick? Ick interessier mi nich vo de Lüe!«

Diese Gespräche sind so zahllos wie unendlich und trotzdem tragen sie in sich Dorfgeschichte und Dorfgeschichten. *Oral history* – mündliche Überlieferung. Niemand schreibt das auf und mit. Ich verblasse vor der schieren Zahl der Namen und Ereignisse, die Hermann und Ilse präsent haben und hatten. Meine Eltern wissen Jahreszahlen und Kindstaufen, Todesursachen und Umzugsanlässe. Aber meine Mutter hat Angst vor Alzheimer!? – Im Leben nicht!

Unser Dorf ist eine Gemeinschaft ohne Schrift und nur die weisen Alten können berichten von den Dingen, die zum Teil weit in der Vergangenheit liegen. Wer immer noch »Heil Hitler!« rief, als die anderen den britischen Soldaten entgegenliefen. Wer sich mit wem heimlich geküsst hat und welches Kind nicht den Erzeuger zum Vater hat. Auch unter Inuit und anderen Indigenen wurde Geschichte nicht anders tradiert. Nur beherrschen die inzwischen Schriftsprachen.

Wir aber sind Ostwestfalen. Wir schweigen – außer es gibt mal was zu sagen!

Auf ein Wort

Als ich bei Jürgen von der Lippe in Berlin ankomme, telefoniert er grad mit ***Lisa Feller***, Stand-up-Komikerin und unter anderem Moderatorin der *Ladies Night* in der ARD. Er hat sie wenige Tage später zu sich eingeladen und die zwei besprechen die Menüfolge und Vorlieben (viele) sowie eventuelle Unverträglichkeiten (keine). Lisa und ich kennen uns. Jürgen reicht das Telefon an mich weiter.

Lisa: »Ihr macht grad ein Interview?«

Ich: »Ja, wir reden über Ostwestfalen, die Landschaft und die Menschen.«

Lisa (lacht): »Also ihr schweigt euch an und dann geht ihr essen?«

Vom Lippenblüter: Jürgen von der Lippe

Der Lippenblüter ist im Bereich der Ethnologie eine ganz besondere Spezies. Sein Habitat war der WDR-Hörfunk. Ich bin mit Jürgen von der Lippe verabredet und besuche ihn in Berlin. Ihm verdanken wir alles Wissen um diesen heute als ausgestorben geltenden westfälischen Typus. Ich bin, ganz nebenbei, stolzer Besitzer vieler Bücher dieses brillanten Komödianten und habe auch eines seiner ersten überhaupt im Schrank. »In diesem Sinne, Ihr Hubert Lippenblüter«. Der war der letzte Junggeselle des Sauerlands und sagte immer wieder: »Ich war letztens in Paderborn. Da ist ja mein Bruder so unglücklich verheiratet.«

Hubert Lippenblüter war die erste Radiofigur von Jürgen von der Lippe, seine erste Hörfunk-Auftragsproduktion. Der Redakteur hatte zu ihm gesagt: »Du, die Elke Heidenreich mit ihrer Metzgersgattin, das läuft ja gut, mach mir mal auch so eine Figur.«

»So kam ich auf diesen Junggesellen. Eine tolle Geschichte, den nach und nach mit einem sozialen Umfeld auszustatten. Fräulein Liesenkötter, Husemanns Willi, ›der datt Sportgeschäft hat‹.

Dann kam das Fernsehen, die erste Station war der *WWF-Club*, später *Geld oder Liebe* und das alles. Dann fing ich an zu schreiben, mit dem Hintergedanken zu lesen, Auftritte in Hallen und Lesungen. An Lesungen schätze ich den kleinen intimen Rahmen und das finde ich ganz wichtig für mich, die neuen frischen Texte auch auszuprobieren. Das machst du ja nicht in der Halle.«

Jürgen von der Lippe ist einer der erfolgreichsten deutschen Autoren und Darsteller, die im »komischen Feld« arbeiten. Fernsehmoderator, Entertainer, Schriftsteller, Schauspieler, Hörbuchsprecher, Sänger und Musiker, Komiker, Stand-upper, YouTuber – ein Allrounder, wie es kaum einen zweiten gibt. In *Was liest du?* stellte er von 2003 bis 2010 mit prominenten Gästen Lieblingsbücher vor und wurde so der engagierteste Leser und Werber für komische Literatur. Seit 2017 produziert er das Format selber unter dem Titel *Lippes Leselust* mit unfassbaren 300.000 YouTube-Abonnenten.

Als Entertainer kennt ihn jeder, aber der Mann ist immens fleißig und er schreibt täglich und er ist ganz nebenbei ein äußerst erfolgreicher Buchautor. Er hat natürlich auch einen Spielfilm gedreht und zeichnet auch dort verantwortlich fürs Drehbuch. Er hat Theater gespielt, Stücke geschrieben und neben den zahlreichen Geschichten und Glossen auch einen Roman: »Nudel im Wind«. Er liest Bücher ein und vor allem gibt er dabei auch einem meiner Lieblingsfinnen, dem Bestsellerautor Arto Paasilinna eine Stimme, unter anderem in »Der liebe Gott macht blau« und »Der wunderbare Massenselbstmord«. Oft spricht er in den Büchern einen vielstimmigen Chor für sämtliche Charaktere.

Geboren ist er in Bad Salzuflen. Von der Lippe sagt: »Das Ostwestfälischste an mir ist mein Vater.«

Und was ist Jürgen »innerlich«?

»Ich bin gelernter Rheinländer und ich glaube, dass mich das mehr geprägt hat.«

Karneval?

»Ja, aber nicht der Sitzungskarneval. Ich hab mich als Jugendlicher unheimlich auf Karneval gefreut. Es gab die Möglichkeit, Mädchen zu küssen.«

Und er singt sofort ein Karnevalslied und erklärt: »Nach dem Lied küsste man sich, dann ging der Erste wieder in den Kreis und der Zweite suchte sich nach der nächsten Liedrunde einen neuen Kusspartner. Man konnte also zweimal küssen. Dafür hat man gelebt.«

Bist du evangelisch oder katholisch?

»Katholisch natürlich. Also, ich war katholisch. Ich bin ausgetreten, wie alle anderen auch.«

Er erzählt von der Kindheit seines Vaters: »Der wuchs in Stukenbrock auf. Mein Großvater hatte wohl 'ne Pfeife. Und er pfiff, dass die Kinder zum Abendbrot kommen sollten. Und dann haben die Nachbarn gesagt: ›Hennesken, loop, Otten Pappen flött.‹«

Das muss ich mir zweimal sagen lassen, obwohl ich Plattdeutsch spreche.

»Ja, da hat ja jedes Dorf anders gesprochen. Wenn mein Vater loslegte, habe ich gar nichts mehr verstanden. Gar nichts. Die ›Otten‹ waren wir, die Familie Dohrenkamp. Warum wir ›Otten‹ hießen, weiß ich nicht.«

Übersetzt jedenfalls müsste der Satz heißen: »Hänschen, lauf! Ottens Vadder pfeift!«

»Mein Vater wollte in Stukenbrock eigentlich Bäcker werden. Das konnte er nicht, weil ›Otten Pappen‹ das Geld nicht hatte für die Bäckerkleidung. Dann wurde er Vertreter, Handelsreisender.«

Jürgen lacht, als er weitererzählt: »Hat sich zigmal verlobt, war wohl ein ziemlicher Stecher. Einmal ist 'ne Braut mit seinem Geld durchgegangen, hat er mal erzählt. Und dann war er im Krieg, dann in englischer Gefangenschaft und danach, in Bad Salzuflen, war er dann im Kurhaus Barkeeper. Das war wohl Learning by Doing. Und er war da der Liebling der Offiziere und hatte dadurch Schnaps und damit hat er die Familie über Wasser gehalten, die ihn dann zum Dank später beim Erbe beschissen hat.«

Es ist wie eine Privatvorstellung, wenn Jürgen begeistert die Familiengeschichte wiederauferstehen lässt in all ihren Skurrilitäten. »Meine Mutter war Diätköchin. Dreimal wollte er sie küssen, dreimal hat er eine Schelle gekriegt und dann lief's.«

Er lacht: »Dann bin ich da geboren und mit zwei Jahren sind wir schon nach Aachen verzogen. Meine Mutter kam aus Bottrop. Eine Ruhrpottpflanze. Wie die da nach Bad Salzuflen hingekommen ist, weiß ich auch nicht.«

Ich erzähle Jürgen, ich hätte die Theorie, dass man nur kurz da sein muss, dann geht das Ostwestfälische quasi osmotisch in einen über, dringt unauffällig, aber unauslöschbar in die Körper, selbst wenn die nur wenige Zeit vor Ort sind.

Von der Lippe stimmt mir nicht wirklich zu: »Wenn wir es denn irgendwie greifen könnten, mag das sein. Aber die einzige Beurteilungsgrundlage, die ich habe, sind meine Tourneen, die mich ja durchs ganze Land führen. Und ich habe das Ostwestfälische nie greifen können. Das kann natürlich auch daran liegen, dass ich eine Kundschaft anspreche, die eigentlich überall gleich ist. Es kommen halt die, die mich irgendwoher kennen und sagen: Das finden wir schön.«

Ich präsentiere meine zweite These, dass der Ostwestfale mehr als andere zur Selbstironie fähig ist. Jürgen widerspricht erneut: »Ich glaube, da liegen die Ostfriesen ganz weit vorne. Ich war jetzt gerade wieder in der Gegend. Ich muss sagen, ich habe selten ein besseres Publikum erlebt. Und auch später beim Signieren. Die hauen Sachen raus!«

Ostwestfalen und Lippe, sieht Jürgen da Unterschiede?

»Ich wusste lange Zeit gar nicht, wo was liegt.« Er deutet auf den Tisch, auf dem mit Landkarten bedruckte Tischsets liegen. »Du siehst hier ja Karten liegen, ich versuche, mein schlimmstes Defizit im Vorbeigehen, während der Mahlzeiten zu beheben. Mit Geografie is nix bei mir. Ich musste nachgucken, wo Ostwestfalen und Lippe genau liegen.«

Aber wie überhaupt kam es dann zu dieser Namensgebung, in der Jürgen sich zur und zu Lippe bekennt und damit als Ostwestfale outet?

»Horst-Steffen Sommer war mein erster sogenannter Manager, noch in der Clubszene in Berlin. Ich hieß ja nur Jürgen. Und der sagte: ›Nur Jürgen geht nicht. Wir brauchen einen Künstlernamen.‹ ›Und Dohrenkamp, wie ich heiße?‹ ›Nee, ein Künstlername.‹ Wir reden ja von vor fünfzig Jahren. Und da hatte man Künstlernamen. ›Ja, von der Lippe?‹ Und dann musste ich erst mal nachsehen. Denn in Bad Salzuflen, da fließt die Lippe ja gar nicht. Aber es ist Lipperland. Also von der Lippe. Es gibt mehrere Fürstenhäuser dieses Namens. Einige Mitglieder sind nach Norwegen ausgewandert und haben dort Schmuck- und Möbeldynastien gegründet. Ich bekam dauernd Briefe: ›Sind wir verwandt? Bin ich Ihre Mutter?‹«

Jürgen, der Sprech- und Wortkünstler gibt jeder der erzählten Figuren sofort stimmlich Gestalt und ich lache mich kaputt.

Jürgen lebte dann im Rheinland. Der Vater arbeitete in Aachen als Barkeeper. »In Aachens bester und teuerster Striptease-Bar«, sagt Jürgen sofort.

War der Vater eine Inspiration, eine Art Vorbild, ein »role model«? Immerhin sind die hinter der Theke ja immer auch Entertainer?

»Ich war ja nicht dabei.« Jetzt lacht Jürgen laut. »Ich hab ja meinen 16. Geburtstag im katholischen Aachen in einer Striptease-Bar verbracht, das war schon Sensation genug. Das konnte ja keiner von den anderen bieten. Das war schon super. Ich durfte zum ersten Mal da rein. ›Ach du bist der Sohn vom Hänschen.‹ Das war natürlich sensationell.«

Und weiter erzählt Jürgen von der Lippe: »Es war auch ein Schmugglertreff. War ja Aachen. Dreiländereck. Mein Vater kam zum Beispiel oft mit irgendwelchem Zeug nach Hause. Dann war das Pfand. Der hat das Geld natürlich nie gekriegt.«

Die Verbindung zu Ostwestfalen riss jedoch nicht ganz ab: »Ich war bei Onkel Hubert ein paarmal in den Ferien. Traumhaft. In Bokelfenn. Er und Tante Ziska waren sehr nett. Sechs Wochen im Wald waren ein Traum.«

Ich komme noch mal auf meine steile These von der Besonderheit der Ostwestfalen, ihrem expliziten Humor, der Tatsache, dass wirklich sehr viele Komiker diesem Gebiet entstammen. Ich liste einige Namen auf.

Jürgen schaut verschmitzt und widerspricht schon wieder, aber sehr leise und raffiniert: »Ich könnte mir vorstellen, wenn man sich andere Regionen oder Großräume ansieht, wer da herkommt, dass man da auch nicht auf weniger Namen kommt.«

Ich nippe am Kaffee mit Kardamom, extrem lecker übrigens. Wenn ich ihm recht gäbe, wäre mein ganzes Buch hinfällig! Außerdem, meine Gedanken rattern, ich glaube ja wirklich, dass wir ein extrem widerständiger Menschenschlag sind mit größter Fähigkeit zu Komik und Selbstironie. Das ist fast jedem gegeben, der hier »wechkommt«, der hier lebt. Im Grunde dringt das schon in die Menschen ein, wenn sie Ostwestfalen nur durchfahren. Sie müssen allerdings schon mal stoppen und kurz aus dem Auto steigen. Nur die Autobahn von Hannover nach Dortmund zu fahren und auf Höhe Bad Salzuflen/Herford/Bielefeld einmal das Fenster runterzulassen, reicht natürlich nicht. Aber wenn man nur einmal aussteigt und zumindest irgendwo einen Kaffee trinkt, dann hat es einen schon erwischt. Wenn man wie er hier zwei Jahre lang aufgewachsen ist und regelmäßig Onkel und Tante besucht hat, ist man doch infiziert und eingemeindet. Finde ich.

Jürgen sieht mich in meinem Dilemma. Zum Trost erzählt er mir einen Witz: »Alter Witz: Zwei Sauerländer gehen auf Entenjagd. Morgens um fünf Uhr. Abends kommen sie wieder und haben keine Enten. Sagt der eine: ›Was ist passiert? Warum haben wir keine Enten?‹ Sagt der andere: ›Vielleicht haben wir die Hunde nicht hoch genug geworfen.‹«

Dann wird es Zeit aufzubrechen, am Abend hat Jürgen noch einen Termin. Er will mit seinem Team die jüngsten Erfolge feiern und wird dabei auch geehrt für 300.000 YouTube-Abonnenten und für Klickzahlen, die in die Millionen gehen. Auch auf TikTok und den anderen relevanten »jungen« Plattformen ist der Grandseigneur der deutschen Komik erfolgreich und präsent.

Es wird also langsam Zeit für die letzte Frage: »Wer ist denn jetzt der berühmteste Lipper? Der größte Botschafter der Region? Arminius oder du?«

Jürgen holt Luft, überlegt nur kurz und sagt dann grinsend: »Das kann man nicht vergleichen. Ich war zwar beim Bund, aber ich war eine Fehlbesetzung als Offizier. Und er offenbar nicht.«

Kleine Pause.

Dann sagt Jürgen verschmitzt: »Dafür war er wahrscheinlich nicht so witzig.«

Republik Bokelfenn

In Bokelfenn, wo Jürgen von der Lippes Onkel Hubert und Tante Ziska lebten, als Einschub aus der Abteilung »Unnützes Wissen«, wurde in den Siebzigerjahren eine eigene Republik ausgerufen, nachzulesen in der *Neuen Westfälischen*, geschrieben von Horst Biere: »Der Ort wurde aufgeteilt in einen lippischen Teil, der heute zu Oerlinghausen gehört, und in einen preußischen Teil, der auf Stukenbrocker Gebiet liegt.«

Eher unspektakulär hätte sich die Entwicklung Bokelfenns zu einem gepflegten, ruhigen Wohngebiet bis in die heutige Zeit fortgesetzt, wenn nicht in den späten 1970er-Jahren eine äußerst humorvolle Idee die Bokelfenner Dorfgemeinschaft verändert hätte. »Aus einem lustigen Thekenmannschafts-Fußballspiel Preußisch-Bokelfenn gegen Lippisch-Bokelfenn heraus haben wir uns entschlossen, eine eigenständige Republik zu gründen«, schilderte augenzwinkernd Wilfried Lüke, Enkel von Anton Lüke, die Situation vor etwa vier Jahrzehnten. Wilfried Lüke, den man seinerzeit zum ersten Präsidenten wählte, entwickelte die tollsten Ideen, um die Eigenständigkeit des kleinen Staates mit Leben zu füllen. Unter dem Motto »Bokelfenner aller Länder, vereinigt euch« proklamierte er am 1. April 1979 die Staatsgründung. Auf der neuen Landesfahne prangte als Wappentier das Schwein. Die »Bank of Bokelfenn« gab als Währung den Fenn und den Bokel heraus. Und gleich im ersten Jahr der jungen Republik fand ein alternatives Schützenfest statt.

Geschossen wurde nicht mit einem Gewehr auf einen Adler, sondern mit einer Zwille und einer Metallkugel auf ein hölzernes Schwein. Erster König war damals Ignatz Sander, zum Hofstaat gehörten Stertprinz Wilfried Lüke, Schinkenprinz Hans-Jürgen Pautz und Pfotenprinzessin Ingrid Pautz. Lüke erinnerte auch an die Schalker Fußballlegende Ernst Kuzorra, den man damals zum Ehrenbürger der »Republik Bokelfenn« ernannte.

Der Fußballer kam sogar selbst nach Bokelfenn und noch Jahre später hing die Ehrenbürger-Urkunde zwischen Kuzorras Fußballpokalen. Auch heute noch treffen sich die ehemaligen Mitglieder der »Republik« zum Kegeln, zum Feiern oder bei Nachbarschaftsfesten. Und sogar das Schützenfest hat man wieder aufleben lassen.

Die »Judenbuche« steht in OWL: Annette von Droste-Hülshoff

Ich habe bei der Arbeit an diesem Buch viele Entdeckungen gemacht, eine der für mich spektakulärsten ist die Entstehungsgeschichte und Verortung eines deutschen Klassikers. »Die Judenbuche« ist das wohl berühmteste Werk von Annette von Droste-Hülshoff: Kriminalgeschichte und Milieustudie zu dörflichen Vorurteilen gleichermaßen. Die Autorin nennt das Werk im Untertitel »Ein Sittengemälde aus dem gebirgichten Westfalen«. Und sie meint tatsächlich Ostwestfalen. Die Novelle beginnt mit den Sätzen: »Friedrich Mergel, geboren 1738, war der einzige Sohn eines sogenannten Halbmeiers oder Grundeigentümers geringerer Klasse im Dorfe B., das, so schlecht gebaut und rauchig es sein mag, doch das Auge jedes Reisenden fesselt durch die überaus malerische Schönheit seiner Lage in der grünen Waldschlucht eines bedeutenden und geschichtlich merkwürdigen Gebirges. Das Ländchen, dem es angehörte, war damals einer jener abgeschlossenen Erdwinkel ohne Fabriken und Handel, ohne Heerstraßen, wo noch ein fremdes Gesicht Aufsehen erregte und eine Reise von dreißig Meilen selbst den Vornehmeren zum Ulysses seiner Gegend machte – kurz, ein Fleck, wie es deren sonst so viele in Deutschland gab, mit all den Mängeln und Tugenden, all der Originalität und Beschränktheit, wie sie nur in solchen Zuständen gedeihen.«

Dieses Dorf B. ist Bellersen, heute ein Ortsteil der Stadt Brakel, die wiederum im Kreis Höxter liegt! Die Judenbuche der

Droste stand also in OWL. Eine angesichts der Darstellung in der Novelle zweifelhafte Ehre, könnte man meinen, aber hier siedelt die Droste ihre Geschichte an, zeichnet ein »eindrucksvolles Bild von den Prägungen, Haltungen und Vorurteilen«, hier legt sie die antisemitischen Vorurteile einer prototypischen Dorfgemeinschaft in den Mund. Sie sind »ein wesentliches Element ihrer Novelle, hier liegen sie offen zutage. Aber diese gehören in das Bild der Gesellschaft in der Mitte des 18. Jahrhunderts, sind also wesentlich für diese Milieustudie, die Droste als distanzierte Berichterstatterin abgibt«, erklärt mir Verleger und Literaturwissenschaftler Michael Kienecker.

Bellersen ist bis heute ein kleiner Ort mit nur etwa 670 Einwohnern. Im Nachbarort Bökendorf war die junge Annette schon als Kind häufig zu Besuch auf dem *Bökerhof*, dem Stammsitz der Familie von Haxthausen, und von dort stammte ihre Mutter, war also Wohnsitz von Annettes Großeltern mütterlicherseits. Ihr Onkel Franz von Haxthausen hatte aus einer wahren Begebenheit die Urfassung der »Judenbuche« geschrieben. Es heißt, man hätte sich in der Familie gerne Gruselgeschichten erzählt, und die des Onkels war eine davon. Im Herrenhaus *Bökerhof* traf sich auch der »Bökendorfer Romantikerkreis« um ihre beiden Onkel Werner und August von Haxthausen. Zu diesem Kreis gehörten auch die Gebrüder Grimm und Clemens Brentano.

»Die Droste«, wie man sie oft nennt, stirbt, 1797 geboren, schon mit 51 Jahren. Mit vollständigem Namen heißt sie Anna Elisabeth Franzisca Adolphina Wilhelmina Ludovica Freiin von Droste zu Hülshoff. Ein Name wie für ein Fernsehquiz, aber von wahren Literaturfans zitiert, wie die Karl-May-Verehrer ihren Hadschi Halef Omar Ben Hadschi Abul Abbas Ibn Hadschi Dawuhd al Gossarah komplett benennen können.

Bis 2002 war sie eine der öffentlichsten Personen Deutschlands, wenngleich das den meisten im Lande sicher nicht bewusst gewesen ist: Ihr Porträt war auf die Vorderseite des Zwanzig-DM-Scheins gedruckt, im Hintergrund sieht man historische Gebäude der Stadt Meersburg. Dort lebte die Dichterin von 1841 an überwiegend bei Schwester und Schwager am Bodensee, dort verstarb sie 1848 und wurde auf dem Friedhof Meersburg in einer Familiengrabstätte beigesetzt. Auf der Rückseite des Geldscheins liegt quer eine Schreibfeder, im Hintergrund steht eine Buche, als Bezug zu ihrer Novelle »Die Judenbuche«.

Die Ambitionen der jungen Frau nimmt die Familie nicht ernst, man belächelt ihre literarische Arbeit und hintertreibt die Liebe der damals jungen, katholischen und adeligen Annette zu einem bürgerlichen Evangelen. Das Drama einer intellektuellen Frau dieser Zeit.

Mit 41 erscheint ihr erster Gedichtband, ganze 74 Exemplare werden verkauft. Die Verwandtschaft rümpft vernehmlich die Nase. Ein vornehmes Adelsfräulein solle schließlich sticken und regelmäßig zum Gottesdienst gehen und nicht die Zeit mit Literatur verschwenden.

Kurz vor ihrem frühen Tod mit 51 Jahren schreibt sie in einem Brief: »Ich mag und will jetzt nicht berühmt werden, aber nach hundert Jahren möchte ich gelesen werden.«

Was für ein Selbstvertrauen, was für eine Vision – und mit dem posthumen Happy End. Bis heute wird »die Droste« immer wieder neu entdeckt. Ihr Leben wurde mehrfach als Inspiration für Romane genommen, so erschien 2018 von Karen Duve »Fräulein Nettes kurzer Sommer«.

Die Droste ist keine gebürtige Ostwestfälin, aber mindestens eine »ehrenhalber«. Sie bereiste das Land und hat Ostwestfalen vor allem, aber nicht nur, mit der »Judenbuche« auf die literarische Landkarte Deutschlands gestellt.

Meine Lieblingstexte sind ihre ironisch-satirischen »Westfälischen Schilderungen«, in denen als Subtext dieser literarischen Form der Frust über die damalige Enge des Lebens durchaus zu erkennen ist. In Teilen finden die sich auch in der »Judenbuche« anders formuliert wieder. Sie schreibt dort zum Beispiel, dass beim »Paderbörner der Stempel des Bergbewohners, sowohl moralisch als körperlich, weit entschiedener hervortritt, als an dem, durch seine Umgebungen weit mehr dazu berechtigten Sauerländer«.

Hier einige prägnante, durchaus poetische, manchmal schon böse Betrachtungen der Droste zu den »Südländern« unter den Ostwestfalen:

»Anders ist's im Hochstifte Paderborn, wo der Mensch eine Art wilder Poesie in die sonst ziemlich nüchterne Umgebung bringt, und uns in die Abruzzen versetzen würde, wenn wir Phantasie genug hätten, jene Gewitterwolke für ein mächtiges Gebirge, jenen Steinbruch für eine Klippe zu halten. – Nicht groß von Gestalt, hager und sehnig, mit scharfen, schlauen, tiefgebräunten, und vor der Zeit von Mühsal und Leidenschaft durchfurchten Zügen fehlt dem Paderbörner nur das brandschwarze Haar zu einem entschieden südlichen Aussehen. – Die Männer sind oft hübsch und immer malerisch, die Frauen haben das Schicksal der Südländerinnen, ein frühe, üppige Blüte und ein frühes (...) Alter. – Nirgends gibt es so rauchige Dörfer, so dachlückige Hüttchen, als hier, wo ein ungestümes Temperament einen starken Teil der Bevölkerung übereilten Heiraten zuführt. (...) Jeder erübrigte Groschen, den der Münsterländer sorglich zurücklegen, der Sauerländer in irgendein Geschäft stecken würde, wird hier am liebsten von dem Kind der Armut sofort dem Wirte und Kleinhändler zugetragen, und die Schenken sind meist gefüllt mit Glückseligen, die sich einen oder ein paar blaue Montage machen, um nachher wieder auf die alte Weise fort zu hungern und taglöhnern. (...) Wirklich stehen auch manche Pflichten seinen mit der Muttermilch eingesogenen Ansichten vom eigenen Rechte zu sehr entgegen, als daß er sie je begreifen sollte – jene gegen den Gutsherrn zum Beispiel, den er nach seinem Naturrecht gern als einen Erbfeind oder Usurpator des eigentlich ihm zuständigen Bodens betrachtet. (...) Noch empörender scheinen ihm die Forst- und Jagdgesetze, da ja ›unser Hergott das Holz von selbst wachsen läßt, und das Wild aus einem Lande in das andere wechselt.‹ – Mit diesem Spruche im Munde glaubt der Frierende sich völlig berechtigt, jeden Förster, der ihn in flagranti überrascht, mit Schnupftabak zu blenden, und wie er kann, mit ihm fertig zu werden. – (...) Hier scheitern alle Anstrengungen der sehr ehrenwerten Geistlichkeit, und selbst die Versagung der Absolution im Beichtstuhle verliert ihre Kraft, wie bei dem Korsen, wenn es eine Vendetta gilt.«

Eine Flasche Popcorn: Hans Wollschläger

»Wollschläger«, fragt mein Journalistenfreund Hartmut Horstmann. »Hast du schon Wollschläger in deinem Buch?«

Nein, hatte ich noch nicht. Er, Kenner der hiesigen Kulturszene, klärt mich auf. Auch Wollschläger ist Ostwestfale, in Minden geboren, in Herford aufgewachsen. In Detmold hat er Kirchenmusik studiert und wäre fast als Kirchenmusiker geendet, ist aber dann in einem anderen Feld furios gescheitert, nämlich als Literat, dafür überstrahlt er aber die Zunft der Übersetzer, weil Wollschläger den unübersetzbaren »Ulysses« wie ein Matterhorn bezwungen hat.

Er galt als eine der größten Hoffnungen der deutschen Literatur, jahrelang wurde er ermutigt von Arno Schmidt, verlor sich aber als Übersetzer und Karl-May-Kenner und -Herausgeber. Immerhin aber schrieb er die erste gültige Karl-May-Biografie, und das in Sätzen, die sich »gewaschen« haben. Hans Wollschläger, einer der großartigsten Stilisten in der deutschen Literatur, ist einer der unbekanntesten Schreiber des Landes geblieben. Ein »Insider«, ein Liebling unter den »Kennern« in den nerdigen intellektuellen Kreisen, aber er ist nie durchgedrungen zu einer breiten Leserschaft oder auch nur in irgendeinen »Kanon« aufgenommen worden. Zumindest was sein eigenes Werk betrifft.

Und, wie gesagt, er ist Ostwestfale!

Hans Wollschläger wird 1935 in Minden geboren und wächst im benachbarten Herford auf, studiert an der Nordwestdeutschen Musikakademie in Detmold. 1957, also gerade 22-jährig, zieht er nach Bamberg und arbeitet dort als Lektor im Karl-May-Verlag. Im gleichen Jahr beginnt auch die Korrespondenz zwischen dem jungen Wilden und Arno Schmidt, der zu diesem Zeitpunkt mit 43 schon eine Legende ist.

15 Jahre schreiben sich die beiden Briefe, teils antwortet Schmidts Frau Alice. In den ersten Jahren geht es ausschließlich um Karl May. Ihr Briefwechsel umfasst in der edierten Ausgabe mehr als eintausend Seiten. Beide rechnen von Anfang an damit, dass ihre Briefe eines Tages veröffentlicht werden. Und sie sollten recht behalten, auch wenn das bis 2019 gedauert hat.

Schmidt notiert in seinen Tagebüchern über Wollschläger, der sei »dürr, sehr hinfällig und überzüchtet ... ein junger Mensch mit vielen Plänen« – von denen er nur wenige später umsetzt –, und endet diese Notiz mit: »Nicht unsympathisch (aber sympathisch eben auch nicht).«

Wollschläger verstirbt 2007, als Literat unvollendet, als Übersetzer, wie gesagt, Legende, gleichzeitig nicht unumstritten. Er erhielt neben vielen anderen Auszeichnungen 1982 den erstmals vergebenen Arno-Schmidt-Preis. Posthum wurde ihm 2007 der August-Graf-von-Platen-Preis der Stadt Ansbach verliehen.

Noch nie hatte ich von ihm gelesen. Dachte ich. Und kaufte sofort seinen »Karl May«. Mir war da noch nicht bewusst, dass sich gleich in mehreren Regalen meiner Bücherwände Übersetzungen von ihm befinden. Seine »Ulysses«-Ausgabe aber steht, so gut wie ungelesen, fast unberührt, seit Jahren bei mir zentral im Wohnzimmer, immer mit der stillen Aufforderung »Lies mich!«.

Autor James Joyce hat sein Buch, diesen Tag in 18 Kapiteln geschrieben und zitiert damit die Irrfahrten des Odysseus. 1976, im Januar, zum Erscheinen der Wollschläger-Übersetzung sagt Dieter E. Zimmer in *Die Zeit*: »An die Tür hatte er (Wollschläger) ein Joyce-Photo geheftet, und wenn er auf dem Weg zum Arbeitstisch morgens daran vorbeikam, schüttelte er ihm die Faust ins Gesicht. ›Unter der Schwierigkeit der Übersetzung war ich am Anfang so resigniert, dass ich eine richtige Wut hatte auf das Buch und den Mann‹, sagte Hans Wollschläger. Acht Jahre lang hat ihn Joyces ›Ulysses‹ beschäftigt, vier davon ausschließlich. (...) Der ›Ulysses‹. In jahrelanger Schwerstarbeit wurde er glanzvoll neu ins Deutsche übertragen.

Darum ist der Superlativ bestimmt nicht verfehlt: ›Ulysses‹ ist der schwerstübersetzbare Roman der Weltliteratur – abgesehen von seiner Steigerungsform, Joyces Spätwerk ›Finnegans Wake‹; aber das ist jenseits der Übersetzbarkeit.«

Nun, nach dieser ersten Klärung über Rang und Ruhm Wollschlägers, steige ich auf die Leiter, am Regal empor zu meinen Dashiell-Hammett- und Raymond-Chandler-Ausgaben im traditionellen Schwarz-Gelb des Diogenes Verlags, »Gefahr ist mein Geschäft« und andere. Wollschläger hat all das ins Deutsche übertragen. Auf dem Klappentext steht höchstes Lob für den Übersetzer aus Ostwestfalen. Rias Berlin schrieb: »In der ausgezeichneten Übersetzung von Hans Wollschläger findet sich so manches, worauf Chandler-Leser bislang verzichten mussten.«

Der großartige Übersetzer Harry Rowohlt allerdings ist sein größter Kritiker: »Der verehrte Kollege Wollschläger – und wenn ich verehrt sage, meine ich verehrt, denn wenn es jemandem gelingt, sich vom als knausrig bekannten Suhrkamp Verlag fast zehn Jahre lang (andere Leute lernen in der Zeit Englisch) für seine ›Ulysses‹-Übersetzung alimentieren zu lassen, ist er jeder kollegialen Verehrung würdig – konnte nicht nur nicht Englisch, er weigerte sich auch, es zu lernen.

(...) Nur ein Beispiel für Abertausende: (...) Wollschläger hat ›a bottle of pop‹ (= kohlensäurehaltiges Erfrischungsgetränk) allen Ernstes in seinem weithin strahlenden Schwachsinn und ohne jedes Unrechtsbewusstsein mit ›eine Flasche Popcorn‹ übersetzt. Wir demütigen Übersetzerinnen und Übersetzer spielen gern das Spiel ›Wie hätte Wollschläger das übersetzt?‹, denn für uns ist der verehrte Kollege Wollschläger ein Synonym für Unfähigkeit, Selbstüberhebung und Scharlatanerie. Mir als Kollegenschwein bleibt es vorbehalten, dies (halb-) öffentlich zu machen, durchaus bereits zu seinen Lebzeiten. Darauf eine schöne Flasche eiskalten Jahrgangspopcorn.«

Nun verehre ich Harry Rowohlt wie kaum einen anderen, aber vielleicht hat er hier den Ostwestfalen Wollschläger in dessen humoriger Durchtriebenheit unterschätzt. Vielleicht wollte der Übersetzer einen Witz machen, den nur die geschätzten abschätzigen Kollegen durch intensives Nachrecherchieren hätten entschlüsseln können? Wollte er sie gar provozieren?

Hat Wollschläger mit dieser Textstelle – seine Chandler- und Hammett-Übersetzungen kamen in der ersten Hälfte der Siebzigerjahre heraus – vielleicht den lesehungrigen Dieter Hallervorden mit dieser »Flasche Popcorn« zur legendären »Flasche Pommes frites« inspiriert? Verdanken wir etwa einen der einprägsamsten Momente deutscher Fernsehkomik am Ende zumindest indirekt einem Ostwestfalen? Wundern würde es mich nicht. Beide, Harry und Hans, dürften darüber im Himmel trefflich streiten.

Neues vom Schuhu: Peter Hille

Frühjahr 2019. Seit etwa anderthalb Jahren wohne ich wieder in Minden. Ich sitze auf meinem Lieblingsplatz in meiner Wohnung, auf einem Sessel an der Fensterfront mit Blick auf die Porta Westfalica. Neben mir eine Kanne Kaffee, in der Hand eine Mumin-Tasse aus meiner Sammlung von mittlerweile 32 Trinkbechern. Ich nippe am heißen Kaffee und freue mich an der Aussicht, als das Telefon klingelt, mit unbekannter Nummer. Ein Herr Kienecker stellt sich vor. Er sei der Vorsitzende der Peter-Hille-Gesellschaft. Von der habe ich schon gehört, weil geschätzte Kollegen von mir den nach Hille benannten Literaturpreis erhalten haben. Herr Kienecker berichtet von der Gesellschaft und dem Preis. Ich richte mich im Sessel auf. Die Hille-Gesellschaft habe beschlossen, sagt Herr Kienecker, mich zum neuen, zum fünften Preisträger zu ernennen. Ob ich gedenke, den Preis an- und in einer Feierstunde entgegenzunehmen. Ich muss nicht nachdenken, um zu sagen: »Ich gedenke, ja!«

Damit war ich ostwestfälischer Preisträger eines ostwestfälischen Literaturpreises, benannt nach einem ostwestfälischen Literaten und Kabarettisten. Aber wer war der?

»Peter Hille war einer der auserlesenen Gäste dieser Welt; wohin sein Herz sich wandte, ordneten sich Unebenheiten.« Das sagte Else Lasker-Schüler über ihren Mentor und Weggefährten. 1909 schrieb sie eine »Legenden-Dichtung« über ihn.

Seine »Lieder des betrunkenen Schuhus« beginnt Hille so:

Was die Gelehrten reden, ist nur Kohl,
Denn eine taube Nuß ist ihr Symbol,
Wie diese ist ihr Schädel hohl,
Der Schweine Leder ihr Idol –
Der Weise weihet sich dem Alkohol.

Diese Lieder dichtete er für sein neu eröffnetes Berliner *Cabaret zum Peter Hille*. Nach langen Jahren auf Wanderung in Europa, oft komplett verarmt und als »Vagant«, verbringt er seine letzten Jahre durchaus bekannt und von vielen wichtigen Stimmen seiner Zeit verehrt, geschätzt und geliebt in Berlin. Seine schönsten Jahre, ein Intermezzo regelrecht, verlebte er, so die ausgezeichnete Biografie auf der Website der Peter-Hille-Gesellschaft, unweit seiner Heimat in Bad Pyrmont. Er schrieb wie im Rausch.

In Erwitzen zwischen Höxter und Bad Driburg, einem Dorf, heute als Stadtteil zur Stadt Nieheim gehörend, wird Hille im Jahr 1854 geboren. Schon auf dem Gymnasium in Münster liest er, Mitglied einer geheimen Schülerverbindung mit Namen »Satrebil« mit einigen Mitschülern, den Brüdern Heinrich und Julius Hart, Werke von Marx, Bebel, Darwin, Büchner und weiteren und diskutiert ihre Schriften. Mit seiner unbedingten Freiheitsliebe eckt er an, verlässt das Gymnasium ohne Abschluss und arbeitet als Protokollschreiber bei Gericht und als Korrektor in Leipzig. Ab 1876 veröffentlicht er erste Gedichte in führenden Magazinen der frühnaturalistischen Bewegung.

Fast gibt es Parallelen zu George Orwell, der sein Leben als verarmter Proletarier in seinem Buch »Erledigt in Paris und London« beschreibt. Auch Hille lebt zeitweise in London und lernt die Protagonisten der Arbeiterbewegung kennen, danach in Holland, finanziert dort mit den Resten seines Erbes eine Theatergruppe und kehrt nach deren Pleite wieder nach Deutschland zurück. Er beginnt ein Wanderleben. Es hält ihn nie lange an einem Ort. Als »Vagant« zieht er herum in zerrissener Kleidung, aber immer mit einem Sack voll mit eigenen Manuskripten. Er durchwandert verarmt die Schweiz und Italien, erreicht sogar Rom. 1893 kehrt er zurück nach Berlin und wird von der Polizei als angeblicher Sozialdemokrat verfolgt. Ohne eigene Wohnung lebt er im Prinzip das Leben eines Obdachlosen, gilt hin und wieder als verschollen, kommt aber immer wieder in den Berliner Künstlergemeinschaften, insbesondere bei den Brüdern Hart, unter. Der berühmte Impressionist Lovis Corinth porträtiert ihn und unterstützt ihn mit einem Modell-Honorar als Zeichen seiner Wertschätzung.

1899 beginnt seine intensive Künstlerfreundschaft mit Else Lasker-Schüler, mit der – und weiteren Freunden – er das Kabarett *Teloplasma* (»Cabaret für Höhenkunst«) gründet. In der sich rasch etablierenden Kabarettszene Berlins wird Hille zu einem der Gründungsväter des Genres und findet so Aufnahme in weitere Künstlerkreise, die er sehr beeindruckt.

Auch der Anarchist Erich Mühsam wird sein Freund, erwähnt ihn vielfach in seinen Werken (siehe S. 115). Peter Hille wird eine »Kultfigur« in der Berliner Boheme, schreibt Wikipedia. Ab 1902 veranstaltet er das besagte *Cabaret zum Peter Hille* mit seinen Freunden als illustren Gästen.

Erich Mühsam beschrieb das Zustandekommen von Hilles wohl berühmtestem Aphorismus: »Wir waren zusammen im Lesezimmer der Neuen Gemeinschaft. Peter Hille hatte sein Notizbuch vor sich liegen und den Bleistift in der Hand. Der Kopf lag ihm schwer auf der Brust. Nach langem Schweigen blickte er plötzlich auf, legte die Hand feierlich auf den Tisch und sagte ernst und stark: ›Eben habe ich den Sinn meines Lebens gefunden. Ich bin, also ist Schönheit.‹«

Wenn man sich Peter Hille anschaut auf den Zeichnungen und Gemälden, die von ihm erhalten sind, sieht man einen Mann, meistens mit Leidensmiene und rauschendem Vollbart.

Hille stirbt mit nur 49 Jahren. Er hinterlässt Romane, Gedichte, Humoresken, Satiren und zahlreiche Aphorismen, Skizzen und Fragmente.

Detlev von Liliencron schreibt 1889 in einem Briefwechsel erbost: »(...) Weißt Du, daß ich einen Haß auf mein Volk habe jetzt. Peter Hille, der geistvollste Dichter der Jetztzeit, stirbt zur

Auf ein Wort

»›Heimat ist Heimweh und Sehnen nach allen Weiten‹, schreibt Peter Hille einmal in einem Aphorismus und deutet damit die Grundspannung in seinem Leben zwischen ländlichem Westfalen und großstädtischem Berlin an. Er verstand sich zweifellos als ein ›Sohn der roten Erde‹ Westfalens, liebte die Buchen- und Tannenwälder und die hügelige Landschaft des Eggegebirges und des Teutoburger Waldes. Hierher kehrte er zeitlebens immer wieder zurück. Doch der wortkargen Engstirnigkeit der Westfalen musste der verträumte – schon als Schüler als ›Drümelpeter‹ belächelte –, kreative und welthungrige Junge entrinnen: Unbedingte Freiheitsliebe trieb ihn in seine ruhelose Wanderschaft und schließlich in die freigeistigen Künstlerkreise der Metropole Berlin. Doch wie schon der Aphorismus sagt: Für Hille war jeder Ort Heimat: die heimische Scholle, wenn ihn das Heimweh nach Hause zog, aber ebenso ›die Weite‹, wenn ihn die Sehnsucht wieder hinaustrieb.«

***Michael Kienecker**, Vorsitzender der Peter-Hille-Gesellschaft*

Zeit aus Hunger und weil er keine Sohlen mehr hat; sich erkältet deshalb, Blut spuckt: und sein Volk, ja dieses Skat- und Biervolk läßt ihn höhnisch sterben. I Gitt, i Gitt, i Gitt.« *(Detlev von Liliencron an Hermann Heiberg, 20. Januar 1889)*

Peter Hille war lange einer der großen Unentdeckten in der deutschen Literatur, ist es vielleicht immer noch. Doch Michael Kienecker sagt: »Peter Hille hat mittlerweile seinen Platz in der deutschen Literaturgesellschaft gefunden als der vielleicht ›reinste‹ Vertreter eines literarischen Impressionismus.«

Die Peter-Hille-Gesellschaft richtet Tagungen aus und publiziert umfangreich. Dazu gehört auch der Peter-Hille-Preis, der alle drei Jahre vergeben wird. Der »Nieheimer Schuhu« ist einer der schönsten Literaturpreise im Land, mit einer Statue, gegen die jeder Oscar und jede Lola verblasst. Es ist ein bronzener Uhu auf kleinem Sockel. Seit ich, der fünfte Preisträger, ihn bekommen habe, schaut mir das bronzene Tier zu, wenn ich an der Tastatur sitze. Auch jetzt.

Den ersten Peter-Hille-Preis bekam Erwin Grosche zuerkannt, dann folgten Fritz Eckenga, Wiglaf Droste, Hans Zippert, ich und nun Sarah Hakenberg. Wir stehen in einer Reihe, die atemlos macht, und wir verneigen uns vor dem Paten Peter Hille.

Kurt Tucholsky notierte eine berührende Begebenheit: »Ich habe eine wunderherrliche Geschichte von dem Dichter Peter Hille gelesen (...). Er ging einmal ganz arm und frierend auf einem Landweg durchs Westfälische oder am Rhein, ohne einen Pfennig Geld, und da ist ihm ein Hund zugelaufen, der war genauso heimatlos wie er. Und den hat er ruhig mitgehen lassen und lange nachgedacht im Schnee, wie es so alles ist. Und da ist ein Auto gekommen, darin saß ein Maler, der musste, weil weder Hille noch der Hund aufpassten, den Hund überfahren, denn sonst hätte er den Mann überfahren. Und da ist er ausgestiegen, und hat dem Hille fünfzig Mark in die Hand gedrückt, aus Mitleid, er hielt ihn für einen Bettler, und weil der Hille, der noch ganz versonnen war, so merkwürdig geguckt hat, hat er ihm noch fünfzig gegeben, und dann ist er abgefahren. Und der Hille hat den toten Hund angesehn und das Geld und das davonfahrende Auto, und dann hat er die hundert Mark genommen und hat sie dem Hund unter den Kopf gelegt und ist weitergegangen.« *(Kurt Tucholsky: »Briefe aus dem Schweigen 1932–1935«, Reinbek 1977)*

Die Zeitmaschine landet in Minden: J.C.C. Bruns

H. G. Wells' wohl berühmtester Roman »Die Zeitmaschine« erscheint 1904 erstmals in Deutschland, aber nicht in Berliner oder Frankfurter Verlagen, sondern bei J.C.C. Bruns, einem kleinen Verlagshaus in Minden, das bis heute besteht. Übersetzt ist das Buch von Felix Paul Greve, der zum Zeitpunkt des Erscheinens gerade 25 Jahre alt ist.

Es ist kaum zu glauben, aber in Minden erschienen zahlreiche Erstausgaben und Übersetzungen von Autoren, die heute zu den absoluten Klassikern der Weltliteratur gehören. Hier wurde die erste Werkausgabe von Edgar Allan Poe veröffentlicht, außerdem Bücher von André Gide, Fjodor Michailowitsch Dostojewski, Oscar Wilde, Gustave Flaubert und eben H. G. Wells. Daneben stehen aber auch Erstausgaben wichtiger deutscher Autoren wie dem Phantasten Paul Scheerbart.

Die entscheidenden Verleger sind Max Bruns, geboren 1876, und sein Vater Gustav. Ersterer ist selber Dichter, verheiratet mit Margarete, ebenfalls Schriftstellerin und Übersetzerin, und sieht sich im Zwiespalt zwischen der unternehmerischen Aufgabe, die die Familienkonstellation ihm stellt, und seinen eigenen Ambitionen als Schriftsteller und Übersetzer. 1929 schreibt er an eine langjährige Mitarbeiterin: »Verleger sein heißt ja Geschäftsmann sein, und Geschäftsmann sein heißt nach außen hin arbeiten um eines möglichst raschen Erfolges willen. Dass ich persönlich vollkommen gegenteilig veranlagt bin, ist Ihnen als langjähriger, freundschaftlicher Umgang längst bekannt: Künstler sein heißt, an sich selbst und der eigenen Seele arbeiten um eines Erfolges willen, der ausschließlich im Werk, nicht aber in seiner äußeren Auswirkung liegt: da, wo die Persönlichkeit des Verlegers erst beginnt, hört die meine bereits auf.«

Die Unternehmensgruppe Bruns führt bis heute die Tageszeitung *Mindener Tageblatt*, erstmals erschienen 1856, als unabhängiges Verlagshaus. Zum Unternehmen gehören die »Bruns Druckwelt« und zahlreiche weitere Unternehmensbeteiligungen bis hin zur eigenen Werbeagentur com.on als »jüngster Tochter«; es ist ein modernes Medienunternehmen. Sven Thomas ist in der sechsen Generation Geschäftsführer dieses Familienbetriebs. Er hat sein Büro im renovierten, neuen Trakt. Literatur, Fachbücher und Periodika stehen und liegen parat, Blickfang aber ist eine historische, bestens restaurierte BMW. Wir sind beide begeisterte Motorradfahrer, damit ist das Einstiegsthema gesetzt.

Dann gehen wir in die Wirkstätte seiner Vorgängergenerationen, in die »heiligen Hallen«, in die alten Büroräume der Verleger-Dynastie. Hier stehen die Schätze des J.C.C. Bruns Verlags, wundervoll ausgestattet.

Ich traue mich kaum, von den bereitgestellten Keksen zu essen. In dieser Umgebung möchte man nicht krümeln.

Sven Thomas zieht ein Buch heraus und schlägt es auf. »Novellen und Kleine Dichtungen in Prosa« steht dort, »übersetzt von Margarete Bruns als der erste Band von Charles Baudelaires Werken in Deutscher Ausgabe«. Der Titel mit einem wundervollen Jugendstil-Ornament und einem fröhlich grinsenden Totenschädel, dem einige Zähne fehlen. Welche Kunst und welcher Witz!

In die Bücher eingedruckt, wie gestempelt, ist eine wunderschöne Verlagsvignette, ein Greif mit angelegten Flügeln, sitzend, nach links schauend. Auf seinem Rücken sitzt eine Frau, wallende Mähne, nackt, und umfasst mit ihrer Rechten vertrauensvoll den Hals des Tiers, schaut dabei sinnierend nach rechts, hat den linken Arm auf ihr Knie gestützt, den Fuß wiederum dem Schweif des Tieres aufgesetzt. Darunter steht in Großbuchstaben, wie in Felsen gehauen, wie überdimensionierte Scrabble-Spielsteine: »J C C B«.

Max und Margarete Bruns reisen häufig nach Berlin und verkehren in literarischen Kreisen. »Da hat Max Bruns große Verdienste, was das Entdecken von Autoren angeht«, sagt Sven Thomas.

Er zeigt Oscar Wildes »Das Bildnis des Dorian Gray«, übersetzt von Felix Paul Greve. Erschienen im Bruns Verlag! Dann – ein weiterer Schatz! – »Die Zeitmaschine«. Auch dieses Buch ist von Greve ins Deutsche übertragen worden. Damals war er der Berater des Bruns Verlags und gleichzeitig der Übersetzer der von ihm vorgeschlagenen Werke. Wikipedia unterschlägt diese deutsche Erstausgabe im Mindener Bruns Verlag. »Doktor Moreaus Insel« und »Die Riesen kommen« werden im Vorsatzblatt beworben: »broschiert Mark 2,50, gebunden Mark 3,25«.

Sven Thomas sinniert über diese Zeit, als Minden preußische Garnisonsstadt war. Die Gesellschaft wollte Weltliteratur lesen, aber Max Bruns konnte das hohe Niveau der bisherigen Bücher, was die Schmuckvignetten und Veredelungen betraf, Hardcover in Leder eingebunden, nicht länger halten. Das war am Markt so hochpreisig nicht mehr zu verkaufen. Die großen Verlage drängten mit günstigen Ausgaben auf den Markt, kauften Rechte und brachten in hohen Auflagen Bücher qualitativ ganz anders heraus. Ohne Zweifel gab es verlegerische Erfolge, trotzdem musste der Verlag in den Zwanzigerjahren des letzten Jahrhunderts Buchrechte und

Lagerbestände verkaufen, und Max Bruns konzentrierte sich fortan auf das Druckwesen. Tragisch war sein Tod, als er, wenige Tage nach der deutschen Kapitulation, überfallen und erst Stunden später schwer verletzt gefunden wurde und verstarb.

Sven Thomas erzählt von der Verlagsgeschichte, vermutet, dass Max Bruns durch die Begegnung mit anderen Schriftstellern sicherlich um die Risiken einer freiberuflichen Existenz als Autor wusste, die er dann selber scheute. Er berichtet auch vom unternehmerischen Glück der Firma Bruns, um 1850 einen großen Auftrag von der preußischen Oberpostdirektion für Formulare jeglicher Art bekommen und über Jahrzehnte behalten zu haben.

Wir betrachten weitere Bücher. Thomas De Quinceys deutsche Erstausgabe von »Der Mord als schöne Kunst betrachtet«, wieder mit einer so artifiziellen wie wunderbar witzigen Titelgestaltung, rund um die Schrift dort sind sechs Wappenschilde für verschiedene »Mordtechniken« gruppiert, der Strick fürs Erhängen, dann eine Pistole, ein Beil, ein Knüppel, eine Bombe und Pfeil und Bogen, und mittig unter der Titelschrift: ein Dolch, darunter prominent und groß gesetzt: »J.C.C. Bruns Verlag«, darunter »Minden i.W.«.

Wir schauen uns die Bücher an von Max Bruns und von Margarete Bruns, unter anderem »Die Märchen der Salamander-Höhle«.

Mit Max Bruns, geboren 1876 in Minden, 1945 verstorben, hatte das Haus einen Literaten an der Spitze. Nach seiner Lehre als Buchdrucker wurde er technischer Leiter im Verlag seines Vaters, den er ab 1908 übernahm, anfangs mit seinem Bruder, und den er dann über Jahrzehnte führte. Der Verleger und Schriftsteller heiratete Margarete Siekmann, ebenfalls Schriftstellerin. Im gleichen Jahr erscheint sein Gedichtband »Zwei-Einheit«, mit oft kühnen erotischen Gedichten. Das Werk wird schon bald gerichtlich verboten.

Sie müssen ein faszinierendes Paar gewesen sein, eine spannende Gemeinschaft. Beide waren in Kontakt mit Künstlern, Schriftstellern und Verlegern, dazu gehörten – neben Paul Scheerbarth – Heinrich Vogeler, Stefan Zweig und Hermann Hesse. Man sagt, um ein Haar wären die Werke Hesses im Bruns Verlag erschienen.

Neben den eigenen Werken übersetzten beide gemeinsam »Die Blumen des Bösen« von Charles Baudelaire. Der Band erscheint 1923. Margarete Bruns übersetzt noch weitere Werke, die ebenfalls im Bruns Verlag erscheinen. Zusammen bringen sie Gedichtbände von Eduard Möricke, Gottfried Keller und Johann Wolfgang von Goethe heraus.

Ich bin beeindruckt von dieser Verlagsarbeit. Ich bedanke mich bei Sven Thomas für den fesselnden Einblick in die frühe Buchproduktion seines Hauses. Er ist ähnlich beeindruckt vom verlegerischen Werk und Weitblick seiner Vorgänger wie ich. Ich nehme aber auch noch eine Spur mit, der ich in den nächsten Tagen intensiv nachrecherchiere.

Felix Paul Greve, der frühe Ratgeber der Verleger Gustav und Max Bruns, einige Jahre verantwortlich für das englischsprachige Programm bei Bruns, von dem sich Max dann irgendwann aus Misstrauen trennt, ist ein faszinierender Mensch. Überaus sprachbegabt, manischer Leser, Übersetzer und Autor, findet er im Mindener Verlag frühe Verbündete, die seinem »Riecher« und seinem Fleiß viel verdanken, er brachte den renommierten Science-Fiction-Autor H. G. Wells mit sechs Titeln zum Verlag, auch dank der Fürsprache von Max Bruns: »Lieber Vater, ich habe nun bis auf einen kleinen Rest

›Moreaus Insel‹ gelesen. Es ist eine grandiose Parodie auf das Schöpferthum, dass Menschentum, das Dasein … Ich halte für sehr möglich, dass wir, wenn ein anderer Verlag die Well'schen Bücher auf den Markt würfe, mit neidischem Bedauern von seinen Auflagenzahlen Kenntnis erhalten könnten. Es lässt sich mit solchen Büchern etwas machen; das ist mir gar keine Frage.«

Andererseits übersetzte Greve teilweise Bücher, ohne die Übersetzungsrechte zu haben. Mehrere fertig ins Deutsche übertragene Werke von Oscar Wilde konnten deswegen bei J.C.C. Bruns nicht erscheinen.

Greve selber, zunehmend dandyhaft unterwegs, beginnt nach homoerotischen Affären ein Verhältnis mit einer verheirateten Frau, bei deren Mann er sich wohl nicht unerhebliche Summen Geld leiht. Wahrscheinlich aus Eifersucht zeigt der ihn an und Greve muss für ein Jahr ins Gefängnis, was er in einem produktiven Rausch kompensiert. Allerdings muss er seine Übersetzungsarbeiten aus dieser Zeit größtenteils unter Pseudonymen veröffentlichen, da die Verlage nicht mit einem Häftling als Übersetzer auftreten wollen. Und seine Honorare wären unter seinem Namen auch gepfändet worden. Sein Salär war nach heutigen Maßstäben beträchtlich, er kam umgerechnet auf Summen, die heute 7.500 bis 10.000 Euro entsprächen. Später heiratet Greve seine Geliebte, fingiert seinen Tod und wandert nach Kanada aus. Er nimmt dort ein Pseudonym an: Frederick Philip Grove. Seine Frau reist ihm nach, aber die Ehe hält auf Dauer nicht. Greve qualifiziert sich und arbeitet erst als Lehrer, dann aber auch als Autor, und es heißt auf der Seite *uelex.de*, dem Germersheimer Übersetzerlexikon: »In den 1920er Jahren wurde er mit der Veröffentlichung von ›Over Prairie Trails‹ (1922), ›Settlers of the Marsh‹ (1925), ›A Search for America‹ (1927) und anderer Romane zum Begründer des kanadischen Prärieromans. Den Lehrerberuf gab er

1924 auf und zog 1929 nach Ottawa in die Provinz Ontario, um eine Stelle als Lektor beim Verlag Graphic Publishers anzunehmen.«

Für eine fingierte Autobiografie bekommt er 1946 den damals angesehensten kanadischen Literaturpreis. Greve stirbt als Grove 1948. Sein kanadisches Pseudonym wird erst 1973 aufgedeckt. Felix Paul Greve lebte bis über den Tod ein Leben, das selber im Grunde opulentester Romanstoff ist. Vielleicht sollte ich mit meinem Verleger darüber reden.

Doch zurück zum ostwestfälischen Verlagshaus, das seinem Übersetzer und Ratgeber Greve lange Zeit die Treue hielt. Walter Gödden, Gründer des *Museums für Westfälische Literatur* auf dem *Kulturgut Haus Nottbeck* schreibt über den J.C.C. Bruns Verlag: »Die Bedeutung des Mindener Provinzverlags war gleich in mehrfacher Hinsicht beachtlich. Und wurde doch lange Zeit marginalisiert und fast vollständig übersehen.«

Mademoiselle Docteur: Elsbeth Schragmüller

Elisabeth (kurz: Elsbeth) Schragmüller hat viele Namen. Man nennt sie »Mademoiselle Docteur«, »Fräulein Doktor«, »Fair Lady«, »La Baronne« oder »Mlle. Schwartz«. Die deutsche Meisterspionin, die sich hinter diesen Namen verbirgt, stammt aus Ostwestfalen. Sie wird 1887 in Petershagen geboren, in Schlüsselburg. Sie bleibt jedoch nur einen kurzen Teil ihres Lebens bei uns. Schon zwei Jahre nach ihrer Geburt wird der Vater nach Mengede versetzt. Aber das reicht nach meiner Theorie schon, sich unauslöschlich mit »Ostwestfalen« zu infizieren. Außerdem ist ihr Leben so spektakulär, dass ich hier nicht auf »Mademoiselle Docteur« verzichten möchte.

Sie wird später Führungsoffizier der legendären Mata Hari. Das erste Mal öffentlich sichtbar wird Frau Schragmüller im 1929 veröffentlichten Sammelband »Was wir vom Weltkrieg nicht wissen«. Sie analysiert dort rückblickend ihre Motive für das Beschreiten eines zu der Zeit noch ungewöhnlichen Bildungswegs: »Das, was der weiblichen Jugend damals an Wissenswertem geboten wurde, erschien mir oberflächlich.«

Zur Schulausbildung schicken die Eltern die Tochter zur Großmutter nach Münster. Die nimmt sie mit auf Reisen und weitet den Horizont der jungen Frau. Elsbeth studiert ab 1908 Staatswissenschaften in Freiburg. Sie ist damit eine der ersten Frauen in Deutschland, die einen Universitätsabschluss machen. 1913 promoviert sie sogar und wird eine der ersten »hochqualifizierten berufstätigen Frauen in Deutschland«, wie es auf der Website des Landschaftsverbandes Westfalen-Lippe heißt.

Nach dem Ersten Weltkrieg, nach ihrer Spionagetätigkeit, wurde sie die erste weibliche Lehrstuhlassistentin bei ihrem Doktorvater. Aus unerfindlichen Gründen bricht sie diese Karriere ab und zieht mit der Familie nach München. Sie stirbt dort 1940 im Alter von nur 52 Jahren, wahrscheinlich an Tuberkulose. Auf *heimatverein-mengede.de* lese ich: »Aus heutiger Sicht hat Elsbeth Schragmüller keine politisch korrekte Biografie. Sie war politisch rechtskonservativ, soweit sich dies bisher erschließen lässt. Falls sie nicht zu früh gestorben wäre, hätte man sie wahrscheinlich im Zweiten Weltkrieg wieder für den Geheimdienst herangezogen.« Ob sie eine überzeugte Nationalsozialistin gewesen ist, wisse man nicht.

Doch ihr Weg in die Welt der Spionage ist spannend. Nach ihrer Promotion wird sie zuerst Lehrerin für Staatsbürgerkunde in Berlin, aber sie hat ganz andere Ideen und Pläne. Durchdrungen von »patriotischem Enthusiasmus« versucht sie, an die Westfront zu gelangen, kommt nach Brüssel und setzt sich dort durch und beginnt, für das Militär zu arbeiten. Da sie Englisch und Französisch spricht, ist sie vielseitig qualifiziert. Eine ganz eigene Emanzipationsgeschichte beginnt. Sie mietet sich im Hotel ein, in dem auch Generalfeldmarschall von der Goltz residiert, und spricht ihn an. Ihr gelingt es, den Befehlshaber mehr als zu interessieren. Sie kontrolliert anfangs beschlagnahmte Briefe belgischer Soldaten. Ihre Berichte fallen auf, ihre Vorgesetzten wollen »Herrn Leutnant Schragmüller« kennenlernen, der zu ihrer Überraschung weiblich ist. Später wird sie vom Chef des militärischen Nachrichtendienstes eingesetzt als »Leiterin der Frankreich-Sektion der Kriegsnachrichtenstelle Antwerpen«, wie es Maik Baumgärtner und Ann-Kathrin Müller geschrieben haben in ihrem Band »Die Unsichtbaren – wie Geheimagentinnen die deutsche Geschichte geprägt haben«.

Unter anderem rekrutiert sie Deserteure als Agenten und baut eine »Deserteur-Agenten-Organisation« auf. Erste Mythen über sie machen die Runde, man spricht über sie nur als »Mademoiselle Docteur« und nur wenige kennen ihren wahren Namen. Angebliche Drogenabhängigkeiten und Aufenthalte in »Irrenanstalten« werden kolportiert. Diese »Sensationsberichte« will sie, auch aus patriotischen Motiven und für ein positives öffentliches Bild vom Nachrichtendienst korrigieren und sie schreibt, dass nur eines wirklich »richtig an den Artikeln und Beiträgen« sei über sie: »Eine Frau stand während des Krieges im deutschen Nachrichtendienst auf verantwortungsvollen Posten.«

Das nach außen Wirkmächtigste an ihrer Arbeit ist wohl, gemeinsam mit einem Kollegen die Ausbildung der Meisterspionin Mata Hari verantwortet zu haben. Margaretha Geertruida Zelle, 1876 in den Niederlanden geboren, nennt sich als Tänzerin Mata Hari. Ihr gelingt über Paris eine Weltkarriere, in lasziven Rollen, mit orientalisch konnotierten Schleiertänzen.

Das Leben von Elisabeth Schragmüller ist ein Aufstieg sondergleichen und man fragt sich, warum ihr Leben nicht längst als Thriller, sei es in Buchform oder als Film, bearbeitet wurde. Immerhin bekam sie bei mir eine Nebenrolle. In meiner Kinderhörspielreihe *Die Yurumi-Gang*, in der Folge »Der Schatz der Spionin«, habe ich die Geheimagentin und die Schragmüller-Villa eingebaut, Jahre bevor ich von ihrem ostwestfälischen Background wusste.

13 Fragen an Sabine Leutheusser-Schnarrenberger

Die gebürtige Mindenerin ist eine der führenden, profiliertesten, auch weit über die Parteigrenzen hinaus eine der beliebtesten FDP-Politikerinnen. Sie war Bundesjustizministerin von Januar 1992 bis Oktober 1996 in Kohls Kabinett IV und V und trat aus Gewissensgründen zurück, weil sie die Entscheidung für den »großen Lauschangriff« nicht mittragen wollte, die dann 2004 auch vom Bundesverfassungsgericht gekippt wurde. Sie übte dieses Amt ein zweites Mal aus, im Kabinett Merkel II von Oktober 2009 bis Dezember 2013. 23 Jahre lang war sie Bundestagsabgeordnete, sie ist engagiert in zahlreichen sozialen Vereinigungen, Verbänden und Stiftungen. Seit 2018 ist sie Antisemitismus-Beauftragte des Landes Nordrhein-Westfalen. Sie und ich waren beide Ensemblemitglieder der *Mindener Stichlinge*, heute des älteste Amateurkabarett in Deutschland.

Was verbindet Sie persönlich mit der Region Ostwestfalen-Lippe?

Der Geburtsort Minden, Schule, erste Liebe, Jugendzentrum. Alles, was zum Jungsein gehört.

Sind Sie »bekennende« Ostwestfälin?

Nein, ich laufe ohne regionales Bekenntnis durchs Leben.

Ostwestfalen-Lippe, was ist für Sie das Besondere dieser Region? Was zeichnet die Ostwestfalen aus?

Eine landschaftlich abwechslungsreiche Region, geschichtsträchtig; Ostwestfalen sind verlässlich, nicht unbedingt Redekünstler, aber mit klarer Kante.

Was ist das Charakteristische der Ostwestfalen?

Mit beiden Beinen fest am Boden stehen; außergewöhnliche kulinarische Vorlieben wie Stippgrütze und Steckrübeneintopf.

Was sind, falls überhaupt vorhanden, »ostwestfälische« Schwächen?

Der Ostwestfale kennt keine Schwäche, vielleicht fühlt er sich benachteiligt, da es ja für viele Menschen Bielefeld gar nicht gibt.

Was ist Ihr Lieblingsort in Ostwestfalen-Lippe?

Porta Westfalica mit dem Kaiser-Wilhelm-Denkmal, nicht sehr einfallsreich, aber unser Familienspazierweg-Ziel an vielen Sonntagen in meiner Kinderzeit.

Welche Produkte oder Firmen aus Ostwestfalen fallen Ihnen spontan ein?

Da gibt es doch zuallererst nur eines: Oetker und das Puddingpulver, ein mittelständisches Unternehmen, das uns alle satt macht. Natürlich Melitta, Schüco und Bertelsmann.

Was ist die für Sie wichtigste kulturelle Errungenschaft oder (Künstler-)Persönlichkeit aus OWL?

Für mich ist das Kabarett *Die Stichlinge* die wichtigste Kultur-Errungenschaft. Ein regionales Kabarett mit weit über OWL rausreichender Bedeutung. Ich war auch mal kurz dabei. Ostwestfalen können ironisch sein. Wer weiß das schon?

Haben Sie eine Anekdote/Erinnerung oder einen Moment, den Sie gern erzählen möchten?

Meine Eltern waren mit dem Buchhändler Klaus Marowsky befreundet, eine Institution in Minden, der 1971 sein hundertjähriges Jubiläum feierte. Sein Buch mit Anekdoten und einem Mindener Glossar »Hei dampet no!« ist einmalig. Wo gibt es das – ein spezielles Glossar für eine Stadt?

Gibt es Ihrer Meinung nach eine Kuriosität, eine Besonderheit, die einzigartig ist?

OWL ist so zentral wie kaum eine andere Gegend Deutschlands. Man ist schnell da und schnell wieder weg – in Amsterdam, in den nördlichen Hansestädten und im Osten in Polen.

Haben wir Humor? Sind wir witzig?

Ja klar, wenn man den Witz versteht. Die Ostwestfalen sind nicht die geborenen Spaßkanonen, aber lachen können sie.

Sind wir einzigartig?

Na ja, wer ist das schon, »speziell«, würde ich sagen.

Warum sind die Ostwestfalen – bei zwei Millionen Einwohnern – kein eigenes Bundesland geworden?

OWL im Norden von NRW gelegen ist eine wichtige Region, aber Bundesland zu sein, hängt nicht von der Einwohnerzahl ab. Ist doch kein Nachteil.

Von den Bohrmaschinen

Ich muss jetzt endgültig mal hier einziehen. Sieben Monate sind doch genug, um sich sicher zu sein, dass man in dieser Wohnung und dieser Stadt auch bleiben will. Von meinen ehemaligen Nachbarn in Dortmund habe ich kürzlich gehört, meine alte Wohnung sei immer noch nicht wieder vermietet. Ich könnte also theoretisch zurück. Aber dafür habe ich inzwischen doch schon zu viele Kisten ausgepackt.

Ich habe aber immer noch zwölf gänzlich unausgepackte Umzugskartons. In die habe ich noch nicht mal hineingeschaut. Bin gespannt, was in denen drin ist. Vielleicht sollte ich gar nicht reinschauen. Ich könnte sie quasi direkt entsorgen. Wie gesagt: Seit sieben Monaten bin ich hier und habe in dieser Zeit das, was da in den letzten zwölf Kisten drin sein könnte, noch nicht vermisst. Das könnte also weg. So weit die Theorie meiner Freundin. Meine Praxis ist anders. Meine Realität auch. Es ist auch Vorsicht im Spiel. Zum Beispiel: Ich finde immer noch überall Geld. In fast jedem Karton. Manchmal nur Münzen, manchmal aber auch was im Umschlag und auch gern mal mehrere Scheine. Und nicht nur Fünfer.

Aber es wird langsam wohnlich. Letzte Woche habe ich die ersten Bilder aufgehängt. Also, da wo ich die Nägel in die Wand bekommen habe. Ich habe eine Wand, die bringt mich zur Verzweiflung. In die krieg ich keinen Nagel rein, da müsste ich bohren. Aber ich denke, wenn ich den Nagel schon nicht in den Stein bekomme, dann muss ich doch irgendwann eine Fuge treffen. Jetzt sieht die frisch renovierte Wand mit meinen

Nagellöchern aus wie ein Schnittmuster für eine Herrenweste. Ich dachte die ganze Zeit: Irgendwann muss die Fuge doch kommen! Aber es kam nur Stein!

Ich bohre nicht gern. Ich bin Zimmermann. Ich schlage gerne Nägel ein, aber bohren ist so gar nicht meins. Ich besitze auch gar keine Bohrmaschine. Hier rundum in Ostwestfalen hat jeder seine eigene. Niemand bohrt, nachdem er eingezogen ist, pro Jahr noch mehr als fünf Löcher. Die Maschine läuft also höchstens zehn Minuten im Jahr. Die Bohrmaschinen in Privatbesitz laufen in ihrer gesamten Lebensarbeitszeit höchstens zwei bis drei Stunden. Es würde reichen, wenn sich ein gesamter Straßenzug eine Bohrmaschine teilen würde. Oder wenigstens eine Straßenseite. Aber wir sind hier in Ostwestfalen, hier braucht jeder seine eigene Bohrmaschine! Und noch mehr natürlich seinen eigenen Rasenmäher.

Bohrmaschinen- und Rasenmäher-Sharing wäre mindestens so vernünftig wie Carsharing. Meine Freundin hat das meinen Eltern und ihren Nachbarn neulich sogar mal vorgeschlagen. Da war was los! Seitdem gilt sie als Kommunistin. Meinen Eltern war das vor den anderen tatsächlich unangenehm, sie konnten es aber erklären: »Die kommt ja aus Niedersachsen!«

Havarie in Rheda: Luigi Colani

Eine der schillernsten Figuren Ostwestfalens wurde der Designer Luigi Colani. 1928 geboren, 2019 verstorben. Ein Mann mit Weltkarriere, aber in seinem Heimatland Deutschland durchaus umstritten – wie viele Visionäre. Er war mit seinem Denken und seinem Design seiner Zeit weit voraus. Und das zeigte er und vor allem sagte er es auch.

Aber wie kam der Berliner nach OWL? Der legendäre Designer stand damals noch am Anfang seiner Laufbahn, als er, so wird es berichtet, in den Sechzigerjahren auf der A2 mit seinem Auto liegen blieb. Er schob das »rostige Auto«, wie heute erzählt wird, die Abfahrt Wiedenbrück hinunter und rollte mit dem Gefälle dann auf den Hof des Motel-Restaurants *Druffel* an der Bielefelder Straße, wo er anschließend mehrere Jahre lang wohnen blieb. Er verliebte sich in den Ort wie in die Wirtstöchter. So weit die Legende. Die aber wird in zahlreichen Erzählungen bestätigt, vor allem durch den Sammler, Weggefährten und wohl auch zeitweisen »Kneipenbruder« Hans Schalück.

Heute ist nicht einmal strittig, aus welcher Richtung Colani kam. Er war auf dem Weg zu seinem Bruder in Recklinghausen. Er fuhr damals einen VW-Käfer, ein Autodesign, das seiner eigenen Formensprache wohl am nächsten kam.

Von 1964 bis 1972 war Colani hier an einer Schnittstelle seines Lebens. Familie Druffel unterstützte den insolventen Mieter, der bald schon ein aufregendes und sehr gut gefülltes

Auftragsbuch hatte. Schon vorher gelang mit einem Alfa Romeo GT mit seiner Karosserie ein Geschwindigkeitsrekord. Er arbeitete für namhafte Küchen- und Möbelhersteller, Poggenpohl und andere. Sein Schreibtisch für Flötotto wurde der bestverkaufte der Firma. Seit 2004 wird das berühmte Carolinen-Mineralwasser, mit Sitz in Bielefeld, in die von Colani legendär gestaltete Flasche abgefüllt. Mit dem futuristischen Carolinen-Truck als »Showroom« geht die Firma auf Promotion-Touren.

Melitta stellte ein Teeservice nach seinen Entwürfen her. Für Kinderlübke, eine vom Inhaber der Firmen COR und Interlübke gegründete Kindermarke, schuf er den Pulthocker »Zocker« – ein Verkaufsschlager.

Der Spiegel schrieb im März 1970 in einem Porträt: »›Warum denn eigentlich nicht?‹ ist Colanis liebste Frage. Bei Alkohol und Hasch arbeiten er und seine 13 Gestalter in dem ›absolut reizfreien‹ westfälischen Rheda fast 14 Stunden pro Tag an Neuprodukten. In Rheda hat Colani sich niedergelassen, weil eine Großstadt mit ihren Verführungen ›die Zeit zum Karrieremachen stiehlt‹.«

Zu Colanis neunzigstem Geburtstag wird Hans Schalück in der *Neuen Westfälischen* zitiert: »Legendär waren seine Lokalbesuche. In seinem mit Gips bekleckerten Arbeitsoverall, immer in Begleitung hübscher Mädels, gab er Lokalrunden und unterhielt die Gäste mit knackigen Sprüchen.«

Von 1972 bis 1981 entwickelte Colani seine Designfactory auf Schloss Harkotten im Münsterland. Er erlebte später größte Wertschätzung in Asien, leitete in Japan ein Team mit dreihundert Leuten, hatte in China mehrere Professuren für Design inne. Er arbeitete für Canon, Sony und Mazda. Er entwickelte Wohnwagen und Windkraftanlagen. Es gab eigentlich nichts, was er nicht neu formte und gestaltete.

Colani war immer streitbar. Die *Süddeutsche* schrieb 2019 in ihrem Nachruf: »Leise war er nicht.« Mit dem deutschen Design in der Nachfolge der Bauhaus-Ära rechnete er so ab: »Das deutsche Design war nie richtig. Seht euch die Waschbecken und Klos an, die hier gemacht werden: Wie kann so ein Idiot etwas eckig machen, wo ein runder Arsch draufkommt!«

Alles wurde bei ihm rund, von der Zahnbürste bis zum Wasserhahn, vom Katzenklo bis zu allem im Sanitärbereich, Fotoapparate, Uhren, Lastwagen, Flugzeuge, ein Minihaus für einen Menschen oder die Idealstadt.

Mit Luigi Colani zog damals ein Lebemann ein ins beschauliche Rheda. Heute versucht die Stadt Rheda-Wiedenbrück, in Erinnerung an Luigi Colani ein Museum aufzubauen.

Zu Recht, denn der sagte einst über sich selbst: »Ich bin mit Spreewasser getauft, später – mit allen Wassern gewaschen.« Diese Wasser waren zweifelsfrei ostwestfälisch, das Wasser der Rheda-Wiedenbrück durchfließenden Ems.

Wundersames Wirtschaftsland

Das große Feld der erfolgreichen Wirtschaft in Ostwestfalen-Lippe möchte und kann ich nur kurz anreißen. Auch hier gibt es Kuriosa. Die Firma TauRis aus Minden entwickelte beispielsweise eines der weltweit führenden Systeme für die elektronische Zeitmessung im Brieftaubensport. Die Firma Klaus aus Bünde wiederum produziert Spezialnahrung, Gritstein, für Taubensport und -zucht.

Weniger kurios, aber erstaunlich oder überraschend: Der Kondomhersteller Ritex sitzt in Bielefeld, genauso wie die Dr. Wolff Group mit der Marke Alpecin als Top-Produkt gegen Haarausfall. Die Maritim Hotelgesellschaft hat ihren Hauptsitz in Bad Salzuflen. Die Denios AG ist weltweit führend in Sicherheitstechnik und Gefahrstofflagerung. Die Reihe ließe sich beliebig weiterführen. Vielleicht kann ich das an anderer Stelle, eventuell in einem zweiten Band, ausführlicher darstellen.

Der Großraum Ostwestfalen-Lippe ist überwiegend geprägt vom Mittelstand. Dazu gibt es diverse Weltmarken, auf die man durchaus stolz ist, und daneben viele Hidden Champions, die kaum jemand kennt, oft seit Generationen in Familienhand. OWL ist einer der stärksten Wirtschaftsräume in der Bundesrepublik, und die bekannten Maschinenbauzentren in Baden-Württemberg und Bayern werben hier um Mitarbeiter.

Allein Gütersloh mutiert zur Weltstadt mit den Firmen Miele und Bertelsmann. Im benachbarten Harsewinkel ist der Stammsitz von Landmaschinenhersteller Claas mit den legendären hellgrünen Mähdreschern. Weitere bekannte Marken aus OWL sind Beckhoff, Gerry Weber, Dr. Oetker, Schüco, Weidmüller, Melitta und Gutfried. Nixdorf war lange ein weltweit führender Computerhersteller. Die Textilindustrie gehört zum Bielefelder Raum. Ostwestfalen ist ein Zentrum der Möbel-, besonders der Küchenmöbelindustrie. In Halle sitzt das Unternehmen Storck, das uns die Storck-Riesen und Werther's Original schenkte. Altendorf aus Minden ist Weltmarktführer für Formatkreissägen. Hartmann in Paderborn baut Tresore und ist führend in Europa. Harting in Espelkamp und Wago in Minden sowie Phoenix Contact in Blomberg sind weltweit führende Hersteller von Industriesteckverbindungen. In Espelkamp residiert das Unternehmen Gauselmann, das mit seinen Merkur-Spielautomaten eine Weltfirma wurde und dann selbst ins staatlich lizensierte Glücksspiel einstieg. Um Bünde war ein Zentrum der Zigarrenindustrie. Leonardo in Bad Driburg ist die erfolgreichste deutsche Verbrauchermarke für Glas und Geschenkartikel.

Aber auch in der Verlagslandschaft setzt Ostwestfalen Zeichen, der Splitter Verlag im Bereich der Comic-Produktion oder das letztlich aus Bielefeld stammende und heute in Berlin residierende Fußballmagazin *11 Freunde*. Mit Cornelsen (Bielefeld) und Schöningh (Paderborn) wurzeln zwei der führenden Häuser für Schulbücher in OWL. Pendragon verlegt exzellente Krimis und Romane in Bielefeld. Ebendort erscheinen die bekannten *Reise-Know-How*-Führer im gleichnamigen Verlag, die jeder schon genutzt hat, ich selber nutzte sie für Finnland, Bali und Vietnam, nur ein Ostwestfalen-*Reise-Know-How*-Buch fehlt im Verlagsprogramm.

Im ersten Eindruck dominieren die großen, auch international bekannten Player aus Ostwestfalen die Wahrnehmung dieses Wirtschaftsraums. Viele verbinden OWL ausschließlich mit ihnen, aber damit tut man den vielen kleinen und mittleren, äußerst erfolgreichen Unternehmen unrecht. Verlage, Logistik, Medien, Maschinenbau, all die gehören mit zu den zahlreichen ostwestfälischen Erfolgsgeschichten.

Vielleicht brauchen wir für eine komplette Darstellung des kuriosen Ostwestfalen wirklich einen zweiten Band. Vielleicht zusammen mit dem Thema Sport – Handball, Fußball, Rudern, Boxen, selbst bis hin zum umstrittenen Stierkampf –, das ich in diesem Buch leider auch nicht mehr ansprechen kann ...

Auf ein Wort

»Ich bin in Gütersloh geboren. Ja, ich kenne die Witze über diese Stadt. Ich kenne den letzten Cowboy, der aus Gütersloh kommt. Und ich kenne diesen Witz: Treffen sich die Familien Mohn und Miele. Sagt Herr Miele: ›Ich überlege, ganz Gütersloh zu kaufen.‹ Sagt Frau Mohn: ›Wir verkaufen aber nicht.‹«

***Jörg Sundermeier**, Journalist und Verleger, Mitinhaber und Gründer des Verbrecher Verlags, stammt aus Verl-Bornholte (zitiert aus »Heimatkunde Ostwestfalen«)*

Die »Big Five« von OWL

Wer Afrika bereist, will vor allem die »Big Five« sehen, die »Großen Fünf«, als Sehnsuchtsziel und Reisehoffnung. Diese »Big Five« dort sind Elefant, Nashorn, Büffel, Löwe und Leopard.

Natürlich hat auch Ostwestfalen seine – beziehungsweise meine – Big Five, und zwar in mehrfacher Hinsicht. Anders als in Afrika, wo die Sichtung fast immer vom Glück abhängt, kann man bei meinen Big Five in den verschiedenen Kategorien jeweils sicher sein, dass sie zu sehen sind. (Oder dass man sie im Laden findet und als Erinnerung kaufen kann.)

Die Externsteine stehen beispielsweise seit Jahrtausenden im Teutoburger Wald und können dort jederzeit und sogar zu jeder Tages- und Nachtzeit besucht und besichtigt werden. Man muss nur hinfahren. Man muss nicht verzweifelt in der Steppe auf das Auftauchen der Löwen warten. Man muss nicht im Jeep auf staubigen Pisten stundenlang reisen und kehrt dann am Abend vielleicht doch enttäuscht zurück, weil man lediglich drei Klumpen Elefantenkot entdeckt hat und auch nur die fotografieren konnte.

Die von mir benannten Landmarken und Gebäude, Marken und Produkte sind gleichzeitig *meine* ganz persönliche Auswahl, komplett subjektiv – aber von mir dringend empfohlen.

Meine Big Five der ostwestfälischen Wahrzeichen

Hermannsdenkmal

Porta Westfalica mit Kaiser-Wilhelm-Denkmal

Externsteine, Horn-Bad Meinberg
Großer Viadukt, Altenbeken
Wasserstraßenkreuz Minden

Letzteres ist mein *Special-Tipp*: Hier wird in Minden der Mittellandkanal über die Weser geführt, ein Gewässer kreuzt ein Gewässer, ein Kanal wird über einen Fluss geführt. Bis 2003 war das einmalig in Deutschland. Am 10.10.2003 wurde östlich von Magdeburg dann als Zweites die Überführung des Mittellandkanals, dort über die Elbe, freigegeben. Über Schleusen können hier wie dort Schiffe vom Kanal zu den Flüssen wechseln und umgekehrt.

Meine Big Five der ostwestfälischen Flüsse

Weser
Ems
Lippe
Pader
Werre

Meine Big Five der ostwestfälischen Volksfeste

Libori-Fest in Paderborn
Blasheimer Markt in Lübbecke
Leinewebermarkt in Bielefeld
Blaues Band der Weser in Minden
Annentag in Brakel

Meine Big Five der Firmen aus OWL

Miele, Gütersloh
Melitta, Minden
Bertelsmann, Gütersloh
Dr. Oetker, Bielefeld
Claas, Harsewinkel

Meine Big Five der ostwestfälischen Produkte

Seidensticker-Hemden aus Bielefeld
Thusnelda-Bier aus der Brauerei Strate, Detmold
Ritex-Präservative, Bielefeld
Dannemann-Zigarren, Lübbecke
Melitta-Filtertüten aus Minden

Kleine Anekdote am Rande: Ich bin in Minden groß geworden mit dem wunderbaren Kinderreim: »Willst du Schwangerschaft verhüten, nimm Melitta-Filtertüten.« Wir wussten nicht ansatzweise, was wir da sagten, aber wir fanden es großartig. Besonders natürlich durch die Reaktionen der Erwachsenen.

Meine Big Five der überraschendsten Museen

Sackmuseum, Nieheim
Museum für Kindheits- und Jugendwerke bedeutender Künstler, Halle
Heringsfänger-Museum, Heimsen
Besucherbergwerk und -museum, Kleinbremen
Klosterbibliothek des Mittelalters, Corvey

Meine Big Five der Ostwestfalen-Bücher

Jörg Sundermeier: »Heimatkunde Ostwestfalen«
Ella Carina Werner: »Die mit dem Bauch tanzt«
Edgar Selge: »Hast du uns endlich gefunden«
Elina Penner: »Nachtbeeren«
Carla Berling mit der Trilogie »Minna«, »Hanne« und »Romy«

Meine Big Five der ostwestfälischen Spirituosen

Steinhäger aus Steinhagen
Schinkenhäger, auch aus Steinhagen
Boonekamp Heimatwasser aus Verl

Moorbrand aus Hille
Lipper Schütze aus Lemgo
Strothmann Weizenkorn aus Minden

Ja gut, das sind sechs, aber nach fünf Schnäpsen zählt man halt nicht mehr so genau.

Die Bielefeld-Verschwörung? Gibt's doch gar nicht!

Eine große Bitte an alle außerhalb Bielefelds: Bitte sagt *nie wieder* den abgestandensten Satz der Republik: »Bielefeld existiert doch gar nicht!« Jeder sagt das immer noch mit Stolz und einem Impetus, als sei er der Erste, der um das Geheimnis weiß und das Phänomen enthüllt. Dabei kann man es wirklich nicht mehr hören! Vor allem nicht als Bielefelder. Das ist auf demselben Nervniveau wie die Tatsache, dass ich mir als Finnlandfan und -kenner immer wieder anhören muss: »Wie heißt Sonnenuntergang auf Finnisch? – Helsinki! Har, har, har!« Der abgestandenste Satz über Nordeuropa. Aber jeder, der ihn zu mir sagt, denkt natürlich, dass noch nie zuvor irgendjemand anderes diesen Scherz gemacht haben könnte. Aber es waren Hunderte! Und so verhält es sich auch mit der Bielefeld-Verschwörung. Nur waren es hier Tausende und es sind immer noch viel zu viele, die diesen Satz in die Welt blasen. Alle Bielefelder sind genervt vom scheinbar größten deutschen Mysterium – das auch gleichzeitig die größte Eigendynamik entfaltete.

Angeblich war es auf einer Party in Kiel im Jahr 1993, als jemand, gefragt, wo er herkäme, harmlos und wahrheitsgemäß mit »Bielefeld« antwortete. Ein anderer, der noch nie in Ostwestfalen gewesen war, geschweige denn in dessen Metropole, habe trunken entgegnet: »Bielefeld? Das gibt's doch gar nicht.«

An diesen Satz erinnerte sich Wochen später der damals in Kiel anwesende Informatikstudent Achim Held, als er an

Bielefeld vorbeifuhr, aber die Abfahrt gesperrt war. Er lachte – und postete das Phänomen Wochen später im Usenet, dem Vorläufer des Internets. Er wollte sich damit lustig machen über Verschwörungstheorien und -schwurbelei. In einem *Spiegel*-Interview im Jahr 2014 sagt Achim Held: »Mein im Internet veröffentlichter Text ›Die Bielefeld-Verschwörung‹ war ja von Anfang an als Satire gedacht.« Held schreibt von den unbekannten »sie«, die das alles mit größtem Aufwand inszenierten: »Einige Leute behaupten sogar, in Bielefeld studiert zu haben, und können auch gut gefälschte Diplome und Ähnliches der angeblich existenten Uni Bielefeld vorweisen. Auch der ehemalige Bundeskanzler Gerhard Schröder behauptet, 1965 das ›Westfalen-Kolleg in Bielefeld‹ besucht zu haben.«

Spannend wie lustig ist, was Held eingewoben hat, sogar ein Zitat aus der legendären TV-Serie *Raumpatrouille Orion*, in dem die »außerirdischen Frogs« sogenannte »Telenosestrahlen« einsetzten, um über den Bordcomputer die an diesem Gerät Arbeitenden zu manipulieren. Held: »Immer wieder verschwinden Menschen, gerade solche, die sich öffentlich zu ihren Bielefeld-Zweifeln bekannt haben, nur um dann nach einiger Zeit wieder aufzutauchen und zu behaupten, sie seien in Bielefeld gewesen. Womöglich wurden einige Opfer sogar mit Telenosestrahlen behandelt.« Herrlich!

Wie im Rausch scheint Achim Held geschrieben zu haben und er dekliniert ganz Bielefeld durch, von gefälschten Postleitzahlen bis zur Arminia: »Auch der DFB ist in diesen gewaltigen Skandal verwickelt, spielt in der ersten Liga doch ein Verein, den SIE Arminia Bielefeld getauft haben, der innerhalb von zwei Jahren aus dem Nichts der Amateur-Regionen im bezahlten Fußball auftauchte und jetzt im Begriff ist, sich zu IHRER besten Waffe gegen all die Zweifler zu entwickeln. Den Gästefans wird vorgetäuscht, mit ihren Bussen nach Bielefeld zu kommen, wo sie von IHNEN abgefangen werden, um direkt ins Stadion geleitet zu werden. Es besteht keine Chance, sich die Stadt näher anzuschauen, und auch die Illusion des Heimpublikums wird durch eine größere Menge an bezahlten Statisten aufrechterhalten.«

Held schließt seine herrlich mäandernden Gedankengänge mit der Aufforderung: »Bekennt euch alle immer offen, damit SIE merken, daß wir uns nicht länger täuschen lassen: Bielefeld gibt es nicht!!!«

Die Meldung wurde zum Selbstläufer. Eine wunderbare Spielerei begann, die gesamte Bundesrepublik zu erfassen. Es entwickelte sich die kollektive Vereinnahmung eines witzig-abstrusen Gedankens, der von einer Website aus eine nie gekannte Eigendynamik entwickelte. Nach heutigen Maßstäben, mit aktuellem Vokabular würden wir sagen: Die Meldung ist viral gegangen. Selbst Kanzlerin Merkel zitierte das flirrende Gedankenspiel. *Die Welt* berichtete 2012, Merkel habe in der Berliner Akademie der Künste gesprochen und von einer Tagung in Bielefeld erzählt und angefügt: »... so es denn existiert.« Vielleicht war es das schallende Gelächter des Auditoriums, das die mehr als ironiebegabte Kanzlerin spontan ergänzen ließ: »Ich hatte den Eindruck, ich war da.« Und sie schloss mit: »Ich hoffe, ich darf wieder hinfahren.«

Mischa-Sarim Vérollet, ehemaliger Slampoet, in Bielefeld aufgewachsen, vertrat dagegen die These, die Bielefelder hätten die Bielefeld-Verschwörung selbst lanciert, um Ruhe vor der Welt zu haben, was eine durchaus ostwestfälische Denke und Handlungsweise gewesen sein könnte.

Weitere Ideen, Beiträge, Interpretationen und neue Theorien kamen auf. Bielefeld sei das Tor zu Atlantis. Außerirdische würden ihr Raumschiff als Universität Bielefeld tarnen. Ein nie da gewesener Hype, der Aufnahme ins Guinness-Buch der Rekorde hätte finden müssen. Schneller und nachhaltiger hat sich kein Witz je verbreitet.

Mit den Jahren allerdings nutzten sich Glanz und Neuigkeitswert ab und nicht erst seit 2023, dem dreißigsten Jahr des Scherzes, kann es kein Bielefelder mehr hören.

Die Stadt selber hat das Phänomen aufgegriffen, schon aus Notwehr. Bielefeld Marketing startete zum 25. »Geburtstag« der Verschwörung eine Kampagne, um den Satz zu nutzen, aber auch zu widerlegen, und sicher auch, um das Phantom zu bändigen. Bielefeld lobte eine Belohnung aus: Eine Million für den, der beweist, dass es Bielefeld nicht gibt. Der Slogan hieß: »Die #Bielefeldmillion – Das Ende einer Verschwörung.« Berichte darüber gab es weltweit, in den USA, Kanada, China, Japan, Neuseeland und zahlreichen anderen Ländern, in namhaften Medien von *Tagesschau* bis *New York Times*. Das Unternehmen Dr. Oetker twitterte: »Wir legen noch 1 Million Puddingtütchen obendrauf.« Arminia Bielefeld bot dort unter dem Hashtag *#immerdabei* sogar einen Kaderplatz in der Bundesligamannschaft.

Ein schöner Tweet kam von der Uni Paderborn: »Wir haben echt versucht, die Bielefeld-Verschwörung wissenschaftlich zu beweisen und damit unseren Status als Nummer eins in OWL (nicht nur im Fußball, Smiley) zu festigen. Aber wir sind – und das geben wir heute ehrlich zu – gescheitert. Am Ende jedes mathematischen Beweises und jeder wissenschaftstheoretischen Betrachtung stand: Es gibt euch wirklich! (Smiley)« Und wenn Paderborner das über Bielefeld sagen und eingestehen, dann will das was heißen!

Natürlich gewann niemand die Million, die Bielefeld-Verschwörung sollte damit Geschichte sein. Folgerichtig widmete ihr die Stadt Bielefeld einen offiziellen Gedenkstein. Aber ob das wirklich das Ende der Legende ist, wird erst die Zukunft weisen.

Den schönsten Kommentar, den endgültigen Witz zum Thema zeichnete der Bielefelder Cartoonist Ralph Ruthe: Ein Bielefelder steht im Winter neben seinem Ortseingangsschild, auf dem sich etwas Schnee türmt. Er starrt erstaunt nach oben, denn von dort kommt der Weihnachtsmann mit Rentier vor dem Schlitten. Der schaut genauso verdutzt wie sein Rentier auf das Ortseingangsschild. Der Bielefelder und der Weihnachtsmann teilen sich die Sprechblase und sagen im gegenseitigen Erkennen aus einem Mund: »Gibt's doch gar nicht!«

Eigentlich muss einem nicht bange sein um die Welt, wenn solch ein Spaß schneeballmäßig um den Planeten Erde rollt.

Der Bäcker aus Bielefeld: Rüdiger Nehberg

Ich sitze schon wieder an meinen Bücherkisten. Ich packe drei Bände von Rüdiger Nehberg aus. Auch »Sir Vival« kommt aus OWL. Rüdiger Nehberg war, wie man immer wieder las, »der bekannteste Überlebenskünstler Deutschlands«. Gleichzeitig wurde er einer der wirkmächtigsten Aktivisten für Menschenrechte in Deutschland.

Der Mann, der alles isst, war zuerst Bäcker und Konditor. 25 Jahre lang führte er eine Konditorei in Hamburg mit fünfzig Mitarbeitern, ein finanzieller Rückhalt für seine zahlreichen Expeditionen, die er unternahm. Mit einem Floß war er auf dem Nil unterwegs, zu Fuß in der Wüste, als junger Mann schon unternahm er Radtouren »um die halbe Welt«. Weiter kam keiner. Nehberg ist sehr wahrscheinlich der weitest gereiste Ostwestfale.

Geboren am 4. Mai 1935 in Bielefeld, starb er 2020 in Schleswig-Holstein. Seine letzten Jahre widmete er intensiv dem Kampf gegen weibliche Genitalverstümmelung, Jahrzehnte engagierte er sich für das indigene Volk der Yanomami.

Seine erste Expedition beginnt er mit vier und er beschreibt und benennt sie vielfach als den Ausgangspunkt für sein abenteuerliches Leben und wagemutiges Unterwegssein: Er wandert quer durch Bielefeld. Das Ziel ist Omas Haus mit dem vielen Trockenobst. Die Familie vermutet ihn im Bielefelder Tierpark Olderdissen, wunderschön im Teutoburger Wald gelegen. (Die Aussprache vor Ort lautet: »Ollerdissen«, denn, siehe S. 11, es werden in Ostwestfalen nicht alle Buchstaben gesprochen, die man zur Verfügung hätte.) Dort füttert er gerne die Wölfe.

Als man sein Fehlen bemerkt, ist die erste Frage: Hat Rüdiger Leberwurstbrote mitgenommen? Nein! Dann ist er nicht bei den Wölfen. Die zweite: Ist er bei Oma? Nein! Auch nicht heimlich? Angeblich zählt seine Großmutter daraufhin sogar die getrockneten Apfelscheiben durch. Nein, er war auch nicht heimlich bei Oma.

Am nächsten Morgen entdecken ihn Passanten unter einem Rhododendronbusch. Der Anfang seiner lebenslangen abenteuerlichen Wanderungen ist gemacht.

Seine Autobiografie nutzt der Ostwestfale zu Statements: »Alle Menschen sind Patrioten. Nur ich nicht. Ich bin Kosmopolit.«

Das Kapitel »Wandertrieb« überschreibt er mit dem Satz: »Misserfolge sind nur misslungene Erfolge.« Und der erste davon führte ihn unter einen Rhododendron in Bielefeld.

Ein Klassentreffen: Ingolf Lück und Jürgen Rittershaus

Dieses Interview war keines, eher ein Klassentreffen, und das, obwohl ich beide vorher nicht persönlich kannte. Weder war ich der TV- und Comedy-Legende Ingolf Lück jemals begegnet noch Jürgen Rittershaus, dem Erfinder der Bielefelder Kultfigur Heinz Flottmann. Ingolf Lück schwärmt: »Eine großartige Figur, die jeder Bielefelder kennt. Jeder weiß, wer Heinz Flottmann ist, weil er entweder mal 'ne Führung gemacht hat mit ihm, 'ne Stadtführung, 'ne Friedhofsführung, oder weil er die Kolumnen in der Zeitung liest und so weiter.«

Die beiden Bielefelder Theatermacher kennen sich lange. Sie haben hier zur etwa gleichen Zeit die ersten Schritte auf die Bühne gemacht. Jürgen ist in Bielefeld geblieben, Ingolf lebt schon lange in Köln. Seine Heimatstadt aber besucht er regelmäßig und fährt zu seinen Eltern.

Wir treffen uns bei Jürgen zu Hause. Wir drei brauchen keine Minuten Anlaufzeit, um in ein witziges, intensives, aber auch vertrautes Gespräch zu finden. Es ist das Brüder- und Schwesterliche unter Ostwestfalen zum einen, zum anderen ein ähnlicher Erfahrungsschatz sicher auch, das gleiche Alter und eine vergleichbare Kultursozialisation, damals die Neugier auf Theater. Die Spiel- und Experimentierfreude der Anfangsjahre haben sich die beiden Profis bis heute erhalten.

Bielefeld war damals ein kleiner Schmelztiegel. Ingolf erzählt so stolz wie amüsiert: »Hans Zippert war in meiner Klasse und wir hätten natürlich nie gedacht, dass er irgendwann einmal für Springer schreibt.«

Die jungen Bielefelder Theatermacher und Autoren wohnten damals in einer Wohn- und Arbeitsgemeinschaft in der Elsa-Brändström-Straße. Ingolf erinnert sich: »Zippert und einige andere produzierten das Satire-Magazin *Dreck*. Die anderen haben Theater gespielt. Dazu gehörte ich. Wir wohnten alle in einer riesen Zehner-WG.«

Sofort beginnt ein typischer ostwestfälischer Dialog, denn alles muss verortet werden.

Jürgen sagt: »Ihr habt in dem Eckhaus da gewohnt, ne?«

»Nee, wir haben direkt neben der *Bunten Liste* gewohnt, wo jetzt der Parkplatz ist.«

»Ja, ist das nicht das Eckhaus?«

»Nee, das ist eins vorm Eckhaus.«

»Ah. An der Bahn da?«

»Ja, direkt«, sagt Ingolf und hat sofort wieder eine Geschichte parat: »An der Bahn da« meint die Hauptstrecke der Bahn, zwischen Dortmund und Berlin. Er habe die Züge gar nicht mehr gehört, so habe er sich dran gewöhnt. »Nur wenn der Vieruhrfünfziger, der Ost-West-Express, Warschau-Paris, drei Minuten Verspätung hatte, *dann* bin ich aufgewacht!«

Ingolf ist ein pointensicherer Geschichtenerzähler, wir sind fröhliches Publikum.

Ich frage nach den Wurzeln der Familie. Ingolfs Vater wollte Operettensänger werden, hat aber nach der Kriegsgefangenschaft eine Ausbildung als kaufmännischer Angestellter gemacht. »Der war der Erste aus der Familie Lück, der 'nen Anzug anhatte, wenn er zur Arbeit ging. Für meine Omi war das toll. ›Günter hat 'nen Anzug an.‹ Mein Großvater war Schlosser. Meine Mutter war dann auch kaufmännische Angestellte und hat da halbtags gearbeitet. Die beiden, Vater 26er-, Mutter

29er-Jahrgang, haben sich in einem Meisterchor kennengelernt.«

Ingolfs heute betagter Vater hat in vielen Chören gesungen, »bis vor Kurzem noch im Bielefelder Shantychor.«

»Hat das abgefärbt auf dich?«

»Offensichtlich ja, wir haben in Drei-Zimmer-Küche-Bad gewohnt. Mein Vater hat immer zu Hause gesungen mit einem Kissen vor dem Mund, wegen der Nachbarn.«

In seinem expressiven Naturell springt Ingolf immer wieder auf, spielt seine Erinnerung, springt in die Rolle der Protagonisten seiner Erzählungen, jetzt singt er mit den Händen als Kissen vorm Mund. »Ich behaupte, ich könnte heute noch die meisten Opernarien – leider gibt es *Wetten, dass …?!* ja nicht mehr – durch ein Kissen gesungen erkennen.«

Ingolf hat in Bielefeld auch studiert. Deutsch, Philosophie und Pädagogik, »aber nicht zu Ende gemacht, weil dann schon immer mehr die Bühne kam. Mit Ewald Lienen hab ich im Pädagogik-Seminar gesessen.«

Beide, Jürgen und Ingolf schwärmen von der damaligen Zeit. Die große Campushalle der Universität Bielefeld war für sie als Theatermacher fantastisch.

Ingolf sagt: »Wir konnten dann immer einfach dahin gehen, uns mittags vors Audimax oder vor die Mensa stellen, und hatten immer Publikum. Überdachtes Straßentheater!«

Jürgen Rittershaus ist in Berlebeck aufgewachsen und erzählt von seinen Kindheits- und Jugendjahren. »Wir hatten wenig Geld zu Hause, obwohl mein Vater auf dem Finanzamt war. Wir haben dann noch Heimarbeit gemacht.«

Für die Firma Weidmüller, nach dem Krieg in Berlebeck angesiedelt, jetzt ein Weltunternehmen mit Sitz in Detmold. »Mit der ganzen Familie wurden Elektroklemmen montiert.«

Verwandte hätten in Heimarbeit für Ritex Präservative zusammengerollt, berichtet er. Ingolf und ich staunen, dass auch das mit Hand in Heimarbeit gemacht wurde. Jürgen sofort: »Da stand ja auch drauf: ›Von Hand getestet‹.«

Jürgen kam durch das Studium nach Bielefeld und gründete mit anderen das *Trotz-Alledem-Theater*: »Wir waren am Anfang zehn oder noch mehr Leute. Wir wollten nicht arbeiten in dem, was wir studiert haben, sondern wollten probieren, von der Kunst zu leben.«

»Im Grunde sind wir die erste Generation, die das wollte und das auch verwirklicht hat«, fügt Ingolf an.

Jürgen schlug sogar eine Referendariatsstelle aus. »Ich hatte schon im Studium gemerkt, dass es mir überhaupt nicht liegt, in der Schule Leute zu motivieren. Wo Leute sitzen, die keine Lust haben.«

Ingolf wirft ein: »Die keinen Eintritt zahlen!«

Das *Trotz-Alledem-Theater* ging dann mit »Was heißt hier Liebe?« auf Tour.

»Wir fingen mit Jugendtheater an, Kindertheater kam dazu und dann hab ich auch so Kabarettgeschichten gemacht.«

Wir drei haben zu ähnlicher Zeit einen ähnlichen Weg beschritten. Wir erinnern uns an unsere Idole, an die Vorbilder dieser Zeit.

Ingolf sagt: »Es gab *Die 3 Tornados*, das *Frankfurter Fronttheater, Karl Napps Chaos Theater* und es gab ein paar Holländer. Anfang der Achtziger hab ich ein Projekt gehabt, das hieß *Das totale Theater*, ein Rocktheater. Wenn wir aufgetreten sind, in Einbeck oder so, dann kamen da vierhundert Leute. Die hatten noch nie von uns gehört, aber es war eben damals keiner sonst auf Tour. So was gab es noch gar nicht so richtig.«

Er berichtet weiter: »Mit meinem Freund Andreas Liebold

hab ich Kindertheater gemacht, aber nicht aus dem Impetus, den ich euch unterstelle, Jürgen, also emanzipatorisches Jugendtheater zu machen, sondern wir hatten erfahren, dass das Kulturamt Bielefeld für jede neue Produktion 500 Mark gibt. Wir haben dann auch Kinderzirkus gemacht.«

Ingolf erzählt vom Auftritt in Werne »auf dem Rocktheater-Festival. Wir als Amateurgruppe, dann kam *N8schicht* und dann *Die Erste Allgemeine Verunsicherung*. Die hatten einen 7,5-Tonner mit Hebebühne und ihre Klamotten waren in Flightcases. Da hingen die Kostüme alle drin, der Reihe nach und trocken. Dann haben wir gedacht: Boah, das wollen wir auch.

Ich bin dann zu *N8schicht* hin, zu Fritz Eckenga, und hab gesagt: ›Du, wir machen das so amateurmäßig, ich will das aber beruflich machen. Kann ich nicht bei euch einsteigen?‹, Und da hat Fritz in seinem Dortmunder Slang gesagt: ›Nee du, wir nehmen nur *Proffis*!‹«

Als ich am nächsten Tag bei Fritz Eckenga anrufe und nach dieser Geschichte frage, kann der das nicht glauben: »Kann nicht sein. Ich fand Ingolf und *Das totale Theater* doch saugut. Die haben in dieser niederländischen Fools-Tradition gespielt.«

Ingolfs Orientierung war das niederländische Clownstheater, Jango Edwards und Pigeon Drop. Die beiden Ostwestfalen haben ihre Kunst aus sich heraus entwickelt. Jürgen sagt: »Hier und da mal ein Workshop oder Stimmunterricht, aber es gab nie eine zielgerichtete Ausbildung.«

Wir reden auch über unsere älter werdenden oder schon verstorbenen Eltern. Ingolfs Mutter wird 92. »Ich fahr einmal die Woche hin und koche was. Das machen sonst alles meine Schwestern, die sind alle da.«

Sein Vater ist, nachdem er mehrfach gestürzt war, ins Heim gezogen. »Meine Mutter besucht ihn jeden Tag. Mein Vater fühlt sich da sehr wohl und singt viel, auch vom Balkon. Neulich hat sich eine neue Pflegerin vorgestellt: ›Guten Tag, ich bin die Tina.‹ Da hat mein Vater gesagt: ›Tina, was kosten die Kondome?‹ Und da haben die sich im Heim etwas Sorgen gemacht, aber mein Vater hatte sich auf diesen Sketch in den Neunzigern bezogen, wo ich in einer Aufklärungskampagne schüchtern Kondome kaufen will und Hella von Sinnen an der Kasse brüllt durch den Laden: ›Tina, watt kosten die Kondome?!‹«

Bei all der schönen Nostalgie vergesse ich fast meine Frage: Wie ist er denn nun, der Ostwestfale?

Jürgen antwortet sofort: »Ich sag immer: Der Ostwestfale ist nicht stur, er ist ein emotionaler Energiespartyp und damit ein nachhaltig zukunftsfähiges Mentalitätskonzept.«

Ingolf darauf: »Wenn dein Navi mal nicht geht, wenn du in Köln dann jemanden nach dem Weg fragst, dann erzählt er dir 'ne halbe Stunde was am Autofenster. Du weißt nachher nicht den Weg, aber du kennst seine komplette Lebensgeschichte.«

Jürgen sinnt: »Das hast du hier nicht.« In einem Song formulierte er das mal so: »Fremder, kommst du mal nach Ostwestfalen, sprich da besser keinen an, denn die da in Ostwestfalen sind sehr scheu und erschrecken sich dann.«

Hat der Ostwestfale schlechte Eigenschaften?

Erste Antwort: »Bestimmt!«

Dann allerdings schweigen die beiden.

Bis Jürgen sagt: »Es gibt Unterschiede zwischen den Älteren und den Jüngeren. Die Jüngeren sind ein bisschen mehr geöffnet. Alte Nachbarn liefen mit der Heckenschere hinter uns her und riefen: ›Ich schneid euch die Ohren ab.‹ Das war auch keine Ironie. Das waren humorlose dröge Leute, die nur auf sich und ihr Grundstück geachtet haben.«

Eine Erinnerung, die uns drei eint: Alles, was neu war, war schlecht und wir mit den langen Haaren sowieso. Die Strukturen waren sehr verknöchert. Dagegen mussten wir angehen.

Was ist denn nun das Besondere am Ostwestfalen?

Ingolf ist mit einer Ostwestfälin verheiratet, die er bei Dreharbeiten kennenlernte. Er erzählt: »Sie war Requisiteurin. Ich fand das toll, wie die spricht. Heimat ist Sprache. Wenn ich bei Mutter aufwache und ich hör die Straße, die Gespräche und ich hör die Färbung und das, ist das Heimat. Die sprechen wie ich und das ist schon klasse.«

Ist angesichts unseres lebhaften Gespräches der wortkarge Ostwestfale nur ein Klischee?

Wir stellen fest, dass es stille Verbindungen gibt, wortlose Absprachen, ein stummes Verständnis. Ingolf erzählt: »Wenn ich irgendwo mit Abdelkarim auftrete und da sind dann noch andere dabei, aus Berlin, Hamburg, dann quatschst du mit den Berlinern, mit den Hamburgern und so. Aber Abdel und ich, wir brauchen immer nur sagen: ›Brackwede‹, ›Stieghorst‹. Jau, alles cool. Wir reden dann gar nicht viel, man sitzt dann so zusammen und hat 'ne Bauchverbindung.«

Immer wieder hat er mit Thomas Lienenlüke zusammengearbeitet: »Aus Bielefeld-Brackwede, großartiger Mann. Hat mir viele Programme geschrieben, auch Stücke für mich.«

Abschließend frage ich auch die zwei nach einer möglichen Eigenständigkeit Ostwestfalens. Jürgen ist skeptisch: »Kommt der Rheinländer denn allein zurecht? Ohne uns, ohne die Westfalen fehlt die Korrektur. Ich glaube, der Rheinländer braucht uns, damit er immer wieder auf den Boden der Tatsachen kommt.«

Für Ingolfs Antwort muss man wissen, dass Fabian Klos Rekordspieler und -torschütze von Arminia Bielefeld ist: »Ich bin froh über diese Frage, denn ich arbeite schon seit Jahren verdeckt investigativ an dieser Korrektur unserer föderalen Zwangsstruktur. Über zwei Millionen Ostwestfalen haben es mehr als verdient, nachhaltig sichtbar zu sein. Wir fordern unser eigenes Bundesland Ostwestfalen. Wir fordern eigene bürokratische Apparate, abgekoppelt vom hierarchischen Diktat einer rheinischen Altbierstadt. Unser Ambrosia soll das Herforder Pils sein, unser Nektar der ostwestfälische Wurstebrei. Unser Wappen ziert der Arminius: Links umarmend seine barbiehafte Thusnelda, die ostwestfälische Urmutter, und in der Rechten trägt er sein Schwert in Form eines ausgestreckten Puddinglöffels. Unser Ministerpräsident muss von hier wech sein und wird auf Lebenszeit auserchoren. Er sollte Fabian Klos heißen! Und wenn der Fabi keine Zeit hat, na gut ... Es hat mich offen gestanden schon immer so richtig dolle in die Politik gezogen.«

Meine Stimme hat er. Und ich kann mir sehr gut auch ein Führungsduo vorstellen: Ingolf Lück mit Heinz Flottmann!

»Dreck« aus Bielefeld

Vor mir liegt es, das *Dreck*-Magazin, Heft 16, erschienen im März 2020. Die legendäre Satirezeitschrift aus Bielefeld. Wiederauferstanden von den Toten. Sitzend zur Rechten der satirischen Götter *Titanic* und *Eulenspiegel*. Oben rechts in der Ecke steht: »endlich teurer: 9 Euro«. Untertitelt ist es mit »Fiktiver Journalismus – weltweit im Dienst der Leser«.

Die alten und neuen Macher sind inzwischen tatsächlich weltweit unterwegs, Christian Y. Schmidt weilte lange Jahre in Beijing (Peking), China, Harald Lippert in himmlischen Sphären, Hans Zippert lebt in Oberursel bei Frankfurt, Fritz Tietz in Seevetal bei Hamburg, dem Oberursel des Nordens, Rüdiger Stanko lebt heute in Hannover, dem Beijing von Niedersachsen.

Dreck erging es wie *Kowalski*. Es verschwand irgendwann vom Markt. Interessanterweise hat Fritz Tietz für beide Blätter gearbeitet. Ich will aber keine Zusammenhänge behaupten. *Dreck* allerdings war ein rein ostwestfälisches Phänomen und schaffte es knapp über den Rand von Bielefeld, kam aber immerhin bis Enger und Detmold.

1988 erschien die vorerst letzte Ausgabe, nur 32 Jahre also hat es gedauert von Ausgabe 15 zur nächsten. Auf der Frontkarikatur gehen die vier Redakteure an Rollatoren nebeneinander, als würden die »glorreichen Sieben« zum Shoot-out schreiten. Karikiert kann man das gar nicht nennen, fast schon Fotorealismus, in Würde gealtert. Sie werden dabei gütig beobachtet von Hans Lippert, der von einer Wolke aus auf das irdische Sein und Tun seiner damaligen Mitstreiter herabschaut.

Im Editorial beschreiben sie den Fortgang der Zeiten, den unentrinnbaren Lauf der Welten: »In dieser Zeit ist das Übliche passiert: Verfettung, Verblödung, Verwirrtheit. Sie kennen das. Christian Schmidt hat ein Y dazugewonnen, vier Redakteure haben geheiratet, Harald Lippert ist gestorben, drei Redakteure sind insgesamt fünf Mal Vater von vier Töchtern geworden, einer hat beim Hermannslauf mitgemacht und ist unter die ersten 5.124 gekommen, jeder von uns war mal bei einem großen Satiremagazin beschäftigt.«

Und das ist eines der großen ostwestfälischen Wunder – oder eben vielleicht auch nicht. Da machen fünf Jungs in Bielefeld eine satirische Zeitung und in der Folge, Jahre später werden sie führende Mitarbeiter der komischen Kunst, bei den Satireblättern *Titanic* und *Kowalski*, einer sogar Chefredakteur der Ersteren. Sie schreiben jede Menge Bücher, Kolumnen sowieso und arbeiten erfolgreich für TV und Radio.

Hans Zippert gab als Oberstufenschüler damals den Startschuss und klöppelte ein Heft, *Der letzte Dreck*, und tackerte es zusammen. Weitere »Pennäler« stiegen in die Heftproduktion ein.

Schon allein die schiere Anzahl von 15 Ausgaben ist fast unglaublich. Neben dem »Machen« in »learning by doing« gab es keinerlei Vertriebswege. Das Heft wurde im »Handverkauf« in Diskotheken angeboten und in wenigen Buchhandlungen. Ich selber habe mal zwei Ausgaben besessen, die aber entweder die Zeiten oder den Ordnungssinn meiner Mutter – eventuell auch ihre Qualitätskontrolle – nicht überlebt haben.

Die Bananenkisten mit den verbleichenden Überresten damaliger Magazin-Produktion liegen inzwischen säuberlich inventarisiert im Bielefelder Stadtarchiv. Im Rückblick ist es mehr als erstaunlich, dass es Dietmar Wischmeyers damalige Einsendungen nicht ins Heft geschafft hatten. Sie lagen aber all die Jahre parat, wanderten dann in den Bananenkisten mit ins Archiv und sollten, so war es ihm 1987/88 versprochen, in Ausgabe 16 erscheinen. Die also schuldete die alte Redaktion der Menschheit.

Das wurde 2020 eingelöst, auch mit dem prominenten Gast. Hier, in dieser 16. *Dreck*-Ausgabe, die schon mit Erscheinen zum Sammlerstück wurde, sieht man Wischmeyer aber auch in einer anderen Disziplin der komischen Künste. Erstmals überhaupt sind hier seine Karikaturen zu sehen. Die mehrteilige Serie um »Schlusche« zeigt einen »Sondermann«, der neben Bernd Pfarrs gleichnamiger Zeichenfigur und Janoschs »Wondrak« als dritter deutscher Cartoonphilosoph sofort Bestand gehabt hätte. Und »Der kleine Tierfreund« deutet sich hier bereits an auf Wischmeyers Seite vom »kleinem Tabellenfreund«: »Zwei nordische Greife: Der Bundesadler und die Jugendweihe.«

Also, dieses Heft 16 sollte jeder und jede unbedingt kaufen oder ersteigern. Wer alte Ausgaben der Hefte 1 bis 15 noch besitzt, sollte damit zu *Bares für Rares.*

Von Bielefeld aus »weltweit im Dienst der Leser«, Hörer und Zuschauer – die ostwestfälische Metropole ist ganz eindeutig eine Keimzelle der komischen Literatur. *Dreck* jedenfalls brachte ein immenses ostwestfälisches Gelege zustande, aus dem zahlreiche Küken schlüpften.

Heute hier, morgen dort: Hannes Wader

Unter allen Liedern von Hannes Wader ist »Heute hier, morgen dort« sicher das populärste. Das Lied stammt ursprünglich von einem Amerikaner in Berlin, Gary Bolstad, einem Tiermedizinstudenten. Hannes Waders Übersetzung fand sogar Aufnahme ins Liederbuch der Wandergesellen. Mein Vater, ein Leben lang Rolandsbruder, hatte es in seiner »Fleppe« und immer wieder sang er das Lied bei Nachbarschaftstreffen, begleitet von einem Freund auf der Mundharmonika.

Hannes Wader und ich stehen vor einem Findling mit der Aufschrift »Hannes Wader Aue«. Seine Heimatstadt Bielefeld wollte ihn ehren, aber um eine Straße nach sich benannt zu bekommen, sagt er, »musst du schon abgekratzt sein«. Viele vermuten Wader bis heute in einer Mühle in Schleswig-Holstein, er wohnte aber mit seiner Familie schon etliche Jahre, bis vor Kurzem noch, in Kassel, nun seit einiger Zeit wieder in Bielefeld, nur wenige Meter entfernt von seinem Elternhaus, direkt an den alten Wegen, als habe sich ein Lebenskreis geschlossen.

Wir lernten uns kennen, als er nach Kassel kam, meine zweite Heimat. Er wohnte gegenüber meiner damaligen Agentin und irgendwann flüsterte sie mir fünf Minuten vor einem Auftritt zu: »Hannes Wader ist da.« Ich war wie gelähmt und nervöser als vor Premieren. Danach lernte ich ihn und seine Frau Cordula kennen. Beide machten es mir mit meiner ostwestfälischen Zurückhaltung leicht. Wir saßen an der Theke und als wir auf unsere Heimat und ihren Dialekt zu sprechen kamen, sang er mir leise plattdeutsche Volkslieder aus seiner Kindheit vor. Ich war selig. Wir waren zwei Ostwestfalen an einer Theke.

Seither gab es einen freundschaftlichen Kontakt zu den Waders, den ich nie strapazieren mochte, der aber immer herzlich und einladend war. Nun besuche ich ihn am neuen Wohnort.

Als ich ankomme, packt Hannes grad Kisten aus, sortiert Fotos, Gerahmtes, Zeitungsausschnitte aus dem *Westfalenblatt:* »Hier, hab ich wiedergefunden. ›1974 in der Oetker-Halle‹, das einzige Mal. Die Notiz in Sütterlin, von meiner Mutter.«

Er zeigt eine Chronik von 1923: »Vereinsgeschichte in Wort und Bild«. Hannes erzählt: »Unser Vater war damals in der sozialdemokratischen Arbeiterbewegung, damit in der Kultur. Der war Gründer des Mandolinenvereins. Die Sozis spielten Mandoline, die Kommunisten Schalmei, wusstest du das?« Ich schüttele den Kopf. »Jetzt ist mir die Mandoline lieber, die ist lieblicher.« Hannes lacht.

Er spricht über seine Arbeit. Er schreibt weiter Lieder. Aber selten mit der Komik, die gerade seine ersten Lieder auszeichnete. »Ich habe mir selber Regeln gesetzt, möglichst inhaltlich aus dem Bereich meines tatsächlichen Erlebens. Auf keinen Fall ironisch. Ironie nur als Ausdrucksmittel, um was deutlicher zu machen, aber nicht als Grundhaltung.«

»Rosen im Dezember« ist eines meiner Lieblingslieder von Wader.

»Das finde ich auch sehr schön«, sagt er und singt es tatsächlich sofort, leise, berührend: »Ja, auch so manches alte Lied gehört zu meinem Leben, half mir, wenn ich gefallen war, mich wieder zu erheben.«

Hatte er Kontakt mit seinem Kollegen und ebenfalls Ostwestfalen Gunter Gabriel?

»Ja. Aber das mit Ostwestfalen wusste ich nicht. Wir sind uns in Berlin begegnet. Er hat mir immer gefallen, ich ihm auch. Bei meinem Abschiedskonzert 2017 in Hamburg, da war er da. Ein paar Wochen später war er tot ...«

Es sind einige, von denen Hannes Wader erzählt, die schon verstorben sind.

Ich frage nach den großen »historischen« ostwestfälischen Dichtern Weerth, Grabbe und Freiligrath.

»Die sind für mich von großer Bedeutung, alle. Freiligraths ›Trotz alledem‹ singe ich auch. Das ist ja eine Übersetzung des Gedichts ›A Man's a Man for A' That‹ von Robert Burns, einem Schotten. Und ich hab neulich ein Foto gefunden, wo ich in Havanna am Grabe von Georg Weerth singe.« Hannes sucht das Bild. »Der ist nur knapp über dreißig geworden, mit 26 oder 28 hörte Weerth schon auf zu schreiben. Er hatte starke Texte über seine Welt als Kaufmann.«

Wir schwärmen beide von den Texten dieses vergessenen Dichters. Zusammen mit anderen Peter-Hille-Preisträgern durfte ich 2022 zum zweihundertsten Geburtstag von Georg Weerth an einem Hörspiel und einer CD mitwirken und war extrem beeindruckt von dessen Werk, unter anderem den »Humoristischen Szenen aus dem deutschen Handelsleben«.

Seit seiner ersten LP »Hannes Wader singt« war dieser Liedermacher für mich ein Wegweiser, ein bewunderter Künstler: das charmante »Viel zu schade für mich«, das bissige »Frau Klotzke«, das witzig-romantische »Nach 12«, das melancholische »Alle meine Freunde«. Neben der Poetik, dem Politischen und dem Witz in seinen eigenen Texten brachte Hannes Wader mir Bildung. Er machte mich bekannt mit deutschem Liedgut jenseits von Schlager, mit Volkslied und politischen Liedern. 1974 erschien »Plattdeutsche Lieder« und ich hörte zum ersten Mal »Dat du min Leevsten büst«. 1977 erschien als Livealbum »Hannes Wader singt Arbeiterlieder«: »Dem Morgenrot entgegen«, »Bella ciao«, »Pueblo unido« und Freiligraths »Trotz alledem«, »Die Moorsoldaten« und natürlich »Die Internationale«. Ich hatte Einzelunterricht an meinem Plattenspieler, und – ein kleines Wunder: Auch meine Eltern mochten die Lieder. Ich fühlte mich damals mit meinen Interessen zu Hause oft unverstanden. Wader konnte ich mit meinen Eltern teilen. Wir saßen gemeinsam vor dem Lautsprecher. Die Zeiten waren noch absolut »mono«. Eine Turnfreundin meiner Mutter erzählte ihr beim Training, dass sie in Bielefeld mit Wader zusammen Dekorateur gelernt hatte.

Ich war ein echter Fan. Ebenso mein Freund Michael. Wir hörten seine Platten rauf und runter, tranken Tee und rauchten Apfeltabak in unseren Pfeifen, von dem ich husten musste. Als Hannes Wader mir bei einem Bielefeld-Besuch auf der Straße begegnete – er kam mir nur entgegen und ging an mir vorüber –, war ich selig. Ich traute mich nicht einmal, mich umzudrehen.

Nun stehe ich mit ihm am Findling. Gegenüber ist eine Bank aufgestellt, zum Verweilen, zum Sinnieren – oder zum Hören. Auf einem Schild findet man einen QR-Code. Aktiviert man den, hört man Waders »Heute hier, morgen dort«.

Neben Biografischem ist hier ein Text abgedruckt:

Oft hab ich gebettelt um ein bisschen Liebe wie ein Hund.
Doch stattdessen schlug mein Onkel mich
und meistens ohne Grund.
Manchmal nahm er die Trompete,
machte sich zum Ausgehn fein,
meist in lauen Vollmondnächten,
und man konnte sicher sein,
dass im Dorf jeder lauschte und die Fenster offen ließ,
wenn er dann vom Berg herunter
traurig schöne Lieder blies.

Alte Freunde von früher haben ihm bei der Wohnungssuche geholfen, »mit denen ich teilweise noch Jazzmusik gemacht habe.« Hannes Wader spielte schon während seiner Berufsausbildung Klarinette in Jazzbands. »Als Jazzmusiker mit 17, 18 war ich im *Bunker Ulmenwall*. Ein geschichtsträchtiger Ort.« Er lacht. »Ich lernte da meine Freundin kennen. Sie kam aus Bad Oeynhausen, studierte Modegrafik, war zwei Jahre älter. Die konnte Charleston tanzen zu der Musik, die wir damals spielten. Ich hab noch Tanzmusik gemacht in Bielefeld, in einer *Bar Jonathan*, im Keller des Gesellschaftshauses. Da gab es auch noch Geld für.«

»Hat Ostwestfalen eine Bedeutung für dich?«

»Immer. Meine frühen Lieder handeln auch alle von dieser Gegend. ›Aufgewachsen auf dem Lande‹ zum Beispiel. Die Gemeindeschwester Martha, die ich im Lied erschrecke, die hat es tatsächlich gegeben. Ich war immer befasst mit meiner Heimat, auch später noch.«

Wir gehen langsam zurück zu seinem Haus.

»Das hier ist der Johannisbach, der fließt an meinem Elternhaus vorbei. Da trifft der direkt vor dem Grundstück meiner Eltern auf den Twellbach. Inzwischen haben die den aber verrohrt, früher waren da sogar Forellen drin. Ich war der Erste, der hier die Forellen gesehen hat. Meine ›Ballade vom Fisch‹, die spielt hier.«

Hannes Waders Biografie »Trotz alledem«, die vor einigen Jahren erschien, ist eine beeindruckende Erinnerung, sie beschreibt den schwierigen Weg eines später großen Barden, aus proletarischen Verhältnissen stammend. »Hans der Träumer« nannte man ihn.

Eines möchte ich noch wissen. Der Urknall für ihn, der erste Auftritt auf Burg Waldeck, dem legendären Festival der Liedermacher. Wie war das?

Hannes erzählt, sein Freund und Kommilitone Peter Butschkow, »der war 1,93 Meter oder 1,95 und er hatte ’ne Hose, die ihm zu kurz war. Mitte der Sechziger, da gab es jetzt die Schlaghosen. Das war ganz neu. Und Peter sagt: ›Hannes, ich hab ’ne Hose, die ist mir zu kurz. Willst du die haben?‹ Ich sag: ›Ja klar.‹ Und dann bin ich 1966 mit der Hose auf die Burg Waldeck. Und weil ich damals auch intellektuell sein wollte, habe ich noch eine Fensterglashornbrille mit schwarzem Rahmen getragen und eine Baskenmütze. Das Foto von mir in Butschkows Hose tauchte sogar in der *Twen* auf. Da war ’ne Redakteurin, die hat mich interviewt. Da war quasi schon mein Durchbruch, mit den wenigen Liedern, die ich nur hatte: ›Das Loch unterm Dach‹ und ›Nach 12‹. Das war unheimlich aufregend. Die wollten mich nicht von der Bühne lassen. Ich musste von vorne beginnen, weil ich ja nur vier Lieder hatte.«

Nachtrag zur Hose

Der von Hannes genannte Peter Butschkow ist einer der führenden deutschen Cartoonisten. Ich kenne ihn von zahlreichen Ausstellungen, von Vernissagen in Kassel und Frankfurt oder dem Deutschen Karikaturenpreis, den ich oft moderiere.

Als seriöser Investigativautor, der ich bin, habe ich bei ihm recherchiert, ob diese Geschichte »mit der Hose« stimmt. Ich rief ihn an: »Peter, du hast doch in Berlin studiert, zusammen mit Hannes Wader. Hannes hat da was von einer Hose erzählt.«

»Ja, es stimmt. Ich hatte mal eine Hose. Grau, unten ausgestellt, also mit Schlag. ›Twisthose‹ nannte man dieses Fußfesselröckchen damals. Größe weiß ich nicht mehr, aber sie passte mir 1,94 Meter großem, dürrem Riesen perfekt, stieß unten sauber auf die Schuhe. Ja, es stimmt, ich studierte auf der Staatlichen Akademie für Graphik, Druck und Werbung am Berliner Einsteinufer und hatte einen Kommilitonen namens Hannes Wader. Ja, ich mochte ihn gerne. Ja, das stimmt, er war genauso lang und dürr wie ich. Ja, es stimmt, die Szene spielte sich in der Mensa ab.«

Ab jetzt aber gibt es kleine Differenzen in den Darstellungen: »Er schildert den Vorgang so, dass ich ihm diese besagte Hose zum Tragen angeboten habe? Warum um Himmels willen hätte ich das tun sollen? Ich war doch kein Konfektionsvertreter, der durch die Akademie lief und seinen Kollegen seine Klamotten aufschwatzte. ›Hast Lust auf meine Hose, Hannes?‹ Ja, hömma!«

Dann erzählt Peter seine Version der Geschichte: »Hannes, die arme Kirchenmaus«, hätte für den ersten Auftritt auf der Burg Waldeck, für diesen epochalen Moment eine ordentliche Hose benötigt, weil er offenbar nur eine besaß – und die garantiert auch völlig verschlissen war. »Möglich, dass wir in der Mensa drüber sprachen und ich ihm aus meinem großen Herzen sofort meine graue Hose angeboten habe. Möglich auch, dass er mich direkt ansprach, ob ich ihm für diesen Gig eine Hose leihen könnte – niemals aber habe ich ihm anlassunabhängig einfach so mein Höschen angeboten. Ich möchte bitte nicht als kunstakademischer Glööckler in die Geschichte eingehen. Das ist die Wahrheit, Euer Ehren.«

Peter Butschkow räumt aber ein, dass seine Hose womöglich einen großen Teil dazu beigetragen hat, dass Hannes' Debüt auf der Burg Waldeck so ein großer Erfolg war und er es in die *Twen*, das Kultblatt der damaligen Zeit geschafft hat. »Grandios! Davon habe ich allerdings erst heute erfahren durch dich, Bernd.«

Anfang der Achtzigerjahre begegneten sich beide in der Hamburger *Fabrik* wieder. »Da stand er auf der Bühne, ›mein‹ alter Hannes, gereift zu einem großartigen, einzigartigen Barden.

Ich war stolz auf ihn und dass ich darauf verweisen konnte, ihn noch als mittellosen Kunststudenten gekannt zu haben. Das wollte ich ihm dann doch gerne persönlich sagen, drang bis in seine Garderobe vor und – da trat er aus der Tür! – Hannes, der große Wader. Er sah mich, schaute nachdenklich und sagte grübelnd: ›Bist du nicht der, der Bu-Bu-Bu…?‹

›Ja‹, antwortete ich, ›Butschkow!‹

›Mann! Du kriegst ja noch 'ne Hose von mir!‹«

Auf ein Wort

»Ich wurde im März 1957 in Bielefeld geboren und blieb ziemlich genau dreißig Jahre Bürger dieser sogenannten ostwestfälischen Metropole.

Als ich etwa 16 Jahre alt war, konnte ich mir nichts Großartigeres vorstellen, als woanders zu leben. Wo, war ziemlich egal, eigentlich überall, wo nicht gerade Bielefeld war. Während einer Klassenfahrt nach Prag überlegte ich sofort, in welchem Haus ich dort wohnen wollte, und Ähnliches galt auch für London, Paris, Saumur oder Osnabrück.

In meinem Freundeskreis war es üblich, ein paarmal im Jahr nach Osnabrück zu trampen. Osnabrück war die einzige nennenswerte Stadt, die man auf der Landstraße an einem Tag erreichen und auch wieder verlassen konnte. Dort gab es fast alles, was es in Bielefeld auch gab, aber immerhin gab es Bielefeld nicht.

Wie jeder Jugendliche erwartete ich, das wirkliche Leben würde sich woanders abspielen. Diese Erwartung rührte natürlich daher, dass ich gar keine Ahnung vom wirklichen Leben hatte und bis heute auch noch nicht habe.

Ich fühlte mich jedes Mal minderwertig, wenn ich auf die Frage, woher ich denn käme, tatsächlich mit Bielefeld antworten musste. In Berlin erntete man damit nur ein belustigtes Grinsen, in Osnabrück immerhin anerkennendes Kopfnicken. Aber auf die Anerkennung von Osnabrückern konnte selbst ein Bielefelder verzichten.

Außerhalb von Osnabrück, Gütersloh, Bad Salzuflen oder Herford war Bielefeld erklärungsbedürftig. Man musste dazusagen: ›Das liegt in der Mitte zwischen Dortmund und Hannover.‹ Dann setzten die Gesprächspartner eine verständnisvolle Miene auf.

Warum aber mehr Menschen Hannover als Bielefeld kennen, habe ich nie verstanden. Sobald ich längere Zeit in Frankfurt wohnte, verstand ich aber auch nicht mehr, warum ich überhaupt mal aus Bielefeld wegwollte.«

***Hans Zippert**, täglicher Kolumnist mit »Zippert zappt« in* Die Welt*, ehemaliger Chefredakteur der* Titanic, Dreck-*Gründer, Buchautor, Reisejournalist, in »Ostwestfalien Aliens – ein Landstrich schlägt zurück« (WDR 5, 2003)*

Vom Tünsel: ein Nachruf auf Wiglaf Droste

Ich komme endlich dazu, in meiner neuen Wohnung die Bücherregale einzuräumen und zu sortieren. Manche Bücher ordne ich nach Themen, Satire, Karikatur, Kunst, Biografien, Nordisches, Finnland und so weiter. Andere ordne ich nach persönlicher Wertigkeit, Melville steht nah bei Capus. Ich habe ein Regal für die Autoren, die ich kenne beziehungsweise mit denen ich befreundet bin. Alphabetisch geordnet beginnt das mit Ahne und endet mit Hans Zippert. Ausnahmsweise ist meine Freundin Gerlis Zillgens nicht die Letzte im Alphabet beziehungsweise im Regal. Nun habe ich einen Stapel mit den Buchstaben A bis F vor mir. Von niemandem habe ich so viele Bücher wie von Thomas C. Breuer und alle hat er mir signiert. Ich lasse mir Zeit und lese die Widmungen. Das Gleiche mit den Werken von Fritz Eckenga. Unter den Büchern von Fritz liegen die von Wiglaf Droste in der Kiste. 13 Bücher.

Mich erreichte die Nachricht von seinem Tod im Mai 2019 am Telefon. Freund Achim Frenz, damals noch Leiter der *Caricatura Frankfurt – Museum für Komische Kunst*, rief an: »Wiglaf ist tot.« Droste ist nicht unerwartet gestorben. Trotzdem saß der Schock tief. Er war der Erste der Gefährten aus dem komischen Feld, der starb, vor allem aber der Erste der Ostwestfalen.

Wiglaf Droste, Autor, Satiriker und Sänger, geboren in Herford, reiht sich ein bei den großen satirischen Autoren deutscher Sprache. Quatsch! Er reihte sich nicht, er überholte sie. Fast alle. Und die, die er nicht überholte, neben die stellte er sich leichtfüßig. Ein Bohemien aus Bielefeld. Oder ein Heros aus Herford, beides ist richtig. Die Meldung seines Todes lief im Mai 2019 durch alle relevanten Medien. Wir als Weggefährten fanden das mehr als angemessen, waren über diese Wertschätzung aber doch erstaunt und fanden es mehr als schade, dass Wiglaf sie nicht selber hatte erleben können.

Wiglaf Droste lernte ich Ende der Achtziger-, Anfang der Neunzigerjahre bei Veranstaltungen der *Caricatura Galerie* Kassel kennen. Es entwickelte sich keine enge Freundschaft, aber wir mochten uns. Ich erinnere mich an viele Lesungen, auch ein paar gemeinsame, an Auftritte, die er oft mit Ernst Kahl, mit seinem Verleger Klaus Bittermann, mit Gerhard Henschel, in seinen frühen Jahren auch mit Max Goldt machte, später mit »seiner Band«, dem *Spardosenterzett*, und immer wieder kam er solo. Und sehr gerne überraschte er, wenn er am Ende des Auftritts mit im Laufe der Jahre immer stärker über dem Bauch spannender Weste ein Rad auf der Bühne schlug, als wäre er ein junger Hüpfer.

Seine Lebensstationen: dreimal bei der *taz* rausgeflogen, *Titanic*-Redakteur, über all das ist vielfach berichtet worden. An Droste habe ich von Anfang an seinen scharfen Ton, seine Wut und Streitbarkeit bewundert. Und seine Bildung. Seine Fähigkeit, Kollegentexte und andere Literatur, die er nur einmal gelesen hatte, buchstabensicher zu zitieren. In seinen späteren Arbeiten habe ich mich auch über das immer häufigere Auftauchen von wunderbarer Komik und feiner Sprachanalyse gefreut. Seine Liebesgedichte kamen überraschend und sind berührend und zart, ganz anders als manch bollerige, aber nie grundlose Polemik. Und seine Sprachschöpfungen sind Legende.

In seinem Text »Tünseliges Ostwestfalen« errichtet er seiner Heimat und ihrer Sprache ein großes Denkmal: »Tünsel ist ein ostwestfälisches Wort, dessen Bedeutung sich nicht auf Anhieb erschließt. Ein Tünsel ist nicht unbedingt ein Dummkopf – eher einer, dem ein Patzer unterlief. (...) ›Wir sind Tünsel‹: Schöner kann die Einsicht in die allumgreifende Fehlbarkeit des Menschen nicht formuliert werden. Mit dem Wort Heimat verbinde ich keine Landschaft – wozu auch? Eine Sprache, in der Dölmer, Hachos und Tünsel durcheinander ramentern, wullacken und kalbern, ist Heimat genug.«

Es ist nicht nur verdient, sondern auch wunderbar witzig, dass Wiglaf Droste den Annette-von-Droste-Hülshoff-Preis verliehen bekam. Als hätten Wiglaf und Annette ein Sprachspiel erdacht.

Ich verdanke ihm meinen Einstieg als Kolumnist bei der *taz*-»Wahrheit« und als Autor bei »Häuptling eigener Herd«, dem legendären kulinarischen Periodikum, das er zusammen mit Vincent Klink herausgab, dem Meisterkoch und Meisterautor, mit dem er eng befreundet war. Denn Wiglaf war leidenschaftlich. Er liebte nicht nur gute Musik und gute Literatur, sondern auch gutes Essen und guten Wein.

Das letzte Mal Kontakt hatten wir im Februar 2019 wenige Monate vor seinem Tod, rund um die Verleihung des »Göttinger Elchs«, dem einzigen genreübergreifenden Satirepreis in Deutschland, die ich in diesem Jahr moderierte. Er hätte für den aktuellen Preisträger Gerhard Haderer ein Grußwort sprechen sollen, doch dann bat er lieber mich, seinen Text und ein Gedicht zu verlesen, da er leider nicht persönlich anreisen könne.

Im Vorjahr waren er und Pit Knorr als »Elche« ausgezeichnet und geehrt worden. Wiglaf, von seiner Erkrankung schon gezeichnet, sprach seine fulminanten Texte, redete dazwischen etwas wirr und beendete seinen Part mit einer A-capella-Version von »Knockin' on Heaven's Door«. Wir im Saal hatten das Gefühl: Der verabschiedet sich grad von uns.

Seine Stimme fehlt. Leiser geworden war er schon.

Er kämpfte mit seinem Körper und einigen »Geistern«, vor allem dem Alkohol. Wiglaf war in jeder Beziehung ein Künstler, ein Exzentriker und lebte ein teilweise exzessives Leben. In der *Zeit* nannten man ihn ein »sensibles Raubein«, als würde man von John Wayne sprechen, ein Vergleich, den er sich sicher verbeten hätte. Arno Frank, ehemals *taz*-Kollege und nun beim *Spiegel*, betitelte seinen Nachruf mit »Der große Wüterich«: »Um politische Kolumnisten von vergleichbarer Wucht zu finden, müsste man die Fahndung bis weit in das vorige Jahrhundert hinaus ausdehnen. Peter Hacks, Hans Fallada, Kurt Tucholsky, Karl Kraus – mit dem es sich Droste, wäre er Kolumnist bei der ›Fackel‹ gewesen, aber sicher auch irgendwann verdorben hätte.«

Hans Zippert schrieb in seinem Nachruf in der *Welt* im Mai 2019: »Erst vor drei Jahren begegneten wir uns im tiefsten Ostwestfalen, im Schatten des Nieheimer *Sackmuseums* wieder. Da wirkte er schon stark gezeichnet. Er bewegte sich langsam und formulierte abwartend, so wie die Auslandskorrespondenten im Fernsehen, bei denen die Frage mit Zeitverzögerung ankommt.

Er war immer noch geistesgegenwärtig und schlagfertig, musste über sich selber schmunzeln, wenn er doch etwas länger nach einem Text suchte, konnte aber nach wie vor lange Gedichte auswendig deklamieren und ›Knockin' on Heaven's Door‹ fehlerfrei intonieren.

Da auch er, wenn es nötig war, und es war eigentlich immer nötig, vor keinem Kalauer zurückschreckte, bleibt mir nichts anderes übrig, als diese Steilvorlage aufzunehmen und mir vorzustellen, wie er gerade an die Himmelspforte klopft oder eher hämmert und sofort einen Grund findet, sich kunstvoll aufzuregen. Ich befürchte, selbst Gott wird nicht mit ihm klarkommen, kann sein, dass er ihn rausschmeißt. Dann hätten wir ihn wieder.«

Vom Glück

Die Lottozahlen Mitte Juli 2022 lauteten: 15, 17, 20, 22, 23 und 26. Niemand, der auch nur halbwegs bei Verstand ist, würde eine solche eng gefasste Zahlenreihe tippen! Allerdings hat tatsächlich eine Frau in Deutschland diese sechs Zahlen angekreuzt und gewann 2.357.345,80 Euro.

Vielleicht hat jene Glückspilzin nicht einmal selbst über die Zahlen entschieden, sondern es ist ein maschineller Zufallstipp gewesen. Mein Vater und ich jedenfalls waren total sauer auf diese Zahlen. Seit Jahren bildeten wir eine Tippgemeinschaft. Mein Vater hat früher mit einer unglaublichen Geduld sämtliche Tippreihen über Jahre von Hand ausgewertet, um den idealen Tipp zusammenzustellen, den »Sicheren«, den »Hundertprozentigen« für die sechs »Richtigen«. Weder das Glück noch der Zufall haben ihn je belohnt. Der Einzige in der ganzen Familie, der an seinen Tipp nach wie vor glaubte, war ich.

Dann erkrankte mein Vater schwer und er lebte im Pflegeheim. Damit ging der verantwortungsvollste Job in unserer Familie auf mich über, ich musste Sorge tragen, dass der Lottoschein allwöchentlich abgegeben wurde! Die Krankheiten meines Vaters hatten ihn gezwungen, einige Schamgrenzen zu überwinden in der notwendigen Pflege und Fürsorge. Die sicherlich schlimmste und schwierigste Grenze für ihn war, dem – im Gegensatz zu meinem sehr organisierten Bruder, der sich das Lottogeld aber lieber spart – »unordentlichen Sohn«, also mir, die Aufgabe übertragen zu müssen, allwöchentlich den Schein zur Annahmestation zu bringen. Bei jedem meiner Besuche war nun Vadders erste Frage: »Hässt du dän Schien ok affegirm?« Und ich antwortete mit der gebotenen Sorgfalt: »Häwick!«

Seine Rente war weit niedriger als der Heimbeitrag, umso dringlicher wurde sein Wunsch nach einem Lottogewinn. Unsere Spielerei aber wurde traditionell durch seine Frau, meine Mutter, kritisiert.

»Rausgeschmissenes Geld!«, sagte sie immer wieder. Und mit Furor: »Schall ick moal tosammenräken, wo vierl Geld gi doar oll taun Fenster ruteschmierten häbt?«

Selbstverständlich versuchte ich stets und allzeit, meinen Vater zu verteidigen, nicht nur weil ich eben Mitglied der Tippgemeinschaft war.

Es war der Freitag vor jener vermaledeiten Samstagsziehung. Ich hatte den Schein abgegeben und besuchte meine Mutter. Ich sagte: »Ich nehme mir mal was vom Haushaltsgeld. Ich hab die letzten Wochen immer für Hermann das Lottogeld ausgelegt.« Ilse setzte wieder an zu ihrem steten Satz: »Schall ick moal tosammenräken …«

Ich sagte: »Ja, Mama, aber wenn wir mal Glück haben?«

»Use Mudder« sah mich nur kurz an, holte sehr tief Luft und sagte laut und streng: »Glück? Weißt du eigentlich, was Glück ist? Glück ist, wenn du eine leere Flasche mitten in ein Feld stellst. Und dann fliegt ein Vogel drüber und scheißt. Wenn der in die Flasche trifft – das ist Glück!«

Die Quadriga auf Reisen: Martin Quilitz

Ich fahre nach Rietberg. Nie zuvor in meinem Leben bin ich dort gewesen. Martin Quilitz hat mich eingeladen. »Die Stadt der schönen Giebel« nennt sie sich stolz und Martin und seine Stadt versprechen auf keinen Fall zu viel. Ich, als gelernter Zimmermann, bin begeistert.

Rietberg an der Ems, könnte man sagen, aber der Fluss ist hier noch ein bescheidenes Gewässer, eigentlich noch ein Bach. Rietberg wird von ihr eher durchflossen, als dass sie an deren Flussufern läge. Die Stadt ist – ungewöhnlich für Ostwestfalen – eine Karnevalshochburg. Und sie ist sehr gut vertreten in Bundes- und Landespolitik. Der Landtagspräsident von NRW, André Kuper, CDU, stammt genauso aus Rietberg wie Ralph Brinkhaus, der ehemalige Fraktionsvorsitzende der CDU/CSU.

Von hier stammt auch Martin Quilitz, Moderator, Kabarettist, Comedian und Coach. Es gibt eigentlich nichts, was der Mann noch nicht gemacht hat. Ein manischer Macher. Er entwickelt Bühnenformate für große Shows und Varietés, oft aber auch passgenau für seine Heimat, den Großraum Gütersloh, und diese Abende haben dann so klingende Namen wie »Kaff und Kosmos«. Quilitz hat eine Zeitungskolumne und einen Podcast mit dem Titel »Westfalen weltweit«. Jahrelang hatte er eine reiche Fernsehpräsenz, als Akteur und Autor, war zu Gast in der *Sat1-Wochenshow* und schrieb unter anderem für die *Harald Schmidt Show*.

Wenn man ihn auf der Bühne erlebt, ist er einerseits ein

exzellenter, neugieriger Interviewer, andererseits ein wunderbarer Komiker, der glänzend improvisiert. Er moderiert in Varietés und Comedyclubs, auf Wirtschaftskongressen und bei politischen Zusammenkünften, Preisverleihungen und Tagungen.

Und was ist er nun von Beruf? Martin sagt: »Ich sitze ganz bequem zwischen den Stühlen.«

Er lebt inzwischen in Potsdam, aber die Heimat lässt ihn nicht los. Immer wieder ist er in der Region zu sehen, zu hören und zu lesen. Wir kennen uns lange, mehrfach war ich zu Gast in seinen Shows. Wir haben uns verabredet bei ihm »zu Hause« in OWL. Er kommt regelmäßig hierher, um seine Mutter zu besuchen. Wir spazieren durch seine Heimatstadt und natürlich habe ich vorher nicht gewusst, dass hier die Ems fließt.

»Das schönste Rathaus Ostwestfalens«, sagt er und zeigt es voller Stolz. Alle paar Meter treffen wir Freunde und Bekannte, an fast jeder Ecke gibt es einen Small Talk, sei es mit dem Wirtspaar vom Hotel *Zur Post*, seinem zweiten Zuhause, oder dem Gitarristen der legendären Punkband *Brausepöter*, die sich wieder zusammengetan haben, weil Martin sie zu seiner Show eingeladen hatte, sei es »Ich bin die Monika«, die Frau des Landtagspräsidenten, die sich noch einmal für Martins Moderation auf einer Konferenz neulich bedankt und ihn lobt, was er mit ostwestfälischer Bescheidenheit quittiert.

Darf ein Ostwestfale zufrieden sein? »Wir machen ja nicht auf dicke Hose. Wenn du lernst, den ganzen Tag den Ball flach zu halten, machst du nicht plötzlich Fallrückzieher. Mit großer Klappe wächst man hier mit Sicherheit nicht auf. Das kölsche Talent, selbstbesoffen die eigene Mentalität zu feiern, ist uns deswegen auch immer fremd gewesen.«

Wir diskutieren über Komik und Humor. Ist Selbstironie ein Kennzeichen des Ostwestfalen? »Eindeutig. Ich würde sagen, eine unbewusste Selbstironie. Als Außenstehender erkennst du die manchmal besser als die Einheimischen selbst. Die Weggezogenen haben sie natürlich alle. Das war das Überlebensmittel.«

Und woher kommt dieser Witz? Das Widerständige? »Das wird einem hier, wenn man Glück hat, in die Wiege gelegt. Du praktizierst es, weil du hier aufwächst. Mir hat das auf jeden Fall die Grundlagen für meinen Humor mitgegeben. Ich bin sehr froh, dass ich nicht in Berlin geboren bin. Erstens würde mir der sprichwörtlich trockene Humor fehlen und ich wäre nicht ein so agiler Kulturjunkie geworden. In Berlin hätte ich einfach nur konsumieren können. Wenn Leute hier was erleben wollten, dann mussten sie das selber auf die Beine stellen. Ich habe Shows entwickelt und auf die Bühne gebracht. Dieser Humus hat meine eigene Arbeit ermöglicht, dafür bin ich bis heute dankbar.«

Wir stehen vor den ehemaligen Räumen von »Radio Biermann« und Martin erinnert sich. Er jobbte mit 15 schon im »Plattenladen«. »Ich habe alles gemacht. Einkauf, ausgepreist, die Werbung.« Er hat ein Fanzine herausgegeben, handschriftlich, fotokopiert. Dann wurde das größer und nachher war es eine richtige Musikzeitung mit 24 Seiten. »Auf einmal war ich Musikjournalist und bin überall zu Konzerten gefahren. Ich kam kostenlos in Konzerte und billig an Schallplatten.«

Auf einem Stadtfest hat er begonnen, auf einem »roten Sofa« Leute zu interviewen.

Alles in seiner Arbeit führt Martin zurück auf seine Anfänge in Ostwestfalen. »Dann bin ich zur *Weberei* in Gütersloh. Das ist ein Kulturzentrum. Denen habe ich gesagt: ›Ich möchte gern das und das machen.‹ – ›Ja super, leg los.‹ So einfach war das alles. Das hätte in Berlin nie geklappt. Das war ein Reichtum an Möglichkeiten, die ich hier hatte. Ich bin aber auch ganz bewusst weggezogen, sonst hätte ich das beruflich nicht machen können, was ich heute mache. Aber trotzdem, ohne Rietberg wäre ich auch nicht in dem Job. Hier habe ich das gelernt, hier habe ich die Wurzeln. Deswegen trete ich noch regelmäßig hier in der Region auf.«

Er ist, wie er sagt, ein geschichtlich interessierter Moderator und stellt das sofort unter Beweis. Wir sind am Stadttor. Dieses Tor wurde schon mindestens zweimal ultraprominent durchschritten. Die Quadriga vom Brandenburger Tor in Berlin reiste durch Rietberg hin und zurück. Nun erzählt Martin mir *die* Rietberger Geschichte:

Die Quadriga, der »Streitwagen«, in dem die Victoria steht, von vier Pferden gezogen, wurde 1793 in Berlin aufgestellt. 1807 brachte Napoleon die Quadriga als höchst symbolisches Beutestück in einem Triumphzug nach Paris in den Louvre. Dabei sollte auch Rietberg durchquert werden, aber die Stadttore waren nicht hoch genug. »Die Bürger wurden von den französischen Besatzern gezwungen, die Fundamente der Nord- und Südtore so tief auszuheben«, so schreibt es die örtliche Tageszeitung *Die Glocke*, »dass die Beutewagen hindurchrollen konnten.«

Die Weltpolitik nahm ihren Lauf und sieben Jahre später war Napoleon durch die Preußen besiegt. Nun ging es retour für die Quadriga.

Im *Paderborner Intelligenzblatt* – einem amtlichen Mitteilungsblatt, das zwischen 1772 und 1849 existierte – wurde dieses Ereignis am 2. Juli 1814 so beschrieben: »Das Geläute aller Glocken verkündete die Ankunft der Trophäen vom Brandenburger Tor zu Berlin auf der glorreichen Rückkehr von Paris. (...) So geschah der Empfang unter Ausbruch des Jubels und der Freude des Volkes. Die Tore konnten den Wagen nicht fassen. Das Volk riss den Boden auf, spannte die Pferde ab und zog ihn herein.«

Martin Quilitz ist quasi als ostwestfälische Quadriga von Rietberg nach Berlin gezogen und es zieht ihn immer wieder zurück. Nun erzählt er mir lebhaft die historische Szene und spielt dabei sämtliche Beteiligten inklusive Pferde und Lenkerin der Quadriga. Eine Solovorstellung! Das schreit nach einer historischen Inszenierung, mit Martin Quilitz in allen Rollen.

Die 36 Ansichten des Kaisers: Sebastian Krämer

Die Begegnung mit Sebastian Krämer führt mich und meine Oberschenkel an ihre Grenzen. Er hat mir die »36 Ansichten des Kaisers« versprochen. Sebastian Krämer stammt aus Faulensiek, ein echtes »Nest«. Faulensiek hat nicht einmal einen eigenen Wikipedia-Eintrag! Das Dorf ist ein Teil von Kalldorf, was wiederum ein Ortsteil von Kalletal im Kreis Lippe ist.

Hier ist er aufgewachsen, Sebastian Krämer, Liedermacher, Chansonnier und Poet. Er wirkt manchmal verträumt, dabei ist alles, was er sagt und tut, durchdacht, ich will nicht sagen kalkuliert. Aber er ist sich extrem bewusst, wie er Wirkung erzielt, was warum auf der Bühne und im Auditorium passiert. Eigentlich ist er ein typischer Ostwestfale – denn man neigt dazu, uns zu unterschätzen.

Das sollte man bei Sebastian auf keinen Fall tun. Er ist sogar Mitbetreiber einer Kleinkunstbühne in Berlin, dem *Zebrano-Theater*. Wer eine Bühne betreibt, ist absolut nicht zu unterschätzen, das verhindern schon das deutsche Steuer- und Gaststättenrecht.

Ich zum Beispiel habe seine sportliche Seite unterschätzt. Wenn Sebastian Krämer seine Mutter in Kalletal-Faulensiek besucht, steht sein Fahrrad »parat« am Bahnhof Bad Oeynhausen im Fahrradparkhaus und dann geht es über Stock und Stein, also über Hügel und Seitenstraßen zum Elternhaus, einem Fachwerkhaus, in einer Kurve der kleinen Ortschaft gelegen. Ich bin erst mal dran vorbeigefahren.

Da steht er, winkt zurückhaltend, freundlich lächelnd, zwischen zwei Rädern, mindestens eins davon schon länger nicht mehr gefahren, aber mit sauber aufgepumpten Reifen.

Sebastian Krämer ist in seinen Texten hochkomisch und würde aus diesem Moment schon wieder einen Songtext entwickeln können. In »Der Güterzug« beschreibt er, wie er zwischen zwei Bahnübergängen, vor ihm und hinter ihm, feststeckt, während auf den Schienen ein kilometerlanger Güterzug vorbeibraust und er verzweifelt, wie in einer Livereportage, mit seiner Frau telefoniert. Es ist eins meiner Lieblingsstücke auf seiner aktuellen CD »Liebeslieder an deine Tante«. Und diesen Bahnübergang gibt es tatsächlich, direkt vor Vlotho auf der B514, die von Kalldorf kommt. Zwei Bahnübergänge kurz hintereinander, zwischen denen man feststecken kann, wenn es schlecht läuft.

Solch scheinbar banale Momente rollt Sebastian Krämer in seinen Liedern aus wie einen Teig und lässt ihn aufgehen und backt ihn zum Ende knusprig.

Das erste Lied, mit dem ich ihn je gehört habe, hieß »Die Welt braucht keine Jongleure, doch Jongleure brauchen die Welt«.

»Das Lied wird meistens gewünscht von Leuten, die selber Jongleure sind. Auch Deutschlehrer wünschen sich oft das Deutschlehrerlied. Du kannst niemanden so beleidigen, dass er sich nicht doch über die Ehrung noch freut!«

Jetzt lächelt er in einer Mischung aus Melancholie und diabolischer Freude.

Vor der Radtour stärken wir uns. Sebastians Mutter bringt uns Kaffee. Sie ist die Tochter eines Philosophen, Nicolai Hartmann, laut Sebastian ein »Fundamentalontologe und einer der wichtigen Erneuerer der Metaphysik im 20. Jahrhundert.«

Ich habe das Gefühl, mindestens ein wenig davon steckt auch in Sebastian. Denn der sagt: »Ich habe immer das Schwere, Ernste irgendwie gesucht, auch schon als Kind. Ich war immer nachdenklich und seltsam. Auf der Suche nach Geschichten und Erkenntnissen. Mir irgendeinen Reim auf die Dinge zu machen. Wie viel das Prägung ist durch die seltsamen Leute rundum ...«, wir lachen, »... das kann ich selber gar nicht beurteilen. Ich hab natürlich gewisse Diskrepanzen gemerkt zum Bäuerlichen, zu den Leuten hier.«

Und die Komik, der Witz? Wie kamen die in sein Leben?

»Hängt wahrscheinlich zusammen. So eine gewisse Schräglage, eine Fallhöhe, ergibt sich da automatisch und gehörte dann auch mit dazu.«

Sebastian Krämer wurde mit zahlreichen Preisen ausgezeichnet. Schon als 14-Jähriger begann er mit ersten Bühnenauftritten. Was ihm gefallen hat, wollte er auch können. »Ich hab viele Vorbilder gehabt«, sagt Sebastian. »Wenn ich eine Geschichte von Kafka gelesen hab, hab ich gedacht, so was möchte ich auch schreiben. Oder Kurt Kusenberg. Kurze Geschichten. Es kam nie das dabei raus, was ich wollte. Ich kam den Vorbildern nie besonders nah, aber es kam dann immer was raus, was die anderen toll fanden, wo die sagten, das solle ich weitermachen.«

Er machte zuerst Schulauftritte, beim Kleinkunstfest in Hiddenhausen. »Da war ich jährlich, da konnte man mitmachen. Da hab ich mich vorbereitet und mit Kumpels Sketche aufgeführt.«

Dann schaut er über den Tisch zu seiner Mutter und sagt: »Und es gab viel Initiative von meiner Mutter, das muss man echt sagen. Mir Publikum zu erschließen, das war auch ihre Leistung.«

Sebastian hat an verschiedenen Wettbewerben teilgenommen. Bei Schultheaterwettbewerben hatte er seine ersten Auftritte, obwohl die eher für Schulklassen mit Stückproduktionen ausgeschrieben waren. Er präsentierte dort »eine Viertelstunde Musikkabarett«. Ganz unaufdringlich, ohne Nostalgie, ohne Pomp, eher sinnend, sagt seine Mutter Lise: »Da hast du mehrmals gewonnen.«

Schon mit 16 wurde Sebastian erstmals zu einem Gastspiel nach Freiburg eingeladen. »Ich spielte dann jedes Jahr mit einem eigentlich nicht vorhandenen Programm. Diese Dreistigkeit, die hat man nur in so einer Lebensphase, wo man auch viel Kredit bekommt vom Publikum. Wo man sich ein bisschen auch wie ein Zootier vorführen lässt. Wie ein exotisches Phänomen.«

Wie ist es ihm damals, so jung, auf der Bühne ergangen?

»Ich wollte immer rausfinden, ob die Sachen wirklich gut sind. Und ich war mir da nie sicher, was ich von den Reaktionen halten soll.«

»Das hat sich dann aber irgendwann gegeben?«, frage ich.

»Nee, als Gefühl nie ganz.«

Zu seiner künstlerischen Entwicklung gehört das Zusammentreffen mit dem Liedermacher Christof Stählin und seiner Sago-Liedermacherschule. »Christof Stählin hat Menschen um sich geschart, um von seinem großen künstlerischen Reichtum was zu vermitteln, von seinem Blick auf die Dinge und das Schaffen. Wir, die wir da gelernt haben, beziehen uns sehr profund auf ihn: Wie fein das gearbeitet ist. Wie schlau. Wie da die Haken geschlagen werden.«

Ich frage seine Mutter nach ihrem Weg nach Ostwestfalen. Sie, aus dem Umland von Potsdam stammend, ihr Mann Kölner, beide Lehrer, suchten etwas anderes, Neues nach dem Krieg, nach dem Erleben der zerstörten Städte, nach einer Tätigkeit in Mülheim an der Ruhr »Wir dachten, wir gehen etwas weiter in die Provinz.« Sebastians Vater wurde dann ans Gymnasium Vlotho gerufen.

Ich frage: »Ein Kölner und eine Potsdamerin auf dem Dorf in Ostwestfalen?«

Sebastians Mutter Lise lächelt: »Ja, es war schon ein bisschen sehr absurd.«

Sebastian lächelt ebenfalls: »So gesehen bin ich kein Ostwestfale, sondern einfach ein Alien. Dazwischen geboren.«

Sebastian sagt, man dürfe Vlotho nicht unterschätzen. Es gab die unterschiedlichsten Bewegungen: wie überall die alten Nazis einerseits, andererseits »sehr progressive Leute, die am Jugendhof, auch am Gymnasium, in den verschiedenen Musikbereichen, bei den Kirchen, tolle Sachen gemacht haben. Das sollte man bei dem Nest nicht denken.«

Faulensiek besteht aus nur wenigen Häusern, fast ausschließlich Bauernhöfe. Es gab keine gleichaltrigen Kinder. Der Schulbus fuhr nicht zu der Grundschule, auf die Sebastian ging. Er musste gefahren werden. Zum Gymnasium später hatte er die Wahl zwischen Mitfahrgelegenheit beim Vater, Schulbus oder Rad. Das Rad ist bis heute eine Leidenschaft für ihn.

Für mich kommt nun die Stunde der Wahrheit. Wir gehen zurück zu den Rädern. Wir werden rund um sein Heimatdorf von Hügel zu Hügel fahren, um aus jeweils neuer Perspektive zum Kaiser-Wilhelm-Denkmal zu schauen. Ich dachte natürlich immer, das wäre *unser* Kaiser-Wilhelm-Denkmal, es gehöre uns Mindenern, maximal noch den direkt dran wohnenden Porta-Westfalica-Bewohnern. In Minden ist eine Wohnung mit Kaiser-Blick ein Qualitätsmerkmal, doch heute lerne ich: Also auch für die Menschen im Kalletal und in Vlotho ist der Wilhelm das strukturierende Element dieser Region.

Wir steigen auf die Räder. Ich habe kurze Beine, der Weg zu den Pedalen ist lang, das Rad ähnlich alt wie ich, wir passen zusammen. Natürlich gibt es weit und breit keine Fahrradwege. Dafür ist die Strecke vor ihrem Haus von Motorradfahrern frequentiert. Wir fahren den ersten Hügel hoch, zu einem Wäldchen. Ich möchte nicht an der ersten Steigung schon die erste Schwäche zeigen. Es ist gefühlt gebirgig wie im Süden Deutschlands, über uns der hohe Himmel des Nordens.

Wir radeln zu einem Hünengräberwald. Auf einem Findling ist eine Bronzetafel angebracht: »Germanische Hügelgräber aus der Bronzezeit«.

Der Wald hat unter den letzten trockenen Jahren gelitten. Sebastian steht da, die Hände in den Taschen, und schaut auf Bäume und Boden: »Das Feuchte finde ich toll. Es mieselt, es quitscht, es quatscht. Überall sind immer kleine Tröpfchen. Auch irgendwie Schimmel und Moder. Überhaupt, es regnet viel. Wind und Nieselregen ist das, was ich am liebsten mag an Wetter.« Aus solchen Gedanken entstehen seine Lieder.

Wir sind wieder auf den Rädern und radeln quer, ein flacher Anstieg zur ersten der »36 Ansichten des Kaisers«. Die Sonne scheint. Schäfchenwolken stehen am blauen Himmel. Das Gelb der Rapsblüten sitzt auf den grünen Stängeln. Es ist unfassbar schön. Und still. Ich fühle mich an Finnland erinnert. Die Weite. Der Himmel. Die Ruhe.

Dann sind wir fast auf der Kuppe. Noch verdeckt der hoch stehende Raps den Ausblick zur Porta. Ha! Da ist er plötzlich. Der Kaiser! Ich schaue durch die Porta weit ins Land. Wir nicken uns zu und rollen den Berg herab. Wir kommen wieder in ein Dorf, erste Häuser. Wir sind an einer Querstraße. Für mich eine Weggabelung der Entscheidung. Rechts weiter runter, was alles – logisch! – auch wieder hochgefahren werden muss, oder links gleich hoch auf den nächsten Hügel.

Sebastian zeigt in die Ferne. »Da hinten fließt die Weser.« Er zeigt zu einem Fabrikgebäude: »Das ist schon die Rollstuhlfabrik Meyra. Die leuchtet blau in der Nacht.«

Meyra ist einer der Hidden Champions aus Ostwestfalen. Ein Hersteller von Rollstühlen und auf dem Weltmarkt führend.

»Ich war mal ganz stolz, in einem amerikanischen Spielfilm einen Rollstuhl zu sehen, auf dem das Meyra-Emblem drauf war«, sagt Sebastian. Dann setzt er nach: »Ein Steven-King-Film übrigens.« Er grinst und ballt die Faust: »Strike!«

Wir steigen auf und fahren weiter. Ich erläutere meine Theorie, es gebe viele widerständige Geister aus OWL, und auch Sebastian Krämer ist einer, bei allem Charme und aller Nettigkeit. Oder?

»Das liegt doch in der Natur einer verschlafenen Provinz, dass da die widerständigen Geister erzeugt werden.«

Was sind für ihn ostwestfälische Eigenschaften? »Es ist das, was einfach in der Haltung, im Temperament liegt. In der Sprechweise sowieso. Man legt Wert auf das Bodenständige, das Solide.«

Ich versuche, so dicht neben ihm herzufahren, dass ich alles verstehen kann. Er ist so freundlich, so langsam zu fahren, dass ich fast dranbleiben kann.

»Es ist das Verlässliche. Die Ostwestfalen sind zum Beispiel sehr pünktlich. Die Zeit ist eben einfach da für alles. Deswegen kann auch jeder Termin mit gutem Puffer eingehalten werden.«

Dann kommt ein toller Satz: »Es ist immer alles in Schuss sozusagen.« Und er bekräftigt das noch mal: »Das ist zum Beispiel eine Eigenschaft vom Landstrich, dass man die Abläufe im Griff hat und nicht irgendwie wie so 'n Berliner immer allem hinterherhetzt mit hechelnder Zunge.« Er lacht.

Hechelnde Zunge? Ist das eine Anspielung?

Wir rollen jetzt wieder etwas bergab, dann fahren wir wieder bergauf. Und dann ist er wieder da, der »Willem«. Eine der Säulen verdeckt die Kaiserstatue.

Sebastian sagt: »Haben wir ihn doch noch erwischt! Warte, noch ein Stück. Der Winkel ist entscheidend. Wenn du zwei Kammern siehst, wird der Kaiser verdeckt, siehst du eine, steht er drin!«

Warum kommen, so frage ich ihn, den Klavierkabarettisten, aus diesem Landstrich so unverhältnismäßig viele Komiker.

Sebastian überlegt: »Ich weiß gar nicht, ob die Dichte so hoch ist, aber es fällt einfach mehr auf. Wenn jemand da nicht integrierbar ist, der muss sich anders freistrampeln.«

Wir schauen noch mal zum Willem und Sebastian deutet zum Standbild. »Immer wenn man oben ist, dann kann man ihn sehen. Deshalb sagte ich: ›die 36 Ansichten des Kaiser Wilhelms‹. Das ist diese Landschaft.«

Ein tolles Hügelland.

»Was für ein Geschenk, Sebastian.«

»Na ja, es ist ja kein Geschenk von mir. Es war schon die ganze Zeit hier.«

Dann rollen wir den letzten Berg herunter, durch grasbestandene Feldwege. Wir kommen fast direkt am Haus seiner Mutter an. Er zitiert einen Aphorismus: »Gott denkt in den Genies, träumt in den Dichtern und schläft in den übrigen Menschen.«

Wir steigen von den Rädern und Sebastian sagt: »Bei den Ostwestfalen kann man sich das gut vorstellen. In denen schlummert so einiges und manchmal schlummert es ein Leben lang.«

Die mit den Rindern spricht

Ostwestfalen ist natürlich auch Landwirtschaft: Felder, Weiden und Wiesen. Neulich erzählte mir ein Bauer, er habe am Sonntagnachmittag seine Kühe von der Weide über die Straße zum Melken in den Stall getrieben. Dadurch war die Straße kurzzeitig gesperrt. Zwei Radfahrer wollten aber eilig vorbei, beides Lehrer, wie sich später herausstellte. Einer fragte den Landwirt etwas ungehalten: »Muss das denn sein?«

Darauf der Bauer: »Ja, klar muss das sein!«

Der Radler: »Und warum muss das sein?«

Der Bauer: »Die müssen gemolken werden.«

Darauf der Radfahrer erstaunt: »Auch am Sonntag?«

Auf dem Titel dieses Buches ist eine sogenannte Schwarzbunte abgebildet, die traditionelle Milchkuh in OWL. Viele assoziieren diese Tiere als typisch für diese Gegend. Natürlich sind auch andere Rinderrassen vertreten, für unterschiedliche züchterische Ziele, aber *die* Kuh in OWL ist das »Deutsche Schwarzbunte Niederungsrind«, wie das Tier mit vollem Namen heißt. Es darf also in meiner Sammlung der ostwestfälischen Menschen, Tiere und Sensationen auf keinen Fall fehlen.

Viele Höfe sind inzwischen verschwunden oder werden nicht mehr als landwirtschaftliche Unternehmen geführt. In meinen beiden Heimatdörfern sind es nur noch zwei Höfe, die Milchviehzucht betreiben. Die ehemals »bauernschlauen« Landwirte, die die harte Arbeit verrichteten, sind inzwischen mit Hochtechnologie ausgestattete Unternehmen mit beeindruckendem Fuhrpark. Und eine der faszinierendsten »Landmaschinen« ist eine vollautomatische Melkanlage!

Ich bin verabredet zu einer Hofführung bei »Jan Schwiers«, wie der Hof bei uns im Dorf heißt. Doro ist mit Herz und Seele Landwirtin, genauer: Rinderzüchterin. Sie hat das gelernt, ist »staatlich geprüfte Landwirtin«, zum Zeitpunkt ihrer Ausbildung war sie als Frau in diesem Berufsfeld noch eine Ausnahme.

Sie führt mit ihrem Mann Ralf und Sohn Jan den elterlichen Hof. Doro ist eine immer blendend aufgelegte Frau, fröhlich, mitreißend im Wesen, ganz anders, als das Klischee es von einer »sturen« Ostwestfälin erwartet. Ihr Mann Ralf hat »auf den Hof geheiratet«, wie man in Ostwestfalen sagt.

Wie fanden in Zeiten von vor *Bauer sucht Frau* zwei leidenschaftliche Landwirte zueinander? »Gesucht und gefunden«, lacht Ralf.

Und wo? Doro erzählt, der Verein landwirtschaftlicher Fachschulabsolventen Minden sei eine andere Bezeichnung für »landwirtschaftlicher Heiratsmarkt Minden-Lübbecke e. V.«. Ich pruste los. Dort haben sie sich kennengelernt.

Auch Jan hat einen ungewöhnlichen Lebensweg für einen Mann seiner Generation. Ein Babyboomer vom Land, aus dem südliche Niedersachsen, der, aus einer Familie ganz ohne Landwirtschaft, nach dem Abitur erst Zimmermann lernte, was damals kurios genug war. Aber schon sechs Wochen nach Beginn dieser Lehre verabredete er eine zweite Ausbildung zum Landwirt im direkten Anschluss. Später absolvierte er die Meisterprüfung.

Ich komme am späten Sonntagmorgen. Die Tiere sind versorgt, die Routinearbeiten gemacht. Die Familie sitzt mit drei Generationen noch am Frühstückstisch, Doros Eltern und der »Junior«

Jan. Das Brot hat die Seniorin gebacken, im Speckstein-Ofen, der jetzt die letzten Tage betrieben wird, dann ist er über den Sommer aus. Erst ab September wird er wieder jeden Morgen neu angeheizt und dann als Heiz-, Back- und Bratofen genutzt.

Ein fantastisches Schwarzbrot aus eigener Herstellung liegt auf meinem Teller. Wurst und Käse stehen reichlich vor mir, ein Ei von glücklichen Hühnern zwinkert mir zu und ein schwarzer Kaffee schwappt im Becher. Beim Frühstück erzählen mir Doros Eltern »Dönnekes«, die sie mit meinen Eltern erlebt haben. Hier ist Dorf, man kennt sich.

Dann geht es los: Ich bekomme eine komplette Hofführung. Zuerst gehen wir zu den Boxen mit den neugeborenen Kälbern, die von Doro und Ralf nach Kräften geknuddelt werden.

Was überhaupt ist ein Rind und was ist eine Kuh? Doro erklärt: »Das Rind ist praktisch ein Teenager, der zum ersten Mal kalbt. Mit dem ersten Kalb wird das Rind zur Kuh. Und wenn wir sehen beim Rind, das wird heute Nacht noch kalben, dann stehen wir auf und schauen, ob alles okay ist. Bei einer normalen, älteren Kuh ist das nicht nötig.«

Ralf sagt schelmisch: »Bei den Kühen machen wir uns nicht so den Kopf. Wie beim Menschen auch. Das erste Kind ist immer ein bisschen tricky. Das ist anders, wenn du das vierte kriegst.«

Wir gehen weiter. Doro zeigt in die großen Stallboxen: »Das ist unser Kindergarten. Wenn die Babystation durchlaufen ist, sind die jungen Bullen auch schon vom Hof und hier sammeln sich dann nur noch die Mädels.«

Die männlichen Kälber gehen in die Mast auf andere Höfe, die künftigen Milchkühe bleiben hier. Die Kälber werden in kleinen Gruppen zu vier oder fünf Tieren zusammengestellt.

»Diese Gruppe findest du in der Weide wieder, nach anderthalb Jahren. Die bleiben beste Freundinnen fürs Leben. Das ist

Wahnsinn. Bei Kinderführungen sage ich immer: ›So wie ihr eure beste Freundin habt, so bleiben die auch zusammen.‹«

120 Kühe etwa stehen im Stall. Dazu die weibliche Nachzucht. Das Landwirtspaar kauft für die Herde keine Tiere zu, sondern nimmt für die Milchwirtschaft ausschließlich ihre eigene Nachzucht. Das Rind oder die Kuh wird besamt und geht dann, wenn die Tiere tragend sind, auf eine extra Weide im Sommer. Drei Wochen vorm Kalben kommen sie zurück in den großen Stall, aber in einen abgetrennten Bereich. Wir schauen zur Weide, auf die die Milchkühe nach dem Kalben jederzeit aus dem offenen Stall gehen können.

Dort stehen und liegen die Tiere. Tiefenentspannt wirkt das.

»Wir haben extra kein Wasser auf der Weide, damit sie reinkommen. Die Kuh geht dann und trinkt und dann denkt sie: ›Wo ich grad hier bin, kann ich ja auch melken.‹ Das machen sie eigenständig an den Melkmaschinen.«

Ich lerne auf jedem Meter. Ein Kalb kommt ohne eigenen Immunschutz auf die Welt, mit eigenem Blutkreislauf. Die übernehmen nichts von der Mutter. Mit der ersten Milch, der Biestmilch, kommen die Abwehrkräfte.

»Das Kalb nuckelt sofort.«

Und wieder Lernstoff. Die Kühe als Wiederkäuer haben oben keine Schneidezähne. Sie grasen mit der Zunge, deswegen ist die so rau.

Kuh und Kalb werden auf fast allen Höfen sofort getrennt und kommen dann nach einigen Tagen zu den kleinen Kälbergruppen zusammen.

Ralf erklärt mir: »Die Kälber kommen nach einer halben Stunde bei Mama in die Einzelboxen. Das ist praktisch und sinnvoll. Selbst Biobetriebe betreiben keine muttergebundene Aufzucht.« Der Trennungsschmerz wäre zu groß, aber auch, weil die Kälber sich gegenseitig besaugen würden mit größter Infektionsgefahr.

Wir sind im Stall bei den Kälbergruppen. Zu viert stehen und liegen sie in Boxen auf Stroh. Alle Kälber haben Ohrmarken, unter anderem mit dem Namen der Mutter. Ich lese »Leone«. Jede Kuh bestimmt durch ihren Namen den Anfangsbuchstaben ihrer Kälber.

Doro sagt: »Dann benennt man das Kalb auch mit einem Namen mit L. Am besten sogar mit Le.«

Ralf sagt: »Leni?«

Ich schlage »Lea« vor.

»Nicht schlecht, hatten wir noch gar nicht.«

Kann ich vielleicht bald zur Kalbstaufe kommen?

Doro kennt jede Kuh beim Namen. Natürlich sind alle gechippt. »Alles im Rechner!«

Aber den Familienstammbaum für jedes Tier hat Doro auch ohne Rechner komplett im Kopf. Irgendwie ist es fast romantisch, zu sehen, mit welcher Liebe und Sorgfalt hier die Tiere gehegt werden, aber auch, mit welchem Stolz Doro und Ralf erzählen.

Ich lerne weiter: Eine Kuhherde ist hierarchisch organisiert. An der Spitze steht die Chefkuh.

Doro sieht meinen fragenden Blick: »Die Tiere kämpfen Status und Rangfolge untereinander aus. Die schieben sich mit den Köpfen.«

Chefkuh ist Urmel, mit der Herden-Nummer 99. Und sie weiß, dass sie die Nummer eins ist, und lässt das die anderen immer wieder spüren. Die älteste Kuh im Stall ist Evialis, Nummer 55, geboren 2012 mit bisher neun Kälbern und einer Milchleistung, zum Zeitpunkt meines Besuchs, von 105.697 Litern. Und natürlich gibt es auch die »Schönste«.

»59 Tick!«, sagt Doro stolz.

Also, sie heißt Tick und hat die Herden-Nummer 59. Wie wird man denn die Schönste der Herde? – Die Tiere werden vom Zuchtverband bewertet. Doro erklärt mir: »Das höchste sind hundert Punkte. Und Tick hat davon 91 erreicht.« Ralf ergänzt stolz: »Dann steht das Tier als ›exzellent‹ im Zuchtkatalog.«

Es macht beiden größten Spaß, den Kühen Namen zu geben. Beide lachen sich kaputt, als sie mir das erzählen. Hier im Stall leben Maybe, Zorri, Bibbi, Aldi und Ikea, aber auch Airport, Ulki, Modell, Medlay, Zauber, Andi ebenso wie Goldfee und Goldmädel.

Doro zeigt auf eine Kuh mit Namen Ines: »Deren Mutter ist Insekt.«

Beide lachen und Ralf sagt: »Wir hatten mal ne Z-Linie, die Zottel.«

Darauf Doro: »Die hatte so viele Töchter, da gingen uns die Namen aus. Zora, Zombie.«

»Flaute und Flinte hatten wir auch schon mal.«

Ich habe gerade das Gefühl, im fröhlichsten Stall von Ostwestfalen zu sein.

Wir schauen zu den Tieren auf der Weide, in der jetzt auch ein Storch steht. Immer wieder flitzen Schwalben um uns herum.

Im Stall warten schon ein paar Tiere am Melkroboter. Das macht mich neugierig. Wie schafft man es, die Kühe zu konditionieren?

Ralf erklärt, anfangs müssten die Jungkühe oft mit Leckerlis gelockt werden. Danach allerdings »entscheiden die Tiere selbst, wann sie kommen.«

Das können sie 24 Stunden lang tun. Kommt ein Tier zu oft, errechnet der Computer die nötigen Zwischenzeiten und schickt das Tier wieder raus.

Dann erläutern mir Doro und Ralf das Robotermelken, das Säubern der Zitzen durch Bürsten, das Ertasten mit Laser, das Ansetzen der Zitzenbecher. Am Halsband der Kühe ist ein Transponder mit allen Informationen für den Rechner.

Ostwestfalen gehört zu den Bezirken mit der höchsten Milchleistung in NRW. Ralf sinniert: »Der reine Familienbetrieb, mit den Kühen noch so zu leben, das ist eher hier so. Im Osten gibt es professionelle Großbetriebe mit Angestellten, die steigern dann auch noch mal die Milchleistung. Aber bei uns, das ist fast ein Liebesverhältnis.«

Auch wenn die Landwirtschaft immer technisierter würde, Landmaschinen sich per GPS selbst steuern, das könne die Arbeit im Stall nicht ersetzen. Doro nickt: »Das ist mein Leben: dieser Alltag.«

Und sofort erzählt Ralf wieder eine wunderbar witzige Geschichte: Wenn Kindergruppen den Bauernhof besuchen, zeigt er immer auf die rotbunte Kuh in der Herde, also die mit dem Fell voller brauner Flecken: »Die haben wir zum Kakaogeben. Dann müssen wir kein Kakaopulver kaufen.« Da sei immer absolute Stille in der Gruppe und dann frage jedes Mal eine Mutter: »Stimmt das wirklich?«

Wir lachen uns kaputt.

Und Doro ergänzt: »Die Rotbunte heißt übrigens Pause.«

Wir kommen aus dem Lachen nicht mehr raus.

Bei einer solchen Führung, erzählt Ralf weiter, habe Doro Schulkindern mal das Wiederkäuen erklärt.

»Da sagt sie: ›Und dann käut die Kuh 56-mal wieder. Und schluckt dann ab.‹

Die Zahl hatte Doro nur so als Beispiel gemeint. Und die Kinder sehen in genau dem Moment, wie dieser Grasball bei der Kuh im Hals hochkommt. Das hatte Doro ja vorher erklärt.«

Beide sind kongenial im Erzählen und wechseln sich ab, als hätten sie das geprobt. Doro übernimmt: »Sofort fangen die Lütten im Chor an, konzentriert mitzuzählen. Und bei 56 schluckt die Kuh *tatsächlich* ab! Unfassbar!«

Doro ist in ihrem Element. Sie ist »die, die mit den Rindern spricht«.

Auf ein Wort

»Schwarzbunte – so nennt man schwarze Kühe mit weißen Flecken. Die Farbenlehre der Milchviehwirtschaft ist verwirrend. Braune Kühe mit weißen Flecken nennt der Züchter rotbunt. Eine lila Kuh mit weißen Flecken hieße demzufolge buntbunt. Interessanterweise werden in Gegenden mit vorwiegend katholischer Bevölkerung vermehrt rotbunte Kühe gehalten, in evangelischen Landstrichen dagegen schwarzbunte. Von den Kühen auf der Weide kann man auf die Soutane des örtlichen Pfarrers schließen.«

***Volker Surmann**, Autor, Satiriker und Verleger aus Halle (Westf.) in seinem Buch »Lieber Bauernsohn als Lehrerkind«*

Bielefelder Kennhuhn, Westfälischer Totleger und das Monster von Minden

Ostwestfalen ist als Naturraum Heimat für zahlreiche Tiere, manche tragen diesen Ortsbezug sogar im Namen. Freund Klaus Kasper fragte, an was ich gerade säße. »Ich schreibe ›Das kuriose Ostwestfalen-Buch‹«, sagte ich.

Er schmunzelte: »Dann habe ich was für dich!« Anschließend erzählte er vom »Bielefelder Kennhuhn«. Und dass er diese Rasse selber hält.

Das Bielefelder Kennhuhn ist ein relativ junges Tier. Den Stör gibt es seit etwa 200 Millionen Jahren, die Krokodile seit etwa 250 Millionen Jahren. Das Bielefelder Kennhuhn wurde erst 1976 in Hannover vorgestellt und als Neuzüchtung eingetragen.

»Das Bielefelder Kennhuhn ist eine Haushuhnrasse, die in den 1970er Jahren durch Gerd Roth aus den Rassen Amrock, Mechelner, New Hampshire und Rhodeländer gezüchtet wurde. Die Bezeichnung ›Kennhuhn‹ rührt daher, dass die Hahnenküken und die Hennenküken unterschiedlich gezeichnete Federn haben und damit bereits am ersten Lebenstag zu erkennen sind«, heißt es auf Wikipedia.

Auf der Seite *huehner-haltung.de* liest es sich fast lyrisch gereimt: »Bielefelder Kennhühner: ruhige Art und ausgesprochen wetterhart.«

Für Menschen ohne eigenen Huhnbestand, für die, die Eier nur auf dem Markt oder in Läden kaufen, klingt das Folgende vielleicht etwas skurril: »Viele gute und vor allem ruhige Gene vereinen sich in dieser jungen Hühnerrasse. So ist das Bielefelder Kennhuhn nicht nur durch seine Optik ein gerne gesehener Gast im Garten oder auf dem Bauernhof, sondern auch durch seine zutrauliche und ruhige Art. An die Haltungsbedingungen stellt das Bielefelder Kennhuhn dabei nur wenige Ansprüche. Es wächst sehr schnell, lässt sich recht gut mästen und ist ausgesprochen wetterhart. Das und die Eigenschaft der Kennfarbigkeit, wodurch das ›Sexen‹, was sonst nur asiatischen Könnern vorbehalten ist, schon am Tag des Schlupfes problemlos möglich ist, machen das Bielefelder Kennhuhn zu einem idealen Huhn für den Hühnerneuling.«

Das Bielefelder Kennhuhn gilt also als »Anfängerhuhn« und wird empfohlen für Selbstversorger und Familien. Mir stellt sich die Frage, was bei anderen Hühnerrassen die hier zitierten »asiatischen Könner« auszeichnet. Was sind ihre besonderen Fähigkeiten beim Sexen eines Kükens, also dem Erkennen des Geschlechts?

Kaum habe ich all das dem Internet entlockt, fahre ich natürlich zu Klaus, um das Tier in Augenschein zu nehmen. Bei ihm im Garten picken fünf Bielefelder Kennhühner. Da scharrt es also, das ostwestfälische Rassetier. Ich muss vorbei an Bienenvölkern. Klaus imkert seit Jahren und erwähnt ganz nebenbei: »Die Brutzeiten im Bienenstock und im Hühnerhaus sind erstaunlicherweise dieselben. Beide brüten exakt 21 Tage.«

Seine Hühner aber sind bei Weitem nicht so brutfreudig wie seine Bienen. »Das Bielefelder Kennhuhn wird überwiegend gezüchtet, meistens in der Brutmaschine. Dann geht der Naturbruttrieb ein bisschen zurück«, erklärt er.

Ich stehe am Zaun zum Hühnerhof und schaue den Dorfschönheiten beim Picken und Kratzen zu. Und ich lerne: Diese Rasse ist ein Zwiehuhn, und das bedeutet, die Hühner haben einerseits eine gute Eierlegerate, bis zu 230 Eier im Jahr. Sie setzen aber auch genügend Fleisch an, um eine super Suppe zu ergeben.

Dann sagt Klaus: »Mir fällt da noch ein Tier ein, über das du schreiben kannst. Der Westfälische Totleger, ein Tier mit extrem hoher Eierleistung.«

Ich lache natürlich über den Namen. Und dann schaue ich zu Hause wieder auf die Website *huehner-haltung.de* und werde fachkompetent aufgeklärt:

»Woher diese Hühnerrasse nun tatsächlich stammt, lässt sich nicht genau klären. Schon im Jahr 1600 wurde ein Huhn auf einem Holzschnitt gezeigt, das unverkennbare Ähnlichkeit mit den Westfälischen Totlegern hatte. Seine Bezeichnung zu dem Zeitpunkt war jedoch türkisches Huhn. Im 18. Jahrhundert tauchte dann das wahrhafte Totlegerhuhn, abstammend vom Deutschen Landhuhn unter Einkreuzung von Sprenkelhühnern, verstärkt um Bielefeld und Herford auf.«

Der Westfälische Totleger ist also ebenfalls ostwestfälisch, auch wenn es der Name nicht sofort verrät. Und es ist ein sogenanntes Sprenkelhuhn, was sich auf die Federzeichnung bezieht.

Nur noch rund tausend Tiere soll es geben in ganz Deutschland. »In den Achtzigerjahren des letzten Jahrhunderts war dann der absolute Tiefpunkt dieser Hühnerrasse erreicht und der Westfälische Totleger stand kurz davor, gänzlich von der Bildfläche zu verschwinden. (…) Der Bestand hat sich bis heute zwar erholt, dennoch steht der Totleger auf dem Index der bedrohten Hühnerrassen.«

Aber der Name! Klaus und ich vermuteten umgangssprachliche Ursachen. »Das legt sich noch mal tot!« Ähnlich wie beim Handwerken, wenn es einer ganz genau machen will: »Es hat sich schon mal jemand totgefummelt.«

Die Lösung findet sich in Wolf-Dietmar und Ursula Unterwegers »Das Hühnerbuch« wieder via Internet in der »Praxisanleitung zur Haltung ›glücklicher Hühner‹«: »Wegen ihrer beachtlichen Legeleistung gab man ihnen auf dem Land den Namen ›Alltagsleger‹ (alle Tage) oder ›Dauerleger‹. Unter dem Einfluss der plattdeutschen Sprache wurde der hochdeutsche Begriff zum ›Doutleijer‹. Aus diesem niederdeutschen Namen wurde ›Totleger‹. Die Ableitung daraus, dass sich die Hennen ›zu Tode legen‹, ist nicht länger haltbar.«

Ich konnte noch weitere ostwestfälische Tiere entdecken. Beim Stadtverband der Rassegeflügelzüchter Bielefeld e. V. fand ich einen Hinweis auf den »Bielefelder Hochflieger«. Die Begriffsklärung überlasse ich Wikipedia: »Hochflugtauben oder Hochflieger sind eine Gruppe der Tümmlertauben, die sich durch ihren Flugstil auszeichnen. Ihr Flug ist bestimmt durch hohes und anhaltendes, elegantes Fliegen und Kreisen.«

Anstoß für die Recherche war diese Notiz aus dem Jahr 1930, gefunden in der Chronik der Rassegeflügelzüchter Bielefeld: »Bielefelder Hochflieger. Am 16.08.1930 stellte Herr Eugen Johlmann auf einer Versammlung des Rassetaubenvereins die von ihm erzüchteten ›Bielefelder Hochflieger‹ vor.«

Nun, bei Kontaktaufnahme mit dem besagten Vereinsvorstand konnte ich keine Informationen über diese Bielefelder Taube bekommen. Sie ist den aktuellen Mitgliedern unbekannt, obwohl man dort ansonsten über ein enzyklopädisches Taubenwissen verfügt. Ich suche also weiter. Bitte verstehen Sie das als Aufruf: Sollten Sie selbst Bielefelder Hochflieger züchten oder Informationen zum Tier haben, dann fügen wir das in die nächste Buchauflage ein.

Immerhin noch vereinzelt zu finden ist die Lippegans. Ostwestfalen-Lippe gilt als ihr Verbreitungsgebiet. Die Gesellschaft zur Erhaltung alter und gefährdeter Haustierrassen e. V. (GEH) führt sie auf ihrer Roten Liste als ›extrem gefährdet‹ und schreibt auf ihrer Website: »Die Lippegans stammt aus der Region Westfalen-Lippe im Einzugsgebiet der Flusslandschaft der Lippeniederung zwischen den Städten Lippstadt, Soest und Paderborn. Basierend auf einheimischen Landgänsen, die überwiegend gescheckt waren, wurde unter Einfluss der nahe verwandten Diepholzer Gans der Typ zu einer bodenständigen Rasse gefestigt und ist seit 1860 unter der Bezeichnung Lippegans nachweisbar. Überwiegend in Arche-Projekten wird sie weiterhin gezüchtet und vor dem Aussterben bewahrt, federführend (im Wortsinne!) ist dabei der Stammbuch Lippegans e. V. Bei der letzten Bestandszählung aus dem Jahr 2016 wurden 49 Lippeganter und 59 Lippegänse erfasst.«

Der Bielefelder Hochflieger ist scheinbar ausgestorben, die Lippegans steht kurz davor. Es gibt auch noch ein anderes ostwestfälisches Tier, das die Jahre, sogar die Jahrtausende, ach, die Jahrmillionen nicht überlebt hat. 2016 las ich davon auf *Spiegel Online*. In die Printausgabe hatte es die Meldung dort nicht geschafft, doch in den lokalen Zeitungen galt sie hingegen als »breaking news«, auch wenn das eigentliche Ereignis lange zurücklag.

Anlass war der Fund eines *Megalosauriers*, eines Riesenraubsauriers. Ein Fund in den Steinbrüchen im Wiehengebirge hier bei Minden. Das Tier ist etwa 165 Millionen Jahre alt. 1998 wurde es bereits entdeckt und ausgegraben, aber erst 18 Jahre später erfolgten die wissenschaftlichen Publikationen zur neu bestimmten Art.

Man taufte den gigantischen Fund öffentlich so unsinnig wie nur möglich auf den Namen »Das Monster von Minden«! Es klang, als hätte die *Bild*-Zeitung höchstselbst dem Knochenhaufen einen Taufnahmen verpasst.

Das Tier hat aber auch einen seriösen lateinischen Namen

bekommen: *Wiehenvenator albati.* Übersetzt: Wiehengebirgsjäger. Und *albati* wegen seines Finders, eines Mannes namens Friedrich Albat.

Der Saurier war 8 bis 10 Meter lang, ging auf den Hinterläufen mit verkümmerten Vorderläufen, ähnlich wie der viel jüngere *Tyrannosaurus rex.* Er wog etwa zwei Tonnen, war noch nicht ganz ausgewachsen und hatte Zähne so groß wie Bananen.

Nun hat ein Forscherteam ermittelt: Unser *Wiehenvenator* war der erste und größte Raubsaurier aus dieser Zeit, der in Deutschland bisher gefunden wurde. Der größte Raubsaurier Mitteleuropas sogar! Inzwischen ist er als lebensgroßes Modell im Museum für Naturkunde des Landschaftsverbandes Westfalen-Lippe (LWL) in Münster ausgestellt. Der Dinosaurierexperte des LWL, Dr. Achim Schwermann, sagt über Mindens Ururureinwohner: »Auch wenn wir nicht viele Überreste aus seiner Welt haben, können wir doch davon ausgehen, dass er ein Top-Prädator in seinem Ökosystem gewesen ist.«

Wiehenvenator albati ist jedenfalls, inzwischen wissenschaftlich belegt, eine eigene Art. Und damit ist er quasi der erste Ostwestfale aller Zeiten!

Die Storchenhauptstadt

Petershagen nennt sich stolz die »Storchenhauptstadt Nordrhein-Westfalens«. Hier in Nordost-Ostwestfalen, also ganz oben, ganz rechts, liegt dieses Paradies für Weißstörche. Dabei war der Storch in Nordwestdeutschland nahezu ausgestorben. Es gab 1990 in NRW nur noch drei Paare, allesamt im Stadtgebiet Petershagens, in den eingemeindeten Dörfern Windheim, Jössen und Schlüsselburg (beziehungsweise Döhren im Wechsel).

»Drei Paare in ganz NRW und die waren hier bei uns«, sagt Alfons Bense mit Nachdruck.

Im Grunde ist er, ähnlich wie die Tiere, schon eine echte Legende im Kreis Minden-Lübbecke. Der Therapeut mit dem zweifachen Doktortitel gilt hier als »Storchenvater«, ein Mann mit mehreren Ehrenämtern rund um Naturschutz und Heimatpflege. Für seinen Einsatz rund um den Storch wurde Bense mit dem Bundesverdienstkreuz ausgezeichnet, überreicht vom Ostwestfalen und Bundespräsidenten Frank-Walter Steinmeier.

Das erzählt er nebenbei, aber stolz berichtet er, dass im aktuellen Jahr allein in Jössen 19 Paare nisten. Im Kreis Minden-Lübbecke wuchs die Zahl von den damals drei auf 132 Paare im Jahr 2022. Und das setzt sich fort. Im Mai 2023, als wir uns treffen, sind es bereits 140.

Oft wird er gefragt, wie er das gemacht habe. Benses Antwort ist verschmitzt: »Ich habe kein einziges Ei selber gelegt! Das haben schon die Störche alleine gemacht.«

Sehr viel Glück hätten sie gehabt. Und es gibt eine biologische Erklärung. Hier in OWL nisten West- und Oststörche.

Die Weststörche sind sogenannte Westziehende, die über Frankreich, Spanien und Gibraltar nach Westafrika ziehen. Die Oststörche fliegen über den Balkan, den Bosporus, Libanon, Israel, den Golf von Sues, erreichen Afrika in Ägypten, den Sudan und fliegen bis nach Südafrika. Die beiden Gruppen begegnen sich in Afrika nicht.

Früher nisteten im Kreis Minden-Lübbecke überwiegend Oststörche, jetzt zu etwa achtzig Prozent Weststörche. Weststörche überwintern inzwischen in großen Teilen nicht mehr in Afrika, sondern in Spanien, manche sogar in Südfrankreich, das heißt: »Sie fliegen nicht, was sehr gefährlich ist, über das Mittelmeer und den Atlas, über Marokko und die Wüste. Das erhöht nun die Überlebenswahrscheinlichkeit. Auch der Klimawandel wird ein Faktor sein. Aber bedeutsamer ist, dass die Störche sich die großen Mülldeponien in Spanien erschlossen haben. Die sind riesig, die sind Kilometer groß.« Außerdem ernähren die Tiere sich dort von einer invasiven Art, Roten Krebsen, aus den USA stammend, die sich in den spanischen Reisfeldern und kleinen Gewässern vermehrt haben. Sie picken die Krebse, schütteln deren Scheren ab, schlucken und genießen dann den Aufenthalt.

Ich höre beeindruckt zu bei den Erzählungen über die wachsende Storchenpopulation in meiner Heimatregion. Ich besuche im Sommer immer wieder Storchennester und schaue empor zu den Gelegen. In Hille am *Kornbrennereimuseum* kann man vermittels einer Storchenkamera sogar hineinblicken (siehe S. 60).

Ich bin fasziniert von Störchen, seit ich auf einer Türkeireise in den frühen 1980er-Jahren über Istanbul riesige Storchenschwärme fliegen sah. Ein nie gesehenes Bild. Das war imposanter als alle Tiersendungen, die ich je im TV gesehen hatte. Der Himmel über der türkischen Millionenmetropole war gefüllt mit den Tieren. Unfassbar.

Ich wollte daher schon immer mehr erfahren über diese Tiere. Alfons Bense hat umfangreich veröffentlicht und auch das *Storchenmuseum* im Haus *Windheim No2* mit aufgebaut.

Kleiner Einschub: *Windheim No2* klingt absolut wie Chanel No 5. So könnte ein edles Duftwasser heißen oder auch ein sehr eigenwilliges. Mehr »ländlich« als *Windheim No2* ist kaum denkbar. Danach kommt nicht mehr viel, rundherum liegen als letzte ostwestfälisch bewohnte Siedlungen Hävern, Döhren, Ilse und Ilvese, Seelenfeld, Heimsen, Wasserstraße und Schlüsselburg und dann ist Nordrhein-Westfalen zu Ende.

Windheim No2 ist ein »Projekt« in Petershagen-Windheim. Ein erfolgreiches, mit großer und überregionaler Strahlkraft, Café und Bühne, Bluesclub, Kino. Hier gibt es Konzertreihen, eine davon organisiert von den Freunden des gepflegten Zwölftakters e. V. Für die dortigen Bluestage gab es einen Award für das beste deutsche Open-Air-Bluesfestival.

»Saugut!«, schwärmt Bense, sei diese Bühne: »Allein schon für Windheim, für das Dorf. Da kommt eine Band aus Amerika, die haben in Europa nur in Helsinki gespielt und hier in Windheim!«

Und mittendrin beziehungsweise obendrauf, im ersten Stock des renovierten, ältesten Windheimer Bauernhauses, von 1701, thront das *Westfälische Storchenmuseum*. Hier gibt es alles rund um den Weißstorch: Biologie, Mythos, Modelle, Medien, als Höhepunkt ein echtes Storchennest, zu dem man steigen kann. Ergänzt wird das um Besonderheiten wie die umfangreiche Postkartensammlung. Karikaturen und Cartoons bringen Witz und Wunder in die faszinierende Schau.

Nun sitze ich auf der Diele des Bauernhauses von Alfons Bense. Er serviert Kaffee und Kuchen. Der ehemalige Torbogen, durch den die Bauern auf die Deele fuhren, ist verglast. Der frühere Wirtschaftsraum ist nun zentraler Wohnraum mit Blick auf die Wiesen der Windheimer Marsch.

Bense ist tätig in verschiedenen Organisationen rund um den Weißstorch. Das sind alles Ehrenämter, wirkt aber vom Umfang wie die Tätigkeit in einem führenden Wirtschaftsunternehmen. Schon als Kind interessierte er sich für die Natur und hatte in einem Ort nahe Braunschweig auf Wochenendfahrten Störche gesehen. Er kam mit seiner Frau aus Berlin, als er Gert Ziegler begegnete, 1984, einem Naturschützer. Dem, wenn man so will, ersten Storchenvater im Kreis, dem Bense nachfolgte. »Ziegler betreute die Störche, ein Konrad Lorenz Nummer zwei, und der sah auch so aus. Schneeweißes Haar, sehr viel Wissen, sehr kantig. Der ist überall angeeckt. Hat das Bundesverdienstkreuz bekommen und wieder zurückgegeben«, erzählt Bense.

Mit ihm begann Bense Mitte der Achtzigerjahre, Störche zu beringen. »Da sind die wochenlang oben in den Nestern und in diese Welt dringt man ein Stück weit ein – und entschuldigt sich im Grunde jedes Mal für die Störung.«

Das war anfangs eine heikle Angelegenheit. Sie haben Leitern aneinandergebunden: »Das war eine ziemliche Wackelkiste.« Dann konnten sie über Jahrzehnte ein Steigerfahrzeug nutzen. »Bis auf 16 Meter Höhe kommt man damit an viele Nester ran.«

Bense zeigt mir die verschiedenen Hülsen, mit denen man beringt, und wie man sie mit guten Ferngläsern ablesen oder mit hochauflösenden Kameras fotografieren kann.

Ich schaue bei Bense durch die verglaste Front, weil mich eine Bewegung irritiert hat. Ein Turmfalke fliegt in Richtung des Giebels und verschwindet direkt über dem Türsturz aus dem Blick. »Die nisten direkt über uns«, erzählt Bense. »Die Turmfalken nutzen denselben Kasten wie die Eulen.« Ein zweiter

Kasten sitzt am rückwärtigen Giebel. Oft hat er auf den zwei Seiten also auch zwei Arten. Ich staune. Der Nistkasten hat zwei Kammern und es gäbe, verblüfft mich der Vogelkundler, vereinzelte Fälle, da nisteten sogar beide zusammen in einem Kasten. »Vorn ein Turmfalke, die Eule hinten. Sehr skurril. Sie müssen sich vorstellen, im Kasten mit dem Einflugloch ist eine vordere Kammer und das Tier muss dann um eine Trennwand herum in die hintere. Vorne ist es hell, hinten ist es dunkel. Die Eulen stehen im Dunkel, die Falken im Hellen. Der Falke schläft nachts und die Eule muss über ihn rüber zum Jagen. Tagsüber ist Leben vorne in der Bude und die Eule schläft auf der anderen Seite. Das sind seltene Fälle, aber das gibt es.«

Und wie kommt in der Enge eines Nistkastens die Eule über den Falken rüber? Bense sagt cool: »Ach, es ist ja selten, aber die arrangieren sich.«

Für mich ist das eine biologische Sensation. Aber das gilt für fast alles, was er erzählt. Ich lerne: Der Storch ist mit dem Horst verheiratet, nicht mit dem Partner oder der Partnerin.

Die »Horsttreue« sei relativ hoch, und zwar dann, wenn das Paar erfolgreich gebrütet hat. Nach Störungen wechseln sie schon mal. Manche führen während der Brut eine sogenannte »Saisonehe«. Die Storchenpaare ziehen auch nicht gemeinsam ins Winterquartier. Sie treffen sich nach Möglichkeit am Horst wieder. Wenn aber ein anderer oder eine andere zuvor da ist, dann ist es dem oder der anderen auch recht. So entstehen mitunter heftigste Storchenkämpfe, wenn das Männchen oder das Weibchen vom Vorjahr zurückkommt und sich wieder reinkämpfen will.

Von »Storchenkämpfen« höre ich das erste Mal. Da kämpfen beide Geschlechter? Bense erzählt: »Auch die Weibchen untereinander. Ich habe das erlebt. Das spät zurückkehrende Weibchen war ›die Brandenburgerin‹. Sie war beringt, dadurch konnte ich sie identifizieren. Die hat das andere Weibchen, das auf den Eiern saß, auf dem Nest getötet. Mit einem Stich in den Hals. Das andere Weibchen ist verblutet. Das siegreiche Weibchen schmeißt dann das Gelege raus und brütet nach Möglichkeit neu. In diesem Fall hat das Männchen etwa zwei Tage über seinem toten Weibchen gestanden und alle Anzeichen von Trauer gezeigt, zärtlich an ihr rumgeknabbert. Ich bin dann mit dem Steigerfahrzeug hoch und habe das tote Weibchen runtergenommen. Zwei Tage später hat sich der Storch mit der Brandenburgerin gepaart und sie haben gemeinsam gebrütet. Das geht, wenn es nicht zu spät in der Saison ist. Anfang Mai sollte das Gelege komplett sein, sonst reicht die Zeit nach hinten hin nicht mehr.«

Erstaunlich sei, wie der Storch sich angepasst hat. Man denke immer, der Storch fresse Frösche. »Ja, frisst er gerne, aber Frösche haben wir hier nicht.« Es gibt kaum noch passende Biotope. »Mäuse, Aas, Maulwürfe, das ist seine Nahrung«, berichtet Bense und räumt ein, dass inzwischen leider auch die Gelege der bodenbrütenden Kiebitze auf dem Speiseplan des Storches stehen. »Dem Kiebitz geht es schlecht.«

Was ist für Bense das Besondere an dieser Tierart?

»Der Storch ist ein sehr markant gezeichneter Vogel, der sich überhaupt nicht versteckt. Der läuft offen rum, vögelt auch sehr offen. Der Storch macht das ganz öffentlich auf dem Hausdach. Er steht also auch für eine offene Sexualität.«

Historisch gesehen führte die Zeit des Pietismus, ab dem 18. Jahrhundert etwa, zu einem schamhaften Umgang mit der Sexualität, auch in der Bildsprache, und so erst entwickelte sich der große Mythos: Man machte den Storch zum Kinderbringer, der diese zur Frau flog.

Bense erzählt, der Storch sei das größte Tier in Mitteleuropa, das sich dem Menschen nah angeschlossen hat, ohne ein

Haustier zu werden. Er ist immer ein Wildtier geblieben, aber nistet auf dem Haus und »gibt uns damit eine Verbindung zur Natur. Diese Verbindung ist einfach da, ob wir sie sehen oder ignorieren, sie ist da. Das interessiert mich. Die Naturphilosophie, die Deutung.«

Bense ist kenntnisreich und begeistert und weiter voller Ideen und Ziele. Das *Storchenmuseum* soll erweitert werden und in eine größere Scheune umziehen. Ist es populär? Es ist gut frequentiert, von Fachleuten sowieso. Bense würde sich eine stärkere überregionale Bekanntheit wünschen, aber, auch das ist eine neue Information für mich: »Wenn Sie in die Reiseführer wollen, dann ist das kostenintensiv. Die meisten nehmen Sie nicht umsonst auf.«

Bense hat viel für diese Vögel gearbeitet, geforscht und veröffentlicht, allein drei Bücher sind bisher entstanden. Besonders auch die Mythenwelt interessiert ihn. Der Weg vom Vogel zum Kult begann schon zur Zeit der Pharaonen.

»Ein herrlicher ägyptischer Mythos lautete: Die jungen sorgen für die alten Störche, wenn die nicht mehr können. Und wenn die Alten nicht mehr fliegen können, nehmen die Jungen sie huckepack. Das hat biologisch keine Grundlage, ist aber für das Image des Storches fantastisch gewesen. Die Griechen haben das aufgegriffen, dort mussten die Jungen die Alten versorgen, also eine Art antiker Altersvorsorge, die benannten sie nach dem Storch, *lex pelargonia*, das ›Storchengesetz‹, und auch die Römer haben das übernommen. Das ging dann in die christliche Kirche ein, der Storch stand symbolisch für das vierte Gebot: ›Du sollst deinen Vater und deine Mutter ehren.‹«

Auf ein Wort

Hermannsdenkmal – Adlerwarte Berlebeck
Flugzeit: fünf Minuten
3. Januar 2024

Überm Teutoburger Wald
friert Held Hermann, ihm ist kalt.
Eisig zieht's von Osten rein,
Hermann hat den Frost im Bein,
muss im Schneegestöber stehn
und heldisch in die Landschaft sehn.

Adler Horst schaut auf die Karte,
denkt sich: Och, von meiner Warte
bis zum Hermann ist's nicht weit.
Ich mach kurz die Schwingen breit,
dreh 'ne Runde, bin schon weg
und bald zurück in Berlebeck.

Der große Fleck auf Hermanns Hut,
man sieht ihn nur von oben gut,
stammt aus diesem kalten Jahr.
Exakt am dritten Januar
hat Adler Horst, damit Sie's wissen,
dem Hermann auf den Helm geschissen.

***Fritz Eckenga**, Kabarettist, Satiriker, Poet und Dortmunder in »Geflügeltes Westfalen«*

Hennes IX.

Bei jedem Heimspiel des 1. FC Köln wird das Maskottchen, ein Geißbock namens Hennes, unter Applaus in das Stadion geführt. Und dies ist eine kleine Sensation: Hennes IX. stammt aus Ostwestfalen! – Das hätte sich das Rheinland nicht träumen lassen!

Tiere im Sport (»Kölner Haie«) sind mittlerweile an der Tagesordnung. Lebende Tiere als Maskottchen – ein Zwischenruf aus der Abteilung »Unnützes Wissen« – haben in der deutschen Fußball-Bundesliga lediglich zwei Vereine, die Frankfurter Eintracht und der 1. FC Köln. Der Adler der Frankfurter, auch Wappentier der Stadt, ist im Stadion seit 2006 präsent. Zuerst war er nur virtuell auf einem Videowürfel zu sehen, aber seit Beginn der Saison 2016/17 wird Steinadler Attila bei jedem Heimspiel als Glücksbringer von einem Falkner ins Stadion getragen – mit Ausnahme während der Covid-19-Pandemie. Die Adler von Benfica Lissabon hingegen dürfen sogar durchs Stadion fliegen und landen dann auf dem Vereinssymbol auf dem Anstoßpunkt.

Das wird von Hennes nicht verlangt. Hennes IX. hat eine eigene Facebook-Seite mit mehr als 33.500 Followern. Im Webauftritt des 1. FC Köln haben alle »Hennesse« eine eigene Seite, die Amtsübergabe ist sauber dokumentiert: »Hennes der Achte ist aus gesundheitlichen Gründen in den Ruhestand gegangen. Sein Amt hat Hennes der Neunte übernommen.«

Die Ernsthaftigkeit, mit der hier vom »Amt« dieses Ziegenbocks gesprochen wird, kann man wohl nur unter Fußballfans und Karnevalisten finden. Und verstehen kann man sie nur, wenn man im Rheinland geboren ist.

Hennes ist Kult in Köln! Und wie fing das alles an? Im Blog *11km.de* wird historisch-kenntnisreich der Beginn des Tierischen beim FC beschrieben: »Bereits seit 1950 gehört der Geißbock zum Effzeh. Zum zweiten Vereinsgeburtstag überreichte der Zirkus Williams auf Idee des Direktors Johann Thelen das Tier, das nach dem damaligen Spielertrainer Hennes Weisweiler benannt wurde. Hennes I. entpuppte sich gleich als Glücksbringer, sieben Spiele in Folge blieb man ungeschlagen. Bis Anfang der Sechzigerjahre fuhr der Geißbock auch fast immer auswärts mit, ehe der Tierschutz, DFB-Gesetze und logistische Gründe nur noch Heimspiele gestatteten.«

Auf der Seite unseres Bocks aus Ostwestfalen ist nun zu lesen: »Auf der offiziellen Saisoneröffnung am 4. August 2019 wurde Hennes IX. erstmals den FC-Fans vorgestellt. Der Bock der Rasse ›Bunte Deutsche Edelziege‹ wurde am 24. Februar 2018 auf dem Biolandhof Dörmann in Petershagen-Ilse bei Minden geboren und lebt seit August 2018 im Kölner Zoo.«

Um alle Tierschützer zu beruhigen, führen sie dort weiter aus: »Entsprechend verfügt er über alle nötigen Impfungen und tiermedizinischen Voraussetzungen, die ihm ermöglichen, den Zoo für seine Auftritte zu verlassen und ohne Quarantäne-Maßnahmen auch wieder dorthin zurückkehren zu können. Das sprach deutlich für die Ernennung des Bocks zu Hennes IX.«

Wie in allen Adelsdynastien gibt es auch hier absehbar das Nachfolgeproblem. Wie in einem Königshaus hat der Bock die Pflicht, Verein und Verehrern hoffentlich männlichen Nachwuchs zu schenken, beziehungsweise zu zeugen. Schon zur »Inthronisation« 2019 hieß es im *Westfalenblatt*: »Eine Kastrierung von Hennes IX. sei grundsätzlich irgendwann nötig: ›Zunächst soll Hennes IX. aber die Gelegenheit bekommen, Junge zu zeugen, sodass der FC in Zukunft möglicherweise über einen Hennes-Stammbaum verfügen könnte, aus dem die jeweiligen Nachfolger ausgewählt werden könnten.‹«

Den medizinischen Eingriff konnte Hennes IX. mit der Zeugung von ausschließlich Töchtern noch etwas hinausschieben. Doch dann schrieb *Bild* im April 2022: »Endlich sind es mal Böckchen! FC-Maskottchen Hennes IX. ist Papa geworden von zwei süßen Mini-Böckchen.« Und weiter: Über Generationen hinweg begleite das Tier in immer neuen »Inkarnationen« den Verein seit 1950 und »gilt in Köln als fast so heilig wie der Dom«.

Nicht alle Tiere konnten ihrem Job als Glücksbringer gerecht werden. Hennes VII. musste vier Ab- und Aufstiege miterleben und erhielt – unfassbar, aber lustig – den Beinamen »Fahrstuhl-Hennes«.

1978 gewann der FC Köln das »Double« und wurde Deutscher Meister und Pokalsieger. Freude und Verehrung kannten damals keine Grenzen. *De Höhner* schrieben sogar das Lied »Unsre Bock eß Meister«. Der Ostwestfale schüttelt den Kopf, sagt aber nix. Der Kölner ist glücklich.

Wie bei jeder guten Geschichte muss man natürlich »gegenrecherchieren«: Ich rufe also an bei Dörmanns Biolandhof in Ilse bei Petershagen. Heike und Friedrich Dörmann machen seit vierzig Jahren Landwirtschaft, seit dreißig Jahren sind sie ein Biohof, seit zwanzig Jahren halten und züchten sie Ziegen und haben genauso lange ihre Käserei, die inzwischen bundesweit vertreibt und einen Top-Ruf hat. Gut zweihundert Ziegen halten sie.

Wie war das denn nun mit Hennes IX.? »Das war schon kurios, als die hier anriefen«, erzählt Friedrich Dörmann. »Wir verkaufen ja immer mal Tiere, aber das war eine Situation, dass ich dachte, das ist ein Fake-Anruf von irgendeiner Radiostation.«

Und wer rief an? »Ein Kurator vom Kölner Zoo. Bernd Marcordes. Ich hab gedacht: Das kann nicht sein. Da ruft also tatsächlich ein Rheinländer an bei einem ostwestfälischen Ziegenbauern und will einen Ziegenbock kaufen. Für den FC und den Zoo.« Der alte Bock hätte Arthrose und den Weg ins Stadion könne man ihm nicht mehr zumuten.

Friedrich Dörmann klärt mich mit der Routine des Züchters über die Hintergründe auf. In Deutschland kursiert ein Virus, der bei Ziegen Arthrose auslösen kann. »Unser Hof ist nachweislich virenfrei. Das war entscheidend für die Kölner. Wir hatten alle Gesundheitszertifikate.«

Zwei Tage später schon kam Bernd Marcordes in die nordöstlichste Region von Ostwestfalen, ins beschauliche Dörfchen Ilse nah der Weser. Der Zoo als Halter und der Verein als Auftraggeber wollten mit diesem neunten Hennes längerfristig denken. Man plante erstmals, mit dem neuen Hennes selber zu züchten. »Köln baut sich jetzt eine eigene ›Hennes-Dynastie‹ auf«, sagt Friedrich. Ob sie auch eine weibliche Ziege verkaufen würden, wurden Friedrich und Heike Dörmann gefragt.

Gewitzt sagten die beiden Ja, aber nur unter der Bedingung, dass man sie Ilse taufen würde, wie das Dorf, in dem der Ziegenhof beheimatet ist. Dörmanns betreiben ein äußerst kluges Ilse-Marketing. Alle ihre Käseprodukte beginnen mit »Ilse«. Der Camembert heißt Ilsebär und Ilsebrie, der Münsteraner Rote Ilse. Es gibt den Ilsetaler, Ilsewitt und Ilsekrün und natürlich die Ilsebill.

Friedrich Dörmann lacht, als er mir das erzählt: »Deine Mutter heißt doch auch Ilse, oder?«

»Jau!«

Meine Mutter wundert sich später, als ich ihr erzähle, dass sie bis »hinter Petershagen« bekannt ist. Sie kontert mit: »Ick bin ower keine Ziargen!«

Hennes lebt mit seinem weiblichen Gefolge im Kölner Zoo. Friedrich Dörmann erzählt: »Das Clubhaus des 1. FC Köln heißt ›Geißbockheim‹. Das liegt am Decksteiner Weiher in Sülz. Und unser Hennes lebt im ›kleinen Geißbockheim‹! Das ist eine der Hauptattraktionen im Zoo.«

Das Nachwuchsproblem ist, wie bereits geschrieben, mittlerweile behoben. Friedrich Dörmann kommentiert das so: »Damit ist sichergestellt: Die Wurzeln des kölschen Hennes sind dauerhaft ostwestfälisch!«

Eine Frage habe ich noch: Was waren denn die Kriterien, nach denen der Kurator den Bock ausgesucht hat? Gibt es da irgendwelche charakterlichen Prägungen?

»Der hat aus einer größeren Gruppe den vorwitzigsten ausgewählt. Entsprechend ist der auch drauf. Der war da einfach der Klamaukbruder.«

»Wie jetzt? Ein Tier?«

»Ein *besonderes* Tier.«

Wie erkennt man denn so was? »Das sah man. Der kam sofort. Wie gesagt, ein vorwitziger Kerl. Die Tierpfleger laufen mit dem ja jetzt auch im Zoo und der macht da alle Grappen mit.«

Heißt das, der Ziegenbock, ein Tier also, ist sich der Komik seines Handelns und Tuns zumindest in Teilen bewusst?

Fast philosophisch sagt Friedrich: »Der Verdacht liegt nahe!«

Und wir notieren uns: In Ostwestfalen haben selbst die Paarhufer ein Talent zur Komik.

Vom Erben

Der Ostwestfale redet nicht viel. Dementsprechend wird wenig besprochen. Auch die wichtigen und noch mehr die heiklen Dinge werden fast nie beim Namen genannt. Man ist da regelrecht »schenannt«. Das ist eine Mischung aus peinlich und unsicher.

Eines der großen Themen, die permanent ausgelassen werden, sind Krankheit und mehr noch: das Verscheiden, der Tod. Und der Tod hat ja immer zwei Seiten beziehungsweise zwei Akteure, die, die gehen, und die, die bleiben.

Wir alle sind die Generation der Erben. Natürlich erst dann, wenn unsere Eltern sterben. Ein Thema, das umgangen wird. Es wird nicht verschwiegen in dem Sinne, man spricht nur nicht darüber. Aber irgendwann ist es dran, dann müssen die letzten Dinge geordnet werden, die Lieder bestimmt, die gespielt werden sollen, und es muss geklärt werden, wie denn nun mit dem Nachlass verfahren werden soll.

Ich wohnte noch nicht wieder in Minden. Bei einem Besuch »daheim« in Ostwestfalen überraschte mich meine Mutter mit dem Satz: »Wenn wir mal weg sind ...«

Ich fragte: »Wohin?«

Sie sagte: »Nein, endgültig!«

»Ach so, dann! Äh? Was ist dann?«

»Dann darfst du nicht alles wegwerfen.«

»Wie? Ich muss alles aufheben?«

»Nein. Aber es gibt da so Dinge ...«

»Mutter, was für Dinge?«

»Na ja ... Ringe und so.«

In beglücktem Verstehen fragte ich: »Mutter, was ist mit den Ringen? Und wo sind die?«

Sie antwortete leicht vorwurfsvoll: »Darum geht es doch grade. Du darfst nicht alles einfach so wegwerfen. Zum Beispiel ... das Mehl!«

»Bitte?«

»Da könnte was drin sein!«

»Doch nicht etwa ... Ringe oder so?«

Meine Mutter nickte heftig.

Ich grübelte. »Und wie machst du das dann beim Backen?«

Sie sagte: »Sei nicht so frech! Sonst erbt die Kirche das Haus! Du hast sowieso nie Rasen gemäht!«

Ich fragte, ohne nachzudenken: »Seit wann mäht der Pastor bei uns den Rasen?«

Wir haben herzhaft gelacht, Mutter, Vater, Kind und später mein Bruder, als ich ihm das erzählte. Es wurde eine Geschichte, die ich gerne mit auf die Bühne nehme. Sie ist »typisch für die Region«.

Und dann trat ich in meinem Heimatdorf Kutenhausen auf und hab die Anekdote auch dort zum Besten gegeben. Wortwörtlich. Meine Eltern saßen in der ersten Reihe.

Als das gewaltige Lachen des Publikums langsam abschwoll, sagte meine Mutter in die Stille hinein: »Kerl, getz mött ick datt ganze Tüges wohl woannerste verstäken!«

Forever Young: Alphaville

Ich bin weiter auf der Suche nach den Besonderheiten Ostwestfalens, nach Skurrilitäten, nach Leuchttürmen, nach Themen. Ich stöbere durch Zeitungsarchive, Websites, Wikipedia. Ich bekomme Tipps von Freunden und Bekannten. Immer wieder ist es der Journalist Hartmut Horstmann, der mich auf Fährten stößt. Er weist mich in meiner Suche weit hinaus – in die bombastische Welt des Pop! Und es bleibt doch so nah: Die Band *Alphaville* kommt im Grunde aus Enger. »Big in Japan« wird ihr Riesenhit. Auch mit dem Song »Forever Young« gelingt der internationale Erfolg, mit »Sounds Like a Melody« kommen die jungen Herren aus Ostwestfalen zum dritten Mal in die Top Ten in Deutschland und in der Schweiz.

Der Startpunkt ist Silvester 1982 im *Forum Enger*. Der legendäre Club im Ostwestfälischen wird an diesem Abend zum Geburtshelfer eines gigantischen Welterfolgs.

Die Silvester-Band nannte sich *Forever Young*, nicht ahnend, dass nur kurze Zeit später das einer ihrer ersten Welthits werden wird. Zwei der jungen Männer, Bernd Gössling und Frank Sorgatz, machen danach weiter, nur fehlt ihnen ein Sänger.

Schon bei der Silvesterfete im Jahr zuvor hatte Gössling in Enger zum Jahreswechsel im *Forum* gespielt, unter dem Bandnahmen *Chinchilla Green*, mit einem in Münster lebenden Herforder. »Big in Japan« war da schon im Repertoire gewesen. Dieser Herforder war Hartwig Schierbaum. Man kannte sich also. Sie riefen ihn an und der kam nach Pödinghausen in den Probenraum, der zuvor Gösslings Kinderzimmer gewesen war. So wurde in einem Dorf bei Enger erstmals »Forever Young« in Originalbesetzung gespielt.

Die drei Musiker trafen sich weiter in Münster, verstanden sich als Studioprojekt und ergatterten tatsächlich die Eintrittskarte ins Paradies: 1983 bekamen sie einen Plattenvertrag. Alle waren Anfang zwanzig. Was macht eine junge Band als Erstes? Sie sucht sich einen internationalen Namen. Den fanden sie im Titel des legendären Films *Alphaville* von Jean-Luc Godard. An einen Erfolg glaubten sie nicht: »Was wir machten, war damals jenseits der Charts-Musik«, erzählt Gössling im Interview mit Horstmann. Sie suchten sich Pseudonyme. Ab nun heißen die drei Ostwestfalen nicht mehr Bernd Gössling, Frank Sorgatz und Hartwig Schierbaum, sondern Bernhard Lloyd, Frank Mertens und Marian Gold. Ihre Künstlernamen klingen international, ihre Herkunft aber ist Ostwestfalen.

Bernhard Lloyd denkt zurück an die erste Probe von »Forever Young« in der neuen *Alphaville*-Besetzung: »An den Augenblick, als Marian das zum ersten Mal gesungen hat, kann ich mich noch genau erinnern. Das war ein magischer Moment.«

Hartmut Horstmann überschrieb seinen Artikel über *Alphaville* dann auch augenzwinkernd mit »Die Magie begann in Pödinghausen«.

Lloyd sagt, sie seien zu Beginn keine versierten Musiker gewesen, man habe aus dem Lebensgefühl heraus diese Musik entwickelt, Synthiepop. »Wir waren zur richtigen Zeit am richtigen Ort.« Und dieser Ort ist manchmal eben nicht Hamburg oder Berlin, Paris oder New York, das können auch mal Enger und Münster sein. »Sounds like a melody!«

Von der Urbesetzung tourt heute einzig Sänger Marian Gold weiter. Während ich diesen Text formuliere, ist der frühere

Berliner Hausbesetzer mit dem *Deutschen Filmorchester Babelsberg* unterwegs: »40th Anniversary – The Symphonic Tour«, mit den zahlreichen Hits dieser Band.

Auch wenn Münster immer wieder als Gründungsort der Band genannt wird, letztlich wurden *Alphaville* von Pödinghausen aus »Big in Japan« und bleiben damit »Forever Young« im Rest der Welt.

Auf ein Wort

»Es gibt in Ostwestfalen-Lippe ja außer Bielefeld keine Großstadt. Das ist halt eine Anreihung von verlorenen Dörfern, durch die man sich bewegt, wo man nachts durch die Gegend trampt, auf der Suche nach Leuten, die an ähnlichen Dingen interessiert sind. (…) Die Leute, die am verzweifeltsten sind, die trifft man dann auch eines Tages und mit denen muss man sich dann den Rest des Lebens rumschlagen. Wir haben uns zum Beispiel immer getroffen im *Forum Enger*, das ist zwischen den Dörfern, zwischen Herford, Bielefeld, Salzuflen. Das war so ein Achtzigerjahre-Indie-Pop-Punk-Laden … und da hat sich einiges entwickelt.«

***Bernadette La Hengst**, Musikerin, in »Ostwestfalien Aliens – ein Landstrich schlägt zurück« (WDR 5, 2003)*

Stadt. Land. Pop. – Die Hamburger Schule

Ich hatte mich schon für mein Radiofeature »Ostwestfalien Aliens« mit der »Hamburger Schule« befasst. Eigentlich ist es längst eingegangen in das popkulturelle Gedächtnis Deutschlands, dass diese musikalische Initialzündung ihren Ursprung in Bad Salzuflen hat. Ich bin im »Westfälischen Literaturarchiv« in Münster und spreche dort mit Walter Gödden über die Pläne zu meinem Buch. Auf dem Flur zu seinem Büro hängen Plakate von Bernadette La Hengst und Bernd Begemann von Auftritten im Februar und März 2009. Walter dreht sich in einem fast klischeehaft vollgestapelten Büro nur kurz um die eigene Achse, geht zielgerichtet zum Regal und legt mir einen Katalog vor zu einer Ausstellung, die er mit und über die Hamburger Schule, über ihre westfälischen und mehr noch ostwestfälischen »Exponenten« gemacht hat.

Gödden betitelte die Ausstellung mit dem Wortspiel »Stadt. Land. Pop.«, 2008 gezeigt im von ihm gegründeten und geleiteten Museum für westfälische Literatur auf dem *Kulturgut Haus Nottbeck*. Westfälische Bands mit ihren Songtexten standen im Mittelpunkt, die meisten aus Bad Salzuflen: Bernd Begemann, Bernadette La Hengst *(Die Braut haut ins Auge)*, Frank Spilker *(Die Sterne)*. Jochen Distelmeyer *(Blumfeld)* kommt aus dem benachbarten Bielefeld-Brake. Mit anderen gründeten sie das Musiklabel »Fast weltweit«. Frank Werner mit seinem Studio, Comedian Achim Knorr und weitere stießen dazu. Dieser Kreis von Musikern bildet kurze Zeit später den Kern der »Hamburger Schule« zusammen mit *Erdmöbel*, die aus dem Münsterland stammen. Begemann textete damals:

Wir werden alle genug zu essen haben
und hässliche teure Pullover tragen
in einer Fußgängerzone um die ganze Welt
von Bali bis nach Bielefeld (...)
Völker der Welt,
seid ihr bereit,
Bad Salzuflen weltweit!

In diesem Songtext von Bernd Begemann gibt es auch die schönen Zeilen:

Und die Kriege würden aufhören,
wenn alle wie Bad Salzufler wären,
denn Bad Salzufler vertragen sich,
nur auf dem Schützenfest manchmal nicht.

Manchen gilt Begemann mehr noch als *Die Sterne* oder *Blumfeld* als Vater der »Hamburger Schule«, weil er sich als Erster auf den Weg gemacht hatte in die Hansestadt.

Sie alle kommen zu Wort im wunderbaren Ausstellungskatalog mit der Unterzeile »Popmusik zwischen westfälischer Provinz und Hamburger Schule«. Dieses Kompendium gehört unbedingt in den Kanon der wichtigen ostwestfälischen Bücher. Frank Spilker erinnert sich dort an das legendäre Festival »Umsonst und draußen« in Vlotho, das er in drei Worten beschreibt: »Woodstock in Ostwestfalen. Aber wirklich.«

Lucky in Lahde: Curse

Rapper Curse ist auf Heimatbesuch in Minden. Morgen Abend gibt er ein Konzert in der *Musikbox*. Wir treffen uns in der Stadt, kennen uns noch nicht, aber die Stimmung ist sofort vertraut. Wir sitzen mittags auf dem Marktplatz und leeren diverse Flaschen Mineralwasser. Ein Rapper aus Minden war lange Zeit so ziemlich das Unwahrscheinlichste, was man sich vorstellen konnte. Ganz falsch!

Wie ist der Blick auf das Konzert morgen?

»Ach, das wird eine große Gaudi!«

Ein Heimspiel in Ostwestfalen, ja, aber Curse ist einer der Großen im deutschen Rap. Er kollaboriert mit zahlreichen Kolleginnen und Kollegen, mit Samy Deluxe, Kool Savas, mit *Silbermond*, mit Gentleman. Er hat neben seinen eigenen Erfolgen Songs geschrieben für andere, vor allem »Zusammen«, den großen Hit der *Fantastischen Vier*, den sie gemeinsam mit Clueso aufgenommen haben.

Thomas D. sagte in einem Interview über die Zusammenarbeit: »Curse habe ich zuerst menschlich gefeiert, nachdem ich etwas über ihn im Fernsehen gesehen habe. Ich habe mich verliebt in Curse, weil ich den menschlich so toll finde! Und seine Songwriter-Qualitäten – ich meine, er hat ›Zusammen‹ erfunden! Das ist grandios, schlichtweg Wahnsinn. Danke.«

Größer kann man nicht gefeiert werden.

Es war kein einfaches Aufwachsen als Rapper in Minden, in Lahde, in Ostwestfalen. Hier war kein Hotspot für Hip-Hop.

Für ein Kind, einen Jugendlichen in dieser Zeit in Minden, vor dem Aufkommen des Internets, gab es kaum Möglichkeiten, diese Kultur zu erleben. »Ich war allein auf weiter Flur.«

Mike, wie die meisten ihn nennen – »Eigentlich sagt nur meine Mutter ›Michael‹« –, hat seit seiner Kindheit gewusst, wo er hinwill. Es war im Grunde ein kleiner Kick, der nachhaltig gewirkt hat. Eine kleine Inspiration, der Michael als Kind schon gefolgt ist, die er extrem früh schon begonnen hat, konsequent umzusetzen.

War das Imitation? Kindliches Spiel?

Curse sagt ganz deutlich: »Das war ganz klar kein Spiel. Es war ganz klar: Das will ich machen!«

Und wann begann das alles?

»Schon im Kindergarten! Mit vier oder fünf.«

Mike erzählt, dass er in Lahde in den Kindergarten ging. Ein Breakdancer war dort als Zivi tätig.

»Der war aber in der anderen Gruppe. Und die haben Breakdance geübt. Immer wenn ich gehört habe, dass es bei denen losging, hab ich in meiner Gruppe gesagt, dass ich mal aufs Klo müsste. Und dann bin ich rüber. Aber nach fünf Minuten flog das auf, dann hat der Zivi das gemerkt und gesagt: ›Du gehörst ja gar nicht hierhin.‹ Und ich musste wieder zurück. Ich musste mir das alles erkämpfen.

Ich hab mir am Anfang alles selber beigebracht. Später hatte ich ein, zwei Kumpel. Aber selbst denen musste ich eher zeigen, was ich mir bis dahin erarbeitet hatte.«

Seine Vorbilder waren die US-Rapper aus den frühen Neunzigern, Big Daddy Kane, Rakim, Ice Cube. »Niemand in Deutschland machte damals Rap auf diesem Niveau.«

Ich bekomme jetzt erst mal einen Grundkurs: Rap ist eine Musikrichtung, Hip-Hop ist eine Kultur. Ehemals eine Subkultur, inzwischen eher eine Leitkultur, die viel mehr umfasst als nur die Musik, dazu kommen Graffiti, DJ-ing und Breakdance, außerdem Klamotten, Lifestyle.

Mike hatte dann an der Schule Kontakt zu einem Jugendlichen, der vier oder fünf Jahre älter war und ihn mit Musikkassetten versorgte; der ihm erzählte vom BFBS, dem britischen Soldatensender, und dass es dort einmal in der Woche eine Rap-Show gäbe. Irgendwann stand erstmals etwas in der *Bravo*. Irgendwann sah er das erste Plattencover. Das waren dann die ersten Bilder, die ersten visuellen Orientierungen. Irgendwann lieh ihm, Mike war elf oder zwölf, ein Freund eine erste VHS-Kassette mit dem Spike-Lee-Film *Do the Right Thing*. Er schaute ihn wieder und wieder. Irgendwann merkte Mike, dass noch ein weiterer Film auf der 180-Minuten-Kassette dahinter aufgenommen war: ein Konzertfilm der New Yorker Kultband *Public Enemy*.

Das erste Mal sah er ein komplettes Rap-Konzert live, die Songs, den Rap, die Moves, das Publikum. »Das war eine Gehirnexplosion!« Er begann, sich für die politischen Bewegungen zu interessieren, für die Schwarze Kultur, die hinter Rap stand, Black Panther, Malcolm X, Martin Luther King.

»Meine Eltern mussten mir die Texte übersetzen, aber die waren natürlich auch nicht fit im amerikanischen Slang.«

Was sagten die überhaupt zu seinen musikalischen Ambitionen? Mike grinst breit: »Solange die Schule nicht darunter leidet!«

Zum »turning point« wird ein Auftritt beim Stadtfest Minden 1992 in der »Einfach so Show«. Ein Erfolg. Mike blieb dran und kurz vor seinem 14. Geburtstag war er zum ersten Mal bei Busy in Bad Oeynhausen im Studio, ein Mann, der künftig den Großen der deutschen Musikszenen den letzten Schliff geben wird bei ihren Aufnahmen, beim »Mastering«. Es entsteht ein kleines, außerhalb der Szenen fast unbemerktes ostwestfälisches Popkulturwunder, schon das zweite nach der »Hamburger Schule«.

Hier bei Busy rappt Curse das erste Mal in einem »richtigen Studio« und zieht die nächsten Jahre mit DJs und Rappern durch die Diskotheken. Mike erzählt, wie die DJs immer auf ihn zeigten, der vom Alter her eigentlich noch nicht in diese Locations hineingedurft hätte: »Das ist der Rapper. Der kriegt keinen Alkohol. Aber der rappt!«

Mit Freund Lord Scan und anderen veranstalten sie, Mike ist jetzt 16, den ersten Mindener Hip-Hop-Jam im *FKK*.

»Es gab sogar 'ne Bombendrohung. Wir mussten evakuieren.«

Mit 17 geht Mike für zwei Jahre nach Amerika. »Zwei Stunden mit dem Bus von New York entfernt. Es war die goldene Zeit des Hip-Hop und Rap. Und ich war vor Ort. Das war meine nächste Sozialisierung. Es war eine Mischung aus jugendlicher Furchtlosigkeit und harter Ignoranz. Ich bin da einfach überall hin und rein.« Hier gab es die nächsten Impulse.

»›Warum rappst du nicht mit deinem New-York-Stil auf Deutsch?‹, fragten sie. ›Das macht noch niemand. Du wärst der Erste.‹ Ja, und das wollte ich dann auch sein.«

Er kam nach dem ersten Jahr zurück nach Minden und wollte im Studio bei Busy nun deutschen Rap aufnehmen. Der war entsetzt. Aber die Legende besagt, dass Busy schon nach dem ersten deutschen Song fragte: »Hast du noch einen?«

Und ein Studiokollege, der damals bereits bekannte DJ Whizz von *RAG*, sagte: »Ich habe die Zukunft des deutschen Rap in der Kabine stehen.«

Das wurde Curse auch inhaltlich. Das Hip-Hop-Magazin *Juice* nannte ihn: »Der Philosoph unter den deutschen Rappern«.

»Rap war mein Vehikel, was zu sagen, meinen inneren Zuständen einen Ausdruck zu geben.«

Als er zurückkam nach seinem zweiten Jahr in Amerika, lag der Plattenvertrag unterschriftreif vor.

»Ich habe seitdem außer dem Zivildienst nichts anderes mehr gemacht.«

Er hat in Amerika ein paar Semester Psychologie und Soziologie studiert. Da knüpft er inzwischen wieder an. Nach einer mehrjährigen Konzertpause sagt er im Rückblick: »Ich musste erst selber gesunden. Ich möchte lernen, verstehen und teilen.«

»Curse ist ein deutscher Rapper und systemischer Coach«, weiß Wikipedia heute. Während seiner Auszeit bildete er sich fort und stellt diesen zweiten Strang gleichberechtigt neben die Musik: »Ich mache eigentlich nur eine Sache: das, was mein Leben so sehr bereichert hat, mit anderen zu teilen«, schreibt er auf seiner Website. Er lädt dort ein zum »Bad Meditators Club« und schreibt Bücher, die auf der *Spiegel*-Bestsellerliste landen.

Im Gespräch ist er sehr witzig. Warum taucht diese Farbe weniger in den Texten auf? »Ach, ich sehe meine Stärken eher in den Geschichten. Der Witz hier aus Minden ist ein eigener Humor. Unsere Sprüche sind für manchen auch fremd.«

Wie ist er denn, der Ostwestfale?

»Manchmal grummelig, aber mit gutem Herz.« Curse überlegt kurz: »Kann man auch drunter leiden. Es kann durchaus schwierig sein, wenn man aus der Reihe tanzt. So was wird nicht gern gesehen.«

Curse ist groß geworden in OWL und hier gilt: »Wenn du was machen willst, musst du ran! Es gibt nicht noch fünfzig andere, die das auch wollen. Du musst es also tun.« Das ist ein Satz, eine Einschätzung, die ich so immer wieder von meinen Gesprächspartnern höre.

Er sagt: »Natürlich ist die Bronx anders als Löhne und Vlotho. Aber aus dieser Namenlosigkeit kommst du nur aus eigenem Antrieb hoch. Die Amerikaner sagen: ›Something from nothing‹.« Aus nichts etwas machen.

Trifft er Joris aus Vlotho oder Caspar (in Lemgo geboren, zum Teil in Extertal aufgewachsen, in Barntrup auf dem Gymnasium gewesen und in Bielefeld studiert), dann gilt: »Ostwestfalen verbindet!«

»Keine andere kleine Stadt hat so viel Einfluss auf Rap gehabt!«, sagt Curse über seine Heimatstadt Minden.

Italo Reno & Germany gehören hier zur Szene, Busy, Scan, all die genannten und die Crowd drum rum. Curse erzählt, wie er »Zusammen« geschrieben hat, gemeinsam mit dem schon legendären Mindener Produzenten-Duo »Hitnapperz«, den Brüdern Toni und Ricco Schönebeck. Der Song wurde nicht nur ein Riesenhit, er wurde auch der Claim für die Fußballnationalmannschaft bei der WM 2018.

Und das alles nahm seinen Ausgang in einem Kindergarten, in dem sich Michael zum Breakdance schlich! Lucky in Lahde!

Glück zu!

»Glück zu!« ist der klassische Gruß der Müller. Wandernde Gesellen oder Lehrlinge sprachen traditionell, wenn sie eine neue Mühle betraten: »Glück zu! Ein Wandersmann spricht um Arbeit an und einen schönen Gruß vom letzten Meister und Gesellen!«

Nach meiner guten Erfahrung mit dem Einwohnermeldeamt der Stadt Minden machte ich bald eine nächste mit der Kreisverwaltung Minden-Lübbecke. Ich bekam eine Einladung. Die Kreisverwaltung fragte an, ob ich zu einer Feierstunde anlässlich des vierzigjährigen Jubiläums des Mühlenvereins eine kabarettistische Festrede würde halten können. Der Mühlenverein hat es federführend geschafft, dass die »Westfälische Mühlenstraße« gegründet wurde. 43 Mühlen im Landkreis Minden-Lübbecke sind mit Routen verbunden. Das Ensemble dieser vielen Mühlen ist in Summe ein gigantisches Baudenkmal.

Der Verein und private Eigentümer sorgen dafür, dass diese Baudenkmäler durch einen »Mühlenbauhof« denkmal- und fachgerecht erhalten und restauriert werden. An den einzelnen Mühlen gibt es vielfältige Aktivitäten, Mühlentage und Kulturangebote von Konzert bis Kabarett. Der Mühlenverein war das Ergebnis zukunftsorientierter Überlegungen einiger weniger, die es schafften, mit einer Idee zur Rettung des historischen Baubestands Zukunft zu denken. Sie schufen einen touristischen Anziehungspunkt und gleichzeitig ein Identifikationsangebot für den in der Gebietsreform 1973 neu formierten Kreis Minden-Lübbecke, in dem der Westen sehr mit dem Osten fremdelte und umgekehrt. Besorgte Beamte mussten für die Idee genauso gewonnen werden wie vorsichtige, manchmal misstrauische Mühleneigentümer. Das Ergebnis heute, Jahrzehnte später, ist überwältigend.

Erfreut sage ich zu, denn mich faszinieren Mühlen grundsätzlich. Im Kreis befinden sich insgesamt neun Wassermühlen, eine Schiffmühle (der einzige »Neubau«), kombinierte Wasser- und Windmühlen, zahlreiche »Holländer« und drei Bockwindmühlen, in Summe, wie gesagt, beachtliche 43.

Und dann beginne ich, einen Text zu schreiben:

»›Voltins Mürlen‹ steht auf einer Geländestufe über der Weser. Ich bin als Kutenhauser nur anderthalb Kilometer von dort entfernt aufgewachsen, also quasi neben der Weser. Dabei habe ich allerdings schon die Grenze zu Todtenhausen gequert; die Weser ist für mich so etwas wie meine zweite Aorta. Eine Lebensader. Und Valentins Mühle, das ist für mich, Herz und Lunge wäre übertrieben, aber mindestens die Milz!

Dieser Hügel an Voltins Mürlen war früher unsere Rodelstrecke. Als diese Mühle restauriert wurde, war es ein Geschenk an uns in den beiden Dörfern. Und wenn sie nun zu Weihnachten die Flügel mit Lichterketten geschmückt bekommt, dann ist das der denkbar charmanteste Gruß an jeden, der vorüberfährt. Sonst mag ich keine Lichterketten an Hausfassaden, aber diese winterlich geschmückte Mühle hat für mich mehr mit Weihnachten zu tun als alle Weihnachtsmärkte zusammen. Glühbirnen statt Glühwein!

Eine alte Jugendfreundin, Regina, ist Eigentümerin der Großenheider Mühle, ebenfalls in Todtenhausen, nur 2,5 Kilometer entfernt. Es ist herrlich witzig, wenn sie pointiert erzählt, wie unverschämt sich manchmal die Mühlenbesucher benehmen, die meinen, eine öffentliche Gaststätte vor sich zu haben. Die in Stuben eindringen und auf Toiletten wollen, als wären sie zu Hause.

Über Mühlen kann man nur schwer komisch reden und sich lustig machen schon gar nicht. Eine Mühle ist eine ernste Angelegenheit. Ein Zweckbau. Der Müller ist einer der großen mythologischen Handwerksberufe. Die Weltliteratur spielt immer wieder an und in Mühlen. Don Quixote vermutet in den Flügeln ernsthafte Gegner. Unsinn, ja, aber es bleibt eins der stärksten Bilder der Weltliteratur!

Während der Müller in ›Krabat‹ düster und verschlagen ist, wird die Müllerin oft als eine liebliche und schöne Figur gezeichnet. Bettina von Arnim schrieb in ›Goethes Briefwechsel mit einem Kinde‹ über eine Müllerin: Sie war ›gar schön, wachte auf, zündete ein Kienholz an und kam vor die Tür gegangen.‹

Von Wilhelm Müller stammt der Gedichtzyklus ›Die schöne Müllerin‹. Ich glaube fest, es ist ein ›Nachruf‹ auf seine unglückliche Liebe zu Luise Hensel, die Dichterin des Gebets ›Müde bin ich, geh zur Ruh'‹, die lange in Ostwestfalen lebte und hier auch verstarb. ›Das Wandern ist des Müllers Lust‹ entstammt ebenfalls seiner Feder.« (Wilhelm Müller, der schon mit 32 verstarb, wurde übrigens an einem 7. Oktober geboren, genau wie ich und die ehemalige NRW-Ministerin Frau Ursula Heinen-Esser, siehe S. 18.)

Die Recherche rund um das Müller-Handwerk und den Mühlenkreis Minden-Lübbecke ergänzte ich beim Auftritt um einige Anekdoten. Aus diesem Grunde gebe ich noch mal meiner Mutter das Wort:

Ilse hatte zu meiner Berufswahl, nach meinem Abitur und vor der Lehre als Zimmermann, gesagt: »Geh zur Kreisverwaltung! Da sitzt du den ganzen Tag im Warmen und du bekommst nachher in Rente noch mehr als vorher. Und du machst dich garantiert nicht kaputt!«

Ich hatte damals zu ihr gesagt: »Du glaubst doch nicht, dass ich mein ganzes Leben lang jeden Tag morgens zur selben Zeit durch das gleiche Tor fahre.« Das hat sie mir kürzlich erst erzählt, ich hatte das längst vergessen.

Die Feierstunde zum Jubiläum des Mühlenvereins fand statt in der Kreisverwaltung. Mein erster Arbeitstag dort. Das würde sich auf meine Rente nicht wesentlich auswirken, aber immerhin.

Ich erzählte den Anwesenden beim Festakt diese kleine Geschichte. Landrat Ralf Niermann, wir kennen uns und waren auf derselben Schule, nahm das in seinem Dank an mich auf. Er überreichte mir eine Flasche Wein und sagte: »Bernd, immerhin kannst du deiner Mutter nun sagen, dass du zumindest mal einen Tag in der Kreisverwaltung gearbeitet hast.«

Ich antwortete: »Wenn ich Ilse sage, dass ich für den ersten Tag sofort eine Flasche Rotwein bekommen habe, dann hast du morgen ihre Bewerbung auf dem Tisch!«

13 Fragen an Steffen Kampeter

Steffen Kampeter, CDU, ist Hauptgeschäftsführer der deutschen Arbeitgeberverbände, 1990 bis 2016 MdB, 2009 bis 2015 Staatssekretär im Bundesfinanzministerium.

Er ist ein paar Jahre jünger als ich, ich kenne ihn noch vom Gymnasium. Schon damals in der Schülermitverwaltung war sein politisches Interesse spürbar und zu erkennen. Ich traf ihn vor Jahren mehrfach in der Bahn, wenn er Richtung Berlin zum Bundestag fuhr, auch mal mit einem Ikea-Teppich unter dem Arm für seine Berliner Wohnung.

Was verbindet Sie persönlich mit der Region Ostwestfalen-Lippe?

OWL ist eine schöne und lebendige Verbindung zwischen Weltoffenheit und Bodenständigkeit. OWL ist Handball, aber zugleich die Tragik von Arminia. Es ist Landschaft und Erholung – aber auch Hightech mit starker Wirtschaftskraft. Kurzum: »the place to live«.

Sind Sie »bekennender« Ostwestfale? Oder Lipper?

Vor allem bin ich einer aus dem Mühlenkreis – und der ist ein starkes Stück OWL. Diese »Subregionalität«, um nicht von Subkultur zu sprechen, ist eben auch OWL.

Ostwestfalen-Lippe, was ist für Sie das Besondere dieser Region?

Eine Besonderheit unter vielen: Wenn man links und rechts der A2 schaut, wie viel wirtschaftliche Potenz in der Region vorhanden ist, dann kann man nur staunen. Viele reden immer von Baden-Württemberg oder generell dem deutschen Süden. Aber wir müssen uns nicht verstecken. Die prägenden Familienunternehmen haben Stabilität garantieren können und tun dies noch heute. Das ostwestfälische Moment ist ein unterschätzter Wettbewerbsvorteil. Vielleicht sind wir zu bescheiden und reden darüber zu wenig.

Was zeichnet die Ostwestfalen aus?

Wir sind verlässlich, fleißig, dickköpfig, weltoffen und zugleich der Scholle verbunden. Wir haben viele Tüftler und sind sehr reiselustig. Man trifft uns überall auf der Welt. Aber am liebsten kommen wir heim.

Was ist das Charakteristische am Lipper?

Am Anfang ein Dementi: Die Lipper sind nun wirklich nicht die wegen Geiz aus Schottland Ausgewiesenen. Der Menschenschlag gehört zu uns. Der Lipper an sich mutet wie ein Ostwestfale an. Ob die Lipper das selbst so sehen, müssen die Lipper aber selber entscheiden.

Was sind, falls überhaupt vorhanden, deren Schwächen?

Die Lipper? Na, die sind schon ein wenig zu stolz auf den Regierungssitz. Und eine eigene IHK wollen sie auch unbedingt.

Was ist Ihr Lieblingsort in Ostwestfalen-Lippe?

Ein Liegestuhl im Garten mit Blick auf die Porta Westfalica und einem Barre-Bier in der Hand.

Welche Produkte oder Firmen aus Ostwestfalen fallen Ihnen spontan ein?

Wir sind die Hauptstadt des Puddings, die Heimat der Filtertüte und die Weltmarktführer bei den Steckverbindern.

Was ist die für Sie wichtigste kulturelle Hervorbringung oder (Künstler-)Persönlichkeit aus OWL?

Neben Bernd Gieseking, der als Sprachkünstler das Wort »Kulturhervorbringung« entdeckt hat? Mhm? Frank-Walter Steinmeier darf da als Staatspersönlichkeit natürlich nicht fehlen. Die journalistische Kultur hat in Kai Diekmann aus Bielefeld einen exponierten Repräsentanten.

Gibt es Ihrer Meinung nach eine Kuriosität, eine Besonderheit, die einzigartig ist?

OWL, das ist auch Schützenfest. Dass die Sektbar in den nördlichen Teilen von OWL durch eine Schwartenbar ersetzt wird, das verstehen selbst südliche OWLer nicht. Zumal der Schwarten, ein leichter Kaffee mit Korn angereichert, eine gewisse Professionalität beim Konsum benötigt. Man kann da als Ungeübter schon einmal auf die falsche Bahn geraten.

Haben wir Humor? Sind wir witzig?

Darüber gibt es unterschiedliche Ansichten. Unser Humor ist nicht so oberflächlich wie im Rheinland. Er ist klar, rau und kann auch die Grenzen austesten. Er ist halt ostwestfälisch witzig. Kann man mögen – muss man aber nicht.

Sind wir einzigartig?

Was für eine Frage – na klar!

Warum sind die Ostwestfalen – bei zwei Millionen Einwohnern – kein eigenes Bundesland geworden?

Bei allem lokalen Selbstbewusstsein, das muss nun auch nicht sein. Vielleicht ist das Saarland auch nicht das beste Vorbild für einen funktionsfähigen Föderalismus.

Küchen-Clash

Meine Kartons und ich wohnen seit nun fünf Monaten in der neuen Stadt, die die alte ist. Nur: Ich bin selten da. Mein Beruf zwingt mich zur Abwesenheit. So viel mehr als vorher bin ich eigentlich gar nicht hier. Ich habe jetzt häufiger bei meinen Eltern kurz am Abendbrottisch gegessen als lang bei ihnen im Garten gearbeitet. Und ich war mehrfach schon von Ilse mit meinen Lieblingsspeisen verwöhnt worden. Mit anderen Worten: Ich war dran. Ich war aber noch nie dran gewesen. In meinem ganzen Leben hatte ich meine Eltern nur zweimal bekocht, zuerst auf unserer gemeinsamen Finnland-Reise und dann noch mal in meinem Wohnwagen, als ich den auf ihr Grundstück gestellt hatte. Eine Einladung der Söhne an unsere Eltern gab es noch nie. Mein Vater misstraute jedem Koch außer seiner Frau. Bei meiner Mutter war es nicht Bestandteil ihrer Fantasie, dass sie mal nicht kochen müsste.

»Ich möchte euch mal einladen.«

Mein Vater Hermann: »Wohin?«

Meine Mutter Ilse: »Für uns musst du kein Geld ausgeben!«

»Nein, zu mir, ich möchte euch bekochen.«

Beide stehen starr.

»Bei dir?«, fragt mein Vater.

»Kommst du so hoch?«, frage ich.

»Seit du ausgezogen bist, wohnst du immer im obersten Stockwerk!«, sagt er vorwurfsvoll.

»Diesmal ist es nur der zweite Stock, Papa!«

Meine Mutter: »Ich kann!«

Hermann plötzlich: »Da fliege ich locker hoch.«

Dann hält er inne: »Was gibt's denn?«

Mein Vater liebt Kartoffeln. Egal was es gibt, Hauptsache, es ist mit Kartoffeln.

Ich sage: »Spargelrisotto.«

»Watt is datt denn?«

»Reis und Spargel.«

»Ich möchte aber Kartoffeln.«

»Nee, is mit Reis.«

Er versucht zu verhandeln: »Nudeln?«

»Hermann, du isst doch auch Milchreis.«

»Ja, aber das ist was anderes.«

Meine Mutter: »Watt de Bur nich kennt, datt frett hei nich!«

Hermann grinst: »Also Reis. Dann schaffe ich die Stufen doch nicht.«

Damit ist die Einladung angenommen.

Nun ist der Tag der Tage. Aber fünf Minuten, bevor sie kamen, war der Strom weg. Herd aus! Licht aus! Alles auf null. Ich suche am Sicherungskasten nach Lösungen. Nachdem die Sicherung das dritte Mal rausgesprungen ist, fällt mir ein: die Klingel. Ich renne auf den Flur und schaue aus dem Fenster. Es pladdert. Unter mir, an der Tür, unterm Regenschirm: meine Eltern. Ich spurte runter.

Ilse: »Wolltest du uns doch nicht reinlassen? Oder hast du wieder geschlafen?«

Ich murmele: »Stromausfall.«

Mein Vater sofort: »Ist das Essen etwa nicht fertig?«

Ilse: »Ja, wie denn, wenn das Kind Stromausfall hat.«

Gut, ich bin kein Kind und der Stromausfall ist nicht in mir, sondern in der Wohnung, aber so heißt das nun mal im Ostwestfälischen.

Ich habe inzwischen die Dunstabzugshaube als Übeltäter

des Stromschadens ausfindig gemacht. Der Herd heizt wieder. Ich zaubere für den hungrigen Vater eine Vorspeise: gebratene Kaiserschoten und warmen Schafskäse.

Meine Mutter: »Was ist das für Käse? Ach nee, sag das lieber erst, wenn er gegessen hat. Sonst lässt er das stehen.«

Mein Vater, schlecht gelaunt, schaut auf die Schoten, kaut auf einer und verzieht das Gesicht: »Was ist das denn?«

»Zuckererbsen.«

»Und wo ist der Zucker?«

»Die heißen so. Das sind Erbsenschoten.«

»Ich habe auch keine Erbsen geschmeckt.«

»Die sind noch klein. Es geht mehr um die Schale.«

»Ich esse doch keine Schalen!«

Ich zucke mit den Schultern. »Ilse, das war Schafskäse.«

Hermann plötzlich: »Der ging!«

Ich verschlucke mich beinah. Das war fast schon ein Lob!

Ich tische den Risotto auf. Hermann schaut misstrauisch in meinen Topf.

»Bin gespannt«, sagt er.

Dann kaut er. Und entspannt! Dann passiert das Wunder.

»Kann ich noch was haben?«

Er nimmt zwei Mal Nachschlag!

Ich sage: »Aber nur aus Hunger, oder?«

Er grinst: »Kann man essen!«

Ich fühle mich, als hätte ich gerade drei Sterne im Michelin und vier Mützen im Gault-Millau erhalten.

Als sie gehen, flüstert Ilse mir zu: »Mich wundert am meisten, dass er gar nicht nach Fleisch gefragt hat!«

Der Nelkenstädter Paradiesblick: Dagmar Schönleber

In Blomberg hatte ich noch nie gehalten, außer zum Tanken. Ich kam hier früher immer durch, um auf die legendäre Ostwestfalenstraße Richtung Warburg zu fahren. Ich war Kunststudent in Kassel und streifte Blomberg nur, wenn ich mal wieder auf Elternbesuch in Minden gewesen war. Nun streife ich mit Dagmar Schönleber durch die Stadt, sie kommt hier wech. Dagmar, diese faszinierende Vielfachbegabte.

Dagmar ist eine wunderbare, witzige, charmante Kabarettistin und eine fantastische Kurzgeschichtenautorin, sie tritt als Musikerin auf und moderiert aufs Schönste: eine Allrounderin. Aber sie hat auch einen »richtigen« Beruf, sie ist gelernte Sozialarbeiterin. Hier liegt sicher die Wurzel für ein weiteres Feld, Dagmar schreibt außerdem Jugendtheaterstücke für die *Comic On! Theaterproduktion* zu relevanten, aktuellen und politischen Themen.

Wir kennen uns aus meinen Jahren in Köln, wir gründeten gemeinsam zwei Lesebühnen, erst »Die Wortartisten« in der *Bar Orange*, danach »Fett und Kursiv«, vier Frauen und vier Männer, fast revolutionär. Unsere Heimatbühne war das *Erste Kölner Wohnzimmertheater* und das war legendär, eine Art Ursuppe der heutigen Comedy.

Wir treffen uns zunächst bei Dagmars Schwester in Tintrup. Deren Mann ist Ortsvorsteher dieser 320-Seelen-Gemeinde. Sehr viel Gegend rundum. Und es ist hügelig, teils extrem hügelig für einen wie mich aus Minden.

Bevor wir nach Blomberg-City aufbrechen, erfahre ich erste wichtige Dinge über Tintrup, eine der 19 Ortschaften von Blomberg. Laut Wikipedia gibt es hier unter anderem das Tintruper Trecker-Team, in dem man schon wegen der wunderschönen Alliteration Mitglied sein möchte. In einem anderen Ortsteil, in Mossenberg, wurde Gerhard Schröder geboren. Das sind Luftlinie 7,5 Kilometer. Bis Brakelsiek, Ortsteil von Schieder-Schwalenberg, wo der Bundespräsident geboren wurde, sind es etwa 11 Kilometer. Dagmar Schönleber sagt: »Steinmeier ist eher untypisch. Der redet zu viel.«

Tintrup ist schönstes Ostwestfalen – Entschuldigung: Ostwestfalen-Lippe.

Dieses Label hat Dagmar erst wahrgenommen, als sie gar nicht mehr hier lebte: »Diese Klischees: stur, gehen zum Lachen in den Keller, haben ihr eigenes Vokabular, kennen kein ›g‹ am Ende, sondern nur ein ›ch‹, sind ein eigenes, bisschen starrsinniges Völkchen!«

Damit sind wir bei einem gewichtigen Unterschied: »Es ist den Lippern, wir sind hier ja in Lippe, sehr wichtig, dass sie Lipper sind – und das ist wichtiger als Ostwestfalen«, erklärt Dagmar. »Der Lipper an sich ist nämlich noch mal anders. Der Lipper zeichnet sich aus durch extreme Sparsamkeit: die Schotten von Deutschland. Das ist dem Lipper wichtig. Da ist er ein bisschen stolz drauf, auch wenn sich die anderen darüber lustig machen. Und Lipper sind Lipper.«

Aha!

Wir steigen ins Auto zu einer Stadttour durch Blomberg, die uns zuerst in das Industriegebiet führt, zur Weltfirma Phoenix Contact – mit Harting in Minden und Weidmüller in Detmold einer der drei führenden deutschen Hersteller im Feld der Verbindungstechnik.

Dann fahren wir zu einem ganz speziellen Gebäude, dem ehemaligen Firmensitz der Schönlebers. Dagmar stammt aus der vielleicht wichtigsten Familie Ostwestfalens, wichtiger als Oetker, Mohn und Miele. Ihre Eltern haben hier in Blomberg die Tupperware-Niederlassung für OWL aufgebaut, für die damals neue, revolutionäre Kollektion aus Plastikdosen. Dagmar ist quasi aufgewachsen auf Tupperware-Partys.

»Ich bin traumatisiert von Tupperware«, lacht sie. »Ich war deshalb ein Butterbrotpapierjunkie. Tupperware fand ich uncool. Dabei war meine Mutter damals schon nachhaltig. Die ging mit Tupperware-Dosen in den Supermarkt und ließ sich schon Käse und Aufschnitt ohne das Papier in die Dosen packen. Das war eigentlich super!«

Doch in ihrer ersten eigenen Wohnung wollte Dagmar nichts, aber auch gar nichts aus der Tupperware-Kollektion in der Küche haben. Inzwischen aber ist sie »back to the roots«. Als die Eltern nach Geschäftsübergabe Blomberg verließen, wurde deren Haus »ausgetuppert« und alles im familiären Kreis verteilt. Spätestens seitdem ist auch Dagmar komplett »eingetuppert«.

Nun erwandern wir uns das Zentrum von Blomberg. Wir gehen dabei auch um die Blomberger Burg, die ehemalige Residenz der Edelherren zu Lippe, wie Dagmar nicht ohne Stolz referiert. Wir sind am Weinberg »Nelkenstädter Paradiesblick«, wo tatsächlich der legendäre »Blomberger Nelkenwein« angebaut wird. Der heißt aber nur so. Einige wenige Weinreben wachsen hier am Hang. Wir vermuten, es werden so um die drei Flaschen pro Jahr gekeltert.

Überhaupt nennt sich Blomberg »die Nelkenstadt«.

»Christian Freiherr von Ulmenstein legte den Grundstein für umfangreiche ›nelkenzüchterische‹ Tätigkeiten. Von 1805 bis 1840 war er Drost und schien die Zeit zu haben für eine umfangreiche Nelkenzucht«, heißt es in den Stadtinformationen.

Und natürlich besuchen Dagmar und ich seine Grabplatte

und die seiner Frau im Schweigegarten, wo sie in die Stadtmauer eingelassen sind. »Im Schweigegarten«, erläutert Dagmar, »finden übrigens immer wieder Konzerte statt.« Seltsames Lippe.

Um das zu ergänzen: Der Name Nelkenstadt beruht auf einer umfangreichen Zucht vor Ort. Weiter heißt es in den Stadtinformationen: »Durch Samenaustausch u. a. mit England und Amerika erweiterte später der Kunst- und Handelsgärtner Carl Gronemann das anfängliche Sortiment aus 75 Sorten bis zum Ersten Weltkrieg auf über 1.700 Sorten. Die Nelkenpflanzen und Nelkensamen verkaufte er in alle Welt u. a. bis nach Russland, Japan und Amerika. So wurde Blomberg auch international als ›Nelkenstadt‹ bekannt.«

Wichtig im kulturellen Leben dieser Stadt, erzählt Dagmar, sei »Charles Dickens' Blomberg«, immer am dritten Advent, wenn sich die Stadt verwandelt in die Zeit von Dickens. Blomberger und Besucher in historischen Kostümen flanieren, es gibt sogar extra einen organisierten Kostümverleih.

Wir sind an der Burg Blomberg, zeitweise als Hotel genutzt. Hier agierte Dagmar einst als Burgfräulein, allerdings ein modernes, das sich dort mit Freunden traf, »als wir in unsere Gothic-Punkpock-Phase gekommen sind.« Dann machten sie hier im Sonnenuntergang, »schwer eingekleidet, bedeutungsschwangere melancholische Fotos unter Bäumen.«

Ist Ostwestfalen für sie ein Thema in ihren Programmen?

»Ja klar, als Erklärung meiner Person. Ich komme aus einer Gegend, die größtenteils aus Gegend besteht.« Die Wahlkölnerin ergänzt, dass sich Ostwestfalen und Rheinland sehr anböten als Beispiel für einen interkulturellen Brückenschlag. Allerdings schränkt sie ein: »Wir Ostwestfalen müssen uns im Gegensatz zu den Rheinländern zum Saufen nicht verkleiden.«

Dann fügt sie an: »Man hört das schon schnell, wenn Leute aus dieser Region kommen, und man fühlt sich irgendwie sofort verbunden. Auch wenn ich im Programm nicht viel von Ostwestfalen-Lippe erzähle und das nur einmal kurz erwähne, dann kommen hinterher immer Leute, und zwar erstaunlich viele, und sagen entweder: ›Ich komm ja auch von da‹ oder: ›Mein Mann kommt aus Ostwestfalen, aber wir sind jetzt hier‹ oder: ›Wir haben da auch mal eine Weile gewohnt.‹ Es gibt unglaublich viele Menschen, die Beziehungen zu Ostwestfalen-Lippe haben und eine Meinung dazu.«

Dagmar preist den eigenen Integrationswillen als Ostwestfälin: »Ich stehe auf der Bühne und rede. Wenn ich nur meiner ostwestfälischen Persönlichkeit nachginge, dann würde ich auf der Bühne stumm dastehen und mir allein meinen Teil denken.« Und bei diesen Worten lächelt Dagmar Schönleber überwältigend charmant.

Fazit: Blomberg ist eine schnuckelige Stadt mit viel Fachwerk im Zentrum: mit Weinreben, einer Burg und dort auch einer tausendjährigen Eiche. Als wir an dieser stehen, sagt Dagmar Schönleber: »Die war ja damals schon tausend, als ich hier noch gewohnt habe. Jetzt musst du noch mal zwanzig Jahre draufrechnen. Und ich weiß auch nicht, wie lange die damals schon tausend Jahre alt war, als ich hier noch gelebt habe.«

Zwei Ostwestfalen in der Schweiz: Ingo Börchers

Die alljährliche Schweizer Kulturbörse in Thun ist ein Treffpunkt der Theaterkünste, ein Melting Pot. Ich bin dort Besucher und beschenke mich mit drei Tagen Theater, Kleinkunst, Kabarett, Musik, Comedy, Performance und Artistik. Der Bielefelder Kabarettist Ingo Börchers hat dort einen vielumjubelten Kurzauftritt. Ich gratuliere anschließend zum Erfolg. Am nächsten Tag sind wir verabredet zu einem Gespräch über Ostwestfalen.

Ingo wollte eigentlich Berufstänzer werden, musste das aber wegen einer Verletzung aufgeben. Er war, aufgewachsen in Borgholzhausen im Kreis Gütersloh, in Halle auf dem Gymnasium, auf das auch Lutz von Rosenberg Lipinsky und Volker Surmann gingen, und nicht zuletzt auch Ingos Frau Daniela. Mit ihr hat er gemeinsam angefangen, Theater zu machen. Sie nannten sich *Duo Slapstick* und *Die begnadigten Körper*. Sie haben viel für Kinder gespielt, als *Lili & Bib*, »sehr visuell, sehr physisch«.

Das alles war in der Zeit um das Abitur herum. »Da gab es ja auch nichts zu verlieren. Musste ja kein Beruf werden. Dadurch hatten wir die Gelassenheit – und vielleicht auch Selbstüberschätzung. Das war keine Entscheidung, das ist einfach passiert.«

Nun, wo ihre Kinder älter sind, überlegen sie, wieder gemeinsam auf die Bühne zu gehen. Ingo sagt: »Ich finde, es ist an der Zeit.«

Wir sitzen im Außengelände der Kulturbörse: »Seltsam, Ingo, oder? Da schaffen wir es ewig nicht, uns mal in Bielefeld zu sehen, aber in Thun klappt es.«

»Am Ende ist es ja gar nicht schlecht, sich erstmals in einem neutralen Land zu treffen, um über OWL zu reden.«

Wir lachen, wie wir überhaupt ein extrem fröhliches Gespräch führen.

Zu Beginn seiner Zeit als Solokabarettist wurde er in Bielefeld gar nicht so sehr wahrgenommen. »Das kam erst später. Das Publikum entscheidet ja zum Teil, wo du vor Anker gehst.«

In den letzten zehn Jahren erst ist er auch in der Region OWL stärker präsent, nicht zuletzt durch große Produktionen mit dem Stadttheater Bielefeld, in denen er als Autor, Conférencier und teils wieder als Tänzer sehr wandelbar und, ich nenne das jetzt »vielfach begabt«, agieren kann. Vorher war Ingo bundesweit und in der Schweiz schon sehr gefragt.

»Nimmst du OWL mit auf die Bühne?«

Er lacht: »Klar. Und für Bielefelder ist es in den Jahren eine Strategie geworden, en passant mal zwei, drei Witze auf eigene Kosten zu machen, damit es das Gegenüber nicht macht.«

Ingo erzählt vom Gründungsmythos der Bielefelder: »Uns bringt nicht der Klapperstorch, uns bringt der Dr. Oetker. Das wissen die wenigsten. Wir kommen als Backmischung auf die Welt. Wenn sich Teig und Rührstab richtig lieb haben.« Er spielt auf seine schmale Figur an: »Bei mir fehlt etwas Backpulver.«

Und ich denke: Ja, es braucht einfach Schöpfungsmythen. Damit zeichnet sich jede Ethnie aus. Bei den Inuit ist es die Göttin Sedna. Bei den Bielefeldern Dr. Oetker.

Ingo Börchers schwärmt von Bielefeld und OWL, von der reichen »freien Szene« aus *Trotz-Alledem-Theater, Theaterlabor*, Erwin Grosche, *Amalthea Theater* und dem »*Zweischlingen*, meine Haus- und Hofbühne«.

Er erzählt von Konzerten im Bielefelder *Bunker Ulmenwall*. Ingo sagt: »Ein schöner, gefährlicher Ort, weil man da so gut versacken kann. Du kriegst ja nicht mit, ob es grad hell ist oder dunkel. Ist ja ein Bunker.«

Themenwechsel. Wie sieht Ingo unsere Zweistaatlichkeit aus Ostwestfalen plus Lippe?

»Lippe ist hermetisch. Wenn Ostwestfalen die Schweiz wäre, dann wäre Lippe Liechtenstein. Wir haben die gleiche Währung, wir sprechen die gleiche Sprache, aber es ist eben dieser große Freiheitsdrang, auch unabhängig zu bleiben. Aber weil wir grad hier in der Schweiz sitzen: Ich glaube, dass im Zuge der Globalisierung sowohl die Schweiz als auch Lippe merken, dass sie keine Inseln mehr sind.«

Haben Ex-Kanzler Schröder und Bundespräsident Steinmeier lippische oder ostwestfälische Eigenschaften?

»Ich höre, dass die Stimmmelodie mir sehr vertraut ist. Ich hör mir eine Rede von Steinmeier an und hör eine von Schröder. Beide haben eine ganz ähnliche Sprachmelodie. Erst mal Anlauf nehmen: ›Liebe Bürgerinnen und Bürger.‹ Auch ein bisschen schnodderig. Nicht überakzentuieren und sich auch darin gefallen. So eine Haltung an den Tag zu legen: ›Wir können zwar reden, aber wir können auch machen.‹ Das würden ja beide für sich reklamieren. Ob das dann wirklich der Herkunft geschuldet ist, vermag ich am Ende nicht zu sagen.«

Und? Wie ist es jetzt abschließend mit den Ostwestfalen im Spiegel unserer Schweizer Zusammenkunft?

»Ich glaube, diese Hin- und Hergerissenheit, die schon im Begriff Ostwestfalen enthalten ist, die wohnt uns auch inne. Mittendrin und außen vor. Wir können uns nicht im Rheinland verorten, sind aber auch keine Norddeutschen. Vielleicht macht mir das OWL so sympathisch. Wie in dem Song von *Tocotronic* ›Im Zweifel für den Zweifel‹. Das könnte auch ein gutes Motto für OWL sein, weil wir eben nicht so selbstbesoffen sind.«

Schweigen. Wir sinnen dem beide nach.

Dann führt Ingo Börchers seinen Gedanken weiter: »Ich bin gerne in Ostwestfalen. Ich erlebe da nichts Selbstbesoffenes. Es ist eine Gegend, in der maßlose Euphorie in einem Satz wie ›Kann man so machen‹ gipfelt. Und es ist auch alles damit gesagt.«

Schweigen. Wir sinnen erneut.

Dann sagt Ingo: »Das sind ja auch gewisse Präzisionen in der Reduktion von Worten.«

Schweigen.

Is ja jetzt auch alles gesagt.

Auf ein Wort

Wenn ich ein Ostwestfale wär

Ich liebte meine Heimat sehr,
wenn ich ein Ostwestfale wär.
Meist wäre ich schweigsam und häufig besoffen,
ich hätte es herrlich getroffen!
Was sonst für Ostwestfalen spricht?
Nun, Nordsüdfalen gibt es nicht.
O ja, ich bewundere sie:
diese paradoxe Geografie.
Das einzige Land auf der ganzen Welt,
wo Ost und West zusammenfällt!
Nie gäb ich den schönen Namen her,
wenn ich ein Ostwestfale wär!
Aber ich komme ja leider aus Hessen.
Den Namen kannste vergessen.

***Pit Knorr**, der Grandseigneur, aufgewachsen in Nordhessen, daher dem Ostwestfalen wesensverwandt, Wahlfrankfurter, Mallorca-Kenner, (»Mallorca, Insel der Inseln«) Satiriker, Ghostwriter von Otto Waalkes,* Pardon-*Autor,* Titanic-*Gründer und -Herausgeber und vor allem Mitglied der »Neuen Frankfurter Schule«, von mir um einen Kommentar gebeten zu Ostwestfalen, schickte dieses Gedicht.*

13 Fragen an Britta Haßelmann

Britta Haßelmann aus Bielefeld sitzt für Bündnis 90/Die Grünen seit 2005 im Deutschen Bundestag. Aktuell ist sie dort eine der beiden Fraktionsvorsitzenden, arbeitet also an sensibelster Stelle. Sie saß in verschiedenen Ausschüssen, war Parlamentarische Geschäftsführerin ihrer Fraktion und Spitzenkandidatin der Grünen für die Bundestagswahl auf der Landesliste NRW. Ich war froh, dass sie in bewegten Zeiten, international wie national, zwischen Bundesparteitag und Koalitionskrise trotzdem Zeit fand für mein Interview. Sie ist die einzige in OWL »Zugereiste« unter den vier von mir befragten Menschen in der Politik. Umso neugieriger war ich auf die Antworten.

Was verbindet Sie persönlich mit der Region Ostwestfalen-Lippe?

1983 schickte mich die ZVS nach Bielefeld: Seit vierzig Jahren ist es nun mein Zuhause und meine Heimat.

Sind Sie »bekennende« Ostwestfälin?

Ostwestfälin mit unverkennbar niederrheinischen Wurzeln.

Ostwestfalen-Lippe. Was ist für Sie das Besondere dieser Region? Was zeichnet die Ostwestfalen aus?

Bodenständig, verbindlich und verlässlich sind sie.

Was ist das Charakteristische der Ostwestfalen?

Manches braucht seine Zeit.

Was sind, falls überhaupt vorhanden, ostwestfälische Schwächen?

Es könnte ein bisschen weniger lang dauern, bis man die neuen Nachbarn freundlich grüßt.

Was ist Ihr Lieblingsort in Ostwestfalen-Lippe?

Einer meiner vielen Lieblingsorte ist das Café des *Bauernhausmuseums Bielefeld*. Und der Teutoburger Wald.

Welche Produkte oder Firmen aus Ostwestfalen fallen Ihnen spontan ein?

Na, da gibt's wirklich viele: Oetker, Miele, Schüco, Phoenix Contact, Goldbeck, von Bodelschwinghsche Stiftungen, Böllhoff, zahlreiche mittelständische Familienbetriebe und Hidden Champions ...

Was ist die für Sie wichtigste »Kulturhervorbringung« oder vielleicht (Künstler-)Persönlichkeit aus OWL?

Mir fallen Hannes Wader, Casper und Aylin Tezel und Ralph Ruthe ein, und unsere Theater, Kleinkunst und so viele Künstler*innen der Region sind wirklich großartig.

Haben Sie eine Anekdote/Erinnerung oder einen Moment, den Sie gern erzählen möchten?

Mein erster Besuch einer Bäckerei: Morgens beim Brötchenkauf wurde ich mit dem geballten Charme der Region konfrontiert. Nach einem freundlichen niederrheinischen »Guten Morgen« und einer Bestellung von Brötchen blaffte mich jemand an: »Und sonst?« Ich verließ den Laden etwas verstört mit unbeirrbarer Freundlichkeit, »Tschüss«, und kriegte ein entschlossenes »Auf Wiedersehn!« mit auf den Weg. Da stand für mich fest: An diese ausgesprochene Herzlichkeit in Ostwestfalen muss ich mich gewöhnen.

Gibt es Ihrer Meinung nach eine Kuriosität, eine Besonderheit, die einzigartig ist?

Pumpernickeldessert.

Haben wir Humor? Sind wir witzig?

Klar. Manchmal vielleicht erst auf den zweiten Blick.

Sind wir einzigartig?

Jede und jeder ist einzigartig, so auch die Ostwestfäl*innen – und ich bin froh, dass wir in einem so vielfältigen, weltoffenen Land leben.

Warum sind die Ostwestfalen – bei zwei Millionen Einwohnern – kein eigenes Bundesland geworden?

Wir haben schon 16!

Pinsel und Pudding: Volker Surmann

»Multifunktionssatiriker« nennt er sich auf seiner Website. Volker Surmann. Autor, Vorleser, Lektor, Buchmacher, Poetry-Slammer sowie »Kabarettist im einstweiligen Ruhestand« aus Halle (Westfalen). Seit zwanzig Jahren ist er Mitglied der legendären *Brauseboys*, einer der inzwischen dienstältesten Berliner Lesebühnen.

2011 hat er den Satyr Verlag übernommen und verlegt jetzt in Einzelbänden und Anthologien namhafte Satire-, Lesebühnen- und Slamautorinnen und -autoren. Auch das vorliegende Buch ist bei ihm erschienen. Ein ostwestfälischer Verleger verlegt in Ostberlin das Buch eines ostwestfälischen Autors über Ostwestfalen.

Wir beide teilen eine Vorliebe für die nordischen Länder, er bereist Island und Finnland und hat sich in seiner ostwestfälischen Dependance eine Sauna in den Garten gebaut.

Aufgewachsen ist er auf einem Bauernhof im Teutoburger Wald. In Sichtweite des Hofes hat er im Haus seines Bruders nun eine kleine Wohnung, ein Fluchtpunkt für den Ostwestfalen, der seit 2001 in Berlin wohnt. Ich besuche ihn dort. Wir wollen zu Fuß nach Halle spazieren. Als Erstes aber gehen wir um das alte Kalkwerk herum, das seine Familie betrieben hat.

Ich lerne, dass hier im Teutoburger Wald früher viele kleine Kalkwerke existierten. Meistens im Besitz von Bauern. So wie es auch Familie Surmann lange gemacht hat. Ich frage grinsend: »Du bist also eigentlich Industriellensohn!«

Volker grinst: »Auch.«

»Ich dachte immer, du wärst Bauernsohn!«

Volker bestätigt: »Bin ich ja auch!«

Er zeigt mir die Reste ihrer Förderanlage, Überbleibsel der Gleise, die vom Steinbruch zu ihrem Kalkofen führten.

Ein Trecker fährt vorbei. Volker winkt. »Mein Cousin. Der bewirtschaftet inzwischen unsere Äcker.«

Volker: »Die Kalkproduktion ist natürlich eine furchtbare Sauerei. Schon allein, weil es unglaublich staubig ist und nicht ganz ungefährlich, da Branntkalk ja eine starke Lauge entwickelt, sobald Wasser drankommt. Das hat meinen Onkel einmal fast das Augenlicht gekostet.«

Jetzt wirkt die kleine Fabrik wie ein musealer Rest. Eine Ruine, in der Fledermäuse leben.

Wir gehen am Bauernhof seiner Eltern vorbei Richtung Kammweg, immer wieder gibt es Reste der Kalkverarbeitung zu sehen, Reste der Schienen der Lorenbahn, die Seilwinde.

Hat er viel mitgearbeitet, als der Hof noch aktiv betrieben wurde? Volker schüttelt den Kopf: »Nicht viel. Mal die Kühe mit reintreiben. Aber Trecker rückwärtsfahren, rangieren, damit hab ich mich immer schwergetan und wollte auch nicht so recht. Ich hab lieber kirchliche Jugendarbeit gemacht. Rückblickend muss ich sagen: Ich war mir wohl für die Landwirtschaft zu schade.«

Wir müssen beide lachen über seinen Satz. »Das klingt ein wenig arrogant und war es sicherlich auch. Ich hab mich als Bauernkind tatsächlich immer ein bisschen geschämt am Gymnasium. Jahrelang war ich das einzige Bauernkind. Meine ganzen Mitschüler kamen aus Neubaugebieten, waren Rechtsanwaltskinder. Oder Bausparkassenbezirksleiterkinder. Die wenigsten kamen von einem Hof. Auf dem Gymnasium waren wir nur drei von 120.«

Kam irgendwann der Wandel? Ein Stolz auf die Herkunft?

»Deutlich später. Als ich mich bei den Lesebühnen langsam

mit meiner Kindheit beschäftigt habe und Geschichten darüber schrieb, da kam mir der Gedanke, dass ich eigentlich doch sehr schön aufgewachsen bin hier.«

Wir kommen jetzt am Hang an einem neu gepflanzten Waldstück vorbei. Hier wird nach Borkenkäferbefall, einer indirekten Folge des Klimawandels, ganz neu aufgeforstet. Volker deutet den Hügel hoch: »Da! Das ist unser Wald gewesen. Und wird es wieder.« Statt des alten Nadelwaldes wurde nun ein Mischwald neu angepflanzt: Buche, Eiche, Winterlinden, Elsbeere, Hainbuchen. Der gesamte Hang ist bewachsen, die jungen Bäume selber sind weiß.

»Das haben wir die letzten Tage gemacht. Am Sonntag waren wir hier mit zehn Leuten, also quasi mit ganzer Familie, meinem Bruder, meiner Schwägerin, dann noch Freunden von ihnen, Neffen und Nichten, damit beschäftigt, diese Setzlinge weiß anzupinseln.«

Der ganze Hang steht voll. Hunderte, Tausende kleine, weiß bepinselte Bäumchen! Ich staune: »Also, das, was ich hier in Weiß sehe, das habt ihr gemacht?«

Volker nickt.

»Und das ist was für ’ne Schutzmaßnahme?«

»Gegen Wildverbiss. Weil jetzt im Frühjahr die Rehe auf nichts mehr Appetit haben als auf Knospen. Diese weiße Bioschutzfarbe macht, dass sie die nicht mögen. Also, die schmeckt oder riecht irgendwie nicht für Rehe. Sonst hätte dieses ganze Neuangepflanzte kaum eine Chance, hochzuwachsen.«

Vor dem Hang steht eine Bank, auf ihr ist mit Edding der Frust der umliegenden Dorfjugend geschrieben: »Hier passiert nichts!« – Ganz falsch. Hier wächst ein neuer Wald, allerdings mit Hilfe der Familie Surmann.

»Du hast hier den Farbeimer und läufst dann mit dem Pinsel durch die Reihen. Das waren zwei Tage Arbeit. Gestern waren wir noch mal drei Stunden zu viert da. Aber jetzt sind wir durch. 5.783 Setzlinge.«

»Hammer!«, sage ich.

»Und das müssen wir nächstes Jahr wieder machen. Und übernächstes Jahr auch.« Volker seufzt. »Bis die so groß sind, dass die Rehe nicht mehr drankommen.«

Wir gehen an einer kleinen, eingezäunten Grabstelle vorbei, mitten im Berg. Volker erzählt, davon gebe es noch mehr in den beiden Haller Hausbergen. Das geht zurück auf die Mitte des 19. Jahrhunderts. Halle hatte auf dem Friedhof eine unfassbare Platznot. Dann haben die wohlhabenden Bürgerfamilien Flächen im Wald gekauft und dort ihre Familiengräber eingerichtet. Dies ist eines von den wenigen, die heute noch als Privatfriedhof betrieben werden. An anderen Stellen findet man mitten im schönsten Buchenwald vollkommen verwitterte alte Grabstätten. »Wenn Gothics wandern würden, hätten sie in Halle ein spannendes Ziel.« Er grinst.

Ich staune. Familiengräber im Teutoburger Wald.

»So was wolltest du doch wissen, Bernd! Kuriose Dinge über OWL!«

Ich nicke.

»Wie kommst du, wie kommt man in dieser Gegend darauf, Autor zu werden, Kabarett zu machen? Ist das Notwehr?«

Volker lacht: »Das ist eine gute Frage. Die muss man vielen Kollegen hier in OWL stellen.«

»Ihr habt hier in Halle noch mal eine besondere Dichte.«

»Es waren drei auf unserer Schule. Ingo Börchers, Lutz von Rosenberg Lipinsky und ich. Aber ohne Lutz hätte es mich vermutlich nicht gegeben. Ich habe als Jugendlicher gern Kabarett im WDR gehört, dann gesehen. Bis ich so als Teenager Lutz und seinen damaligen Duopartner als *Die Spiegelfechter* mehrmals in Halle im Bürgerzentrum auf der Bühne gesehen habe. Da habe ich mir gedacht: Das will ich auch!«

Startschuss war dann eine Projektwoche an der Schule. Daraus ist dann eine Arbeitsgemeinschaft geworden. Da waren dann so acht bis zwölf Leute an der Schule, die haben Kabarett gespielt. »Wir haben einen Lehrer gefunden, der darauf Bock hatte, und das war sehr schön. Wir haben zwei Programme auf die Bühne gebracht. Mit einem aus der AG habe ich nach dem Abi weitergemacht als Duo. Wir haben uns, weil wir von der AG der Rest waren, *Kabarett Der Rest* genannt. So originell waren wir.« Er lacht. Daraus sind dann vier Duoprogramme geworden, später ein anderes Duo, zwei Soli, bis Volker sich mehr dem Schreiben, Vorlesen und Verlegen widmete.

Auch den Bielefelder Kabarettpreis hob er in jenen Jahren mit aus der Taufe und moderiert ihn bis heute. In der Dr.-Oetker-Stadt gibt es neben dem Preisgeld einen an die Wand genagelten Pudding als Trophäe. Volker erzählt, dass der Wettbewerb eine Reaktion auf katastrophal organisierte Kabarett-Nachwuchspreise in Österreich und Münster war. Die Ostwestfalen entschlossen sich, es besser zu machen. »Aber gerade bei dem österreichischen Wettbewerb entstand aus der Not eine tolle solidarische Atmosphäre unter den Künstlern. Die wollten wir auch!«

1998 hoben *Der Rest* und Ingo Börchers gemeinsam mit einem neu gegründeten kleinen Verein und einigen Mitstreitern den Wettbewerb im Bielefelder *Zweischlingen* aus der Taufe. Von den Preisträgern des ersten Jahres kennt man heute noch Martin Reinl als Puppenspielstar.

Wie wertvoll der Preis in der Szene ist, sieht man an der Teilnehmerliste. Abdelkarim landete 2011 auf Platz drei und Felix Lobrecht, kurz bevor er »durch die Decke« ging, 2016 auf Platz zwei. Die Siegerliste ist mittlerweile ein kleines »Who is Who« der Szene: 2000 Bodo Wartke, 2001 Bülent Ceylan,

2002 Martina Schwarzmann, 2003 Dagmar Schönleber, 2006 Marc-Uwe Kling, 2012 Till Reiners und so fort. »Und man muss dazusagen: Alle waren sie da, bevor sie irgendjemand groß kannte. Bei uns darf man nur mit dem Debütprogramm teilnehmen.«

Ganz ostwestfälisch bescheiden erzählt Volker davon. Langsam gehen wir durch den Wald zurück zum Steinbruch.

Wir spazieren durch den Teutoburger Wald und kommen an einer Bank vorbei, auf der ein kleines Graffiti gesprayt ist: »Natur kann auch ohne dich!« Aber nicht die jungen Baumsprösslinge, die Volkers Familie im nächsten Frühjahr wieder »pinseln« muss!

Entdeckung auf den dritten, vierten, fünften Blick: Erwin Grosche

Wenn man in Paderborn zwei Wünsche frei hat, dann sollte man sich wünschen, das Drei-Hasen-Fenster zu sehen und Erwin Grosche zu begegnen. Das Drei-Hasen-Fenster liegt beinah versteckt im Kreuzgang im Innenhof des Paderborner Doms. Erwin Grosche führt mich hin. Man sieht drei Hasen in einem Rund, man sieht aber nur drei Ohren und doch hat jeder der drei zwei Ohren. Abgefahren. »Der Hasen und der Löffel drei, und doch hat jeder Hase zwei.« Ein Kunstwerk, als hätte jener Erwin Grosche es sich ausgedacht. Das Fenster ist Tourismusmagnet und Wahrzeichen. In früheren Jahren und Jahrhunderten mussten es wandernde Handwerker als Glücksbringer gesehen haben – und das sollte man weiter so halten.

Will man Erwin Grosche beschreiben, lässt man ihn am besten selber für sich sprechen, diesen leisen Dichter. Da kommt er um die Ecke. Poet und Paderborner, Kabarettist und Komiker. An der Leine sein Hund Milik. Der ist ihm oft genug Anlass, nicht am Spielort zu übernachten oder zu lang zu verweilen. Der Hund wartet auf seinen Gefährten.

Erwin Grosche ist in einem Dorf bei Berge bei Lippstadt geboren als Sohn eines Bäckermeisters. Sein älterer Bruder Heiko wollte nach Paderborn, um Priester zu werden. »Weil ich der Jüngere bin, wurde ich immer hinterhergeschickt. Was er so machte, musste ich auch machen. Wenn er Klavier lernte, kriegte ich auch Klavierunterricht. Wenn er Theater spielte, hing ich da auch rum und hab auch Theater gespielt. Ich hab mich nie dafür entscheiden müssen, auf die Bühne zu gehen, weil das immer schon Heiko gemacht hatte.«

Erwin Grosche lebt seither in Paderborn.

»Du warst also immer hier?«

»Es kommt mir nicht so vor. Aber ich bin froh, dass ich jetzt hier bin, dass das meine Stadt ist. Ich brauch so was, wo ich angstfrei leben kann, und das ist komischerweise Paderborn geworden. Aber ich hab's auch nicht in Berlin probiert.«

Er dreht sich und zeigt auf ein Fenster. Da oben wohnt Heiko, sein Bruder, ein alter Freund von mir aus Kasseler Zeiten. Heiko war dort lange Jahre engagiert am Staatstheater, bis es ihn wieder fortzog, raus aus dem festen Engagement in die Kleinkunst.

Manchen seiner Sätze muss man hinterherrätseln. Wenn Erwin erzählt, ist es wie ein leichter, warmer Sommerregen. Wie Mieselregen, wie es der Ostwestfale nennt. Kleinste Tröpfchen.

Wir laufen durch Paderborn, das Klein-Venedig Ostwestfalens, und dann sagt Erwin wieder einen dieser Grosche-Sätze, die einen Tage oder auch ein ganzes Leben begleiten: »In Paderborn finde ich so gut: Wenn es einem schlecht geht, warum auch immer, gehst du raus und es passiert immer etwas Gutes, das du vorher nicht geahnt hast.«

Die geistliche Geschichte trage man in sich als gemeinsames Erbe aller. In Paderborn ist es nicht möglich, von der Kirche nicht berührt zu werden, sei es durch die Bauwerke oder durch die Feste. Meint Grosche. »Das Schöne am Paderborner ist: Er ist nicht laut, das ist eine Gnade. Und er kann sehr lange neben einem sitzen, bis einer was sacht. Finde ich auch sehr gut.«

»Der Weltenlauscher« nennt er sich.

Erwin, der Bäckerssohn, zeigt auf das *Goeken backen.* »Das ist ein Treff, wo man Tage vertrödelt hat. Ich hab mal jahrelang Tage vertrödelt. Das konnte ich damals, warum auch immer. Da stand man da drinnen und trank unglaublich viel Kaffee. In der Ecke, das war mein Platz. Ich war geschockt, wenn da mal einer stand.« So erzählt er mit großen Augen, etwas seltsam, staunend, dass das alles möglich war; staunend, was er lebt und erlebt hat.

Für ihn ist Paderborn die Oase. Paderborn, so sagt er, ist auch nicht in dem Sinne Ostwestfalen. »Dazu sind wir zu bedeutungsvoll. Wir haben hier den kleinsten Fluss Deutschlands. Die Pader mit 4 Kilometern. Das ist doch kein Zufall!«

Wir schauen auf eine Teichlandschaft. Das sei das berühmte »PQ«, »wie die jungen Leute sagen«. Er spricht es englisch »Pi-Kju« aus, das Pader-Quellgebiet.

Zweihundert Quellen entspringen im Stadtgebiet, damit ist dies das stärkste Quellgebiet Deutschlands. 3.000 bis 9.000 Liter je Sekunde sprudeln hier hoch. Überall sind kleine Teiche, aus denen man Blasen aufsteigen sieht. Sechs gemauerte Quellbecken speisen die Pader: die Warme Pader, die Dammpader, die Börnepader, aus der man das Trinkwasser nahm, die Dielenpader, die Rothobornpader und die Augenquelle mit dem reinsten Wasser, in dem man sich die Augen wusch. Die Warme Pader dampft im Winter. »Die ist immer vier bis sechs Grad wärmer als die anderen«, weiß Erwin Grosche.

Er erzählt von der Pader wie von einem alten Freund: »Die Pader mündet in die Lippe. Die Pader ist gleich da. Die ist nicht erst Bach. Die ist ein Stadtfluss, der sofort da ist!«

Wir schauen Eltern zu, die ihre Kinder am Wasser spielen lassen. Erwin lächelt: »Früher galt ein Kind erst dann als Paderborner, wenn es mal in Paderwasser gefallen ist. Also wenn es mal wirklich nass geworden ist.«

Er lacht und ruft zwischendurch vergeblich nach dem Hund, sagt dabei wieder einen seiner umwerfenden Sätze: »Ich glaube manchmal, wenn ich den einzigen Hund in der Stadt hätte, dann wären wir beide beliebter.«

Ein Freund von Erwin ist Algerier. Für den, so erzählt er, sind nur zwei Städte interessant in der Welt. »Das sind Paris und Paderborn.«

Erwin lacht. Zu diesem Freund ging er oft, denn der hatte Jazzplatten. Jacques Brel. Erwin Grosche sagt: »Ich kenne Paris nur, weil ich da mal war. Aber mir hat's eigentlich nirgendwo gefallen außer hier.«

Wir gehen bei Sonne unter altem Baumbestand hindurch.

Erwin erzählt vom heiligen Liborius. Dessen Gebeine wurden von Le Mans nach Paderborn gebracht und kamen Pfingstsonntag 836 an. Durch diesen Reliquientransfer entstand die älteste Städtepartnerschaft der Welt. Erwin sagt, dem Zug sei ein Pfau vorangeflogen. »Deswegen sieht man hier überall Pfauen.«

Die Gebeine des Liborius seien bedeutsam, weil er Wundertaten gewirkt habe. »Bei ihm waren das Nierensteine, Gallensteine, Steine im Schuh oder wenn die Nachbarn zu laut die *Rolling Stones* hören«, sagt Erwin. »Der hilft bei Stein, so erkläre ich das immer.«

Erwin bietet sehr spezielle Stadtführungen an, mit musikalischen Überraschungen unterwegs, aufgeführt durch Freunde und seine Tochter.

»Ich weiß eigentlich sehr wenig über Zahlen, über Bauabschnitte. Aber es war immer mein Bestreben, dass die Leute nur so viel hören, wie man selber behalten kann. Oder wie ich selber behalten kann.«

Ein Buch von Erwin Grosche heißt: »Komm, wir gehen Wunder suchen!« Und das ist er, ein Wunderfinder. Er spricht als Staubsauger Gedichte und begleitet sich musikalisch mit Nudeltüten. Mit einer unfassbaren Unverfrorenheit und Verspieltheit präsentiert er oft die gleichen Nummern für Kinder wie für Erwachsene und beschenkt uns mit der Poesie seiner Werke. »Erst für Kinder und dann auch für Erwachsene«, korrigiert er lächelnd.

Walter Gödden von der Literaturkommission Westfalen begleitet Grosches Tun intensiv. »Das war der Erste, der bemerkt hat, dass das, was ich schreibe, Literatur ist«, erinnert sich Grosche. »Weder ich noch ein anderer wussten das. Dann habe ich mal zufällig eine wissenschaftliche Arbeit von ihm darüber gelesen. Da sind mir fast die Tränen gekommen, weil ich das wirklich so genau, wie er es geschrieben hat, gemeint habe. Und er hat auch nicht nur die Sachen rausgesucht, die bekannt waren, wie ›Wenn ich König bin‹, sondern auch die seltsamen.«

Wie ist es hier als Künstler?

»Der Paderborner ist dankbar und zufrieden. Ich kenne kein besseres Publikum als den Ostwestfalen, muss ich sagen. Der hat so eine Einstellung, dass er einfach dankbar ist, dass jemand kommt und ihm was vormacht. Der will nicht unbedingt sofort seine Gags hören.«

Und der Ostwestfale? Wegen dem bin ich ja hier. Wie schaut Erwin auf den?

»Also der Ostwestfale, so wird das von Rüdiger«, er meint seinen Paderborner Kollegen Rüdiger Hoffmann, »auch dargestellt, sei ein bisschen tumb. Was er ja nicht ist. Die Ostwestfalen, die ich so mag, die sind eher so bescheiden. Aber sie haben was, was sie machen wollen. Sie können aber auch den anderen gut zuhören. Aber sie stehen nicht so, wie die

Kölner, nach vorne raus. Bevor der Ostwestfale einen umarmt, muss man sich oft getroffen haben. Was aber dem Ostwestfalen sehr angenehm ist. Wir messen das ja immer an den Kölnern, als wär das normal, wenn sofort umarmt wird, sofort alles erzählt wird. Der Ostwestfale ist geheimnisvoller. Er ist nicht oberflächlich. Der Ostwestfale ist eine Entdeckung auf den zweiten, dritten, vierten, fünften Blick.«

Auf ein Wort

»Warum wir manchmal schweigen? Ich glaube, der Ostwestfale kommt gut mit sich alleine zurecht. Das schaffen andere ja nicht. Die drehen dann durch. Ich glaube, der Ostwestfale ist so ein Lockdown-Typ. Der trägt den Lockdown in sich. Eine Zeit lang braucht jeder manchmal, glaube ich, zumindest zeitweise einen Lockdown.«

***Martin Sonntag**, Leiter des* Caricatura Museum für Komische Kunst *Frankfurt*

Macht hoch die Tür ...

Ostwestfalen beherbergt auch eines der Zentren der Kirchenmusik in Deutschland – wenn auch nicht mehr lange. Die Herforder Hochschule für Kirchenmusik wird nach Bochum umziehen.

Eines meiner liebsten Kirchenlieder ist »Macht hoch die Tür, die Tor macht weit, es kommt der Herr der Herrlichkeit«. Ich bin kein eifriger Kirchgänger, aber in meiner Jugend war die Konfirmation der unverzichtbare Schritt ins Erwachsenenleben. Damit wäre auch schon gesagt, dass ich evangelisch getauft bin.

Mit der Konfirmation durfte man zum CVJM, zum Christlichen Verein Junger Menschen, ich fuhr auf das erste Seminar, wir machten bei den wöchentlichen Treffen Bibellesungen und ab und an Flaschendrehen. Auf wen die Flasche zeigte, der durfte sich mit der nächsten Person, auf die sie dann zeigte, küssen. Natürlich alles rein heterosexuell. Flaschendrehen machten wir immer nur, wenn der Pastor nicht konnte. Ich traute mich in den ersten paar Wochen nicht mitzumachen und konnte mich psychosomatisch immer auf meine Bauchschmerzen verlassen. Ich bekam dann dort irgendwann doch meinen ersten Kuss, fand das super und wurde Kindergottesdiensthelfer und fuhr auf weitere Seminare. Am Ende eines dieser Seminare machten wir eine Aufführung, eine witzig-ironische Zusammenfassung der Tagungszeit: mein erster öffentlicher Auftritt (oder mein zweiter, nach dem als einer der drei Hirten im traditionellen Weihnachtsmärchen in der Volksschule) – und gleichzeitig war es das erste Mal, dass ich im weitesten Sinne »kabarettistisch« etwas bearbeitet und dargestellt habe.

Indirekt verdanke ich meiner heimatlichen Gemeinde, der Christuskirche Todtenhausen/Kutenhausen, auch meinen ersten *richtigen* Zugang zur Bühne. Kantor Thomas Wirtz spielte damals Klavier bei den *Mindener Stichlingen*, Deutschlands bis heute ältestem Amateurkabarett. Nach einem Gruppenstreit löste sich das alte Ensemble auf, zur Neugründung nahm Thomas mich mit. Ich blieb zwei Programme lang, bis ich zum Studium nach Kassel zog.

Thomas wurde ein extrem wichtiger Mensch im kulturellen Leben und baute ein fast einzigartiges Chorwesen für diese beiden Dörfer auf. Tätig war er weit darüber hinaus, aber die kirchenmusikalische Arbeit für diese Gemeinde war immer das Zentrum seines Tuns, neben weiteren Chorleitungen komponierte er und hatte Lehraufträge an Hochschulen. Er inspirierte viele. Hunderte Kinder und Jugendliche durchliefen seine Chöre und singen zum Teil heute noch gemeinsam.

Frauke Seele-Brandt war eine dieser Jugendlichen. Sie sang anfangs in seinen Chören und ging dann selber den Weg in die Musik, studierte (in Detmold), wurde ebenfalls Chorleiterin und Dozentin und auch sie hat neben den unterschiedlichen Aufgaben ihr Zentrum weiterhin in unseren beiden Dörfern: Heute leitet sie die Chorschule Christuskirche und unterrichtet Chorleitung an der Hochschule für Kirchenmusik Herford-Witten. Von ihr erfahre ich Spannendes über eine der kleinsten Hochschulen Deutschlands:

27 Studierende hat das Institut in Herford, 17 in Witten. Ähnlich klein ist nur noch die Katholische Hochschule für Kirchenmusik St. Gregorius Aachen mit dreißig Studierenden.

Im Deutschland-Ranking der Kleinsten belegt Aachen Platz vier und Herford ist auf Platz neun. Auf Platz eins steht die

Hochschule für Kirchenmusik der Evangelischen Kirche Berlin-Brandenburg-schlesische Oberlausitz mit bloß elf Studierenden.

Die Hochschule für Kirchenmusik Herford ist international attraktiv, die Eingeschriebenen stammen aus zehn Ländern. Herford hat dabei den Studiengang »Klassisch« und Witten »Popular«. Und es ist gar nicht so »tiny«, wie es scheint. In den Informationen heißt es: »Was nach einer kleinen Ausbildungsstätte klingt, ist tatsächlich das Institut mit bundesweit einer der größten Studierendenschaften im Fach Kirchenmusik.« Hoch die Tür, die Tore weit!

Eine Finnin in Ostwestfalen

»Die Ostwestfalen sind die Finnen in Deutschland.« Dieses Diktum habe ich vor Jahren schon formuliert. Es war die logische Umkehrung meiner Erkenntnis: »Die Finnen sind die Ostwestfalen Europas.« Die hatte ich von meiner ersten Finnland-Reise mit nach Hause gebracht.

In meinem Buch »Finne dein Glück – Eine Spurensuche im Land der Mitternachtssonne« beschreibe ich mein Zusammentreffen mit Lumi, einer Finnin aus Helsinki, die einige Jahre in Ostwestfalen gelebt und in Bad Oeynhausen als Ärztin gearbeitet hat. Ich hatte sie gefragt, ob sie sich wohlgefühlt habe. Sie hat gelacht bei ihrer Antwort: »Es war Ostwestfalen! Die Unterschiede waren geringer, als ich dachte. Mein ehemaliger Mann hat gesagt, das läge daran, dass wir nach Ostwestfalen-Lippe umgezogen sind. Die seien den Finnen ähnlicher als die Deutschen in anderen Gebieten des Landes. Also sturer und leiser. Und es hat gedauert, bis man zum Freund wurde. Aber dann ist man eben auch richtig befreundet.«

Bei einem Auftritt mit meinem Finnland-Programm in der Wassermühle Bergkirchen, einer Mischung aus kabarettistischer Erzählung und Lesung, lerne ich Satu kennen, Finnin aus Kajaani, die seit 1977 in Deutschland lebt und seit vierzig Jahren in Ostwestfalen. Nach Deutschland gekommen ist sie für ein Medizinstudium in Berlin.

Satu erinnert sich: »Ich war für die anderen Studenten exotisch als Frau aus Finnland. Das war was Tolles. Ich hatte eigentlich nur Vorteile – bis auf die schwere deutsche Sprache. Physik und Chemie auf Deutsch zu studieren, war schwer.«

Und nach dem Examen zurück? »Ich war verliebt. Und hätte in Finnland damals noch einmal Examen machen müssen.«

Und heute, als »Glücksweltmeisterin« in Deutschland? Satu sagt: »Ich diskutiere mit vielen Finninnen und Finnen darüber. Wir fühlen uns eher zufrieden als glücklich.«

Jedes Jahr fährt sie in ihr Heimatland und hat dort, in Kajaani, 200 Kilometer südöstlich von Oulu, nur 100 Kilometer von der russischen Grenze, nah am Oulujärvi ein Sommerhaus, ein »mökki«, wie es auf Finnisch heißt. »Mit der besten Sauna der Welt!«

Und ja, sie ist glücklich und zufrieden, vor allem auch, weil in ihrem Haus in einem Dorf in Ostwestfalen »die zweitbeste Sauna der Welt steht, natürlich ebenfalls mit einem Saunaofen aus Kajaani. Auch die Saunasteine sind aus Finnland.«

Ihr Mann hatte damals die ersten Steine im Handgepäck mit dem Flugzeug nach Deutschland gebracht. »Dreißig Kilo Saunasteine. Der Zoll hat sehr blöd geschaut damals.« Sie lacht laut, als sie mir das erzählt.

Wie geht es ihr als Finnin in Deutschland?

Sie hat mit ihrem Mann eine Gemeinschaftspraxis aufgebaut, Satu hat trotz ihres Lebensglücks in Deutschland eine Sehnsucht nach Finnland, »trotz der zweitbesten Sauna der Welt!« Satu sagt: »Mir fehlen die hellen Nächte im Sommer und im Winter der Schnee. Es ist durch den Schnee ja nie richtig dunkel.«

Auch Tochter Laura und Sohn Matti, obwohl in Ostwestfalen aufgewachsen, teilen diese Sehnsucht.

»Ich habe ihnen immer nur finnische Bücher vorgelesen«, sagt Satu. »Trotzdem hört man inzwischen aber auch bei mir, dass ich nicht mehr in Finnland wohne.«

Satu ist frisch zurück aus ihrem Sommerurlaub. »Ich hatte ein lustiges Erlebnis. Ich kam an und ging in Kajaani über den Marktplatz. Plötzlich rief jemand meinen Namen. Seija, eine Finnin aus Höxter! Eine lustige Frau, die ich zehn Jahre zuvor ebenfalls dort in Kajaani getroffen hatte. Wir hatten uns danach aus den Augen verloren.«

Und dann erzählt sie die Lebensgeschichte von Seija, die früher eine Weltenbummlerin war, in Südamerika einen Ostwestfalen traf, der ihr nach Australien und Finnland nachreiste. In Finnland war sie dann schwanger.

Satu sagt: »Sie nahm das Kind, kaufte einen Saunaofen in Kajaani und fuhr nach Ostwestfalen.«

Die beiden Frauen kennen sich aus der »finnischen Gemeinde«, der finnischen Auslandskirche, *Saksan suomalainen seurakunta.* Man traf sich alle zwei Wochen in der »Deutschen Schule«, einem ehrenamtlich organisierten Treff, an dem es Sprachunterricht für die Kinder gibt und gleichzeitig Gemeinschaft unter den Finnen. Organisiert wird das von den »Finnischen Sprachschulen«, zwanzig gibt es davon in Deutschland, in der Auflistung sind einige Städte »eingefinnischt«, Bielefeld zwar nicht, aber »Berliini«, »Hampuri« und »Lyypekki«.

»Finnische Sprachschulen gibt es auf der ganzen Welt, überall da, wo Finnen leben«, erklärt mir später Anna-Maari Toelle am Telefon, finnische Pfarrerin in Deutschland für den Bezirk West/Nordrhein-Westfalen.

Ich wusste, dass es eine deutsche Kirchengemeinde gibt in Helsinki, mit eigener, wunderschöner Kirche, beliebt auch bei den Finnen als »Heiratskirche«. Dort arbeiten zwei Pastöre: einer für die Region Helsinki und der zweite, der »Reisepfarrer«, für den »Rest« von Finnland bis hoch nach Lappland.

Dass auch die Finnen Auslandsgemeinden unterhalten,

wusste ich nicht. Deutschland ist dabei in vier Bezirke aufgeteilt, in Nord, Süd, Ost und West. Vier Pfarrer arbeiten also in Deutschland, deren Gottesdienste zweisprachig abgehalten werden. Dazu Weihnachts- und Sommerfeste und weitere Aktivitäten. Auch in Bielefeld gibt es eine kleine Gemeinde. »Nicht groß, aber ziemlich aktiv«, sagt Anna-Maari Toelle. Unter *rengas.de* findet man alle Informationen über die *Suomalaiset seurakunnat Saksassa*, die finnischen Gemeinden in Deutschland.

Und wie verhält es sich nun für Satu mit dem Glück der Finnen in Deutschland?

»Ich bin als zufriedene Finnin glücklich in Ostwestfalen.«

Gibt es für sie Unterschiede zu Finnland oder sieht sie gar ostwestfälische Eigenheiten?

Satu lacht: »Kennst du diesen Witz: Was ist eine lippische Einladung? Wenn du Sonntag nach dem Mittagessen kommst, dann bist du zum Kaffeetrinken wieder zu Hause.«

Undenkbar für Finnen, die für ihren Besuch als Erstes die Sauna anheizen. Vorher aber gießen sie dir ungefragt den ersten Kaffee ein, denn Weltmeister im Kaffeetrinken sind sie auch.

Penible Ablage

In der Zeit, in der ich an diesem Buch arbeitete, verstarb mein Vater. Ich verdanke ihm und meiner Mutter viel. Vor allem viele Geschichten. Auch das ist eine »ostwestfälische Erkenntnis«. Ich muss ihm posthum noch einmal besonders danken.

Seit meiner Rückkehr nach Minden wird es offenbar. Ich hätte den Umzug für die Etablierung eines neuen Ordnungssystems nützen sollen, hätte einen Schnitt machen müssen zu meinem alten Leben. Es ist mir nicht gelungen. Ich hätte beim Einpacken und Auspacken versuchen müssen, alle Papiere nach Bezügen zu ordnen. Aber Ordnung ist mir nicht gegeben. Ein Psychologe, den ich um Rat bat, sagte zu mir: »Sie machen eben gern Unordnung.«

Alle um mich herum sind ordentlich. Mein Vater ist ordentlich, mein Bruder ist ordentlich und meine Mutter ist geradezu penibel. Meine Lebensgefährtin ist sogar Wissenschaftlerin. Eine Meisterin im Entwickeln von Strukturen und Ordnung.

Ich bin Chaos. Ich habe keine Struktur. Ich bin ein Meister der Stapel und der Kisten. Von Ablage keine Spur. Mir bleibt, sobald ich suche, nur die Toleranz der Menschen um mich herum. Aber die erhalte ich nicht an jedem Tag und schon gar nicht von allen. Meine Eltern hatten rein rechnerisch mehr Zeit, sich an mich und meine Un-Ordnung zu gewöhnen, als meine Freundin. Sie ist, was das betrifft, noch in der Eingewöhnungsphase.

Ich bin nun kurz vor der dritten oder vierten Lebenshälfte, es muss also ab und an etwas aus den ersten beiden Lebenshälften gesucht werden. Nachweise. Bescheinigungen. Urkunden.

Um mich herum gehen reihenweise Menschen in den Ruhestand oder den Vorruhestand und sie beantragen Rente. Alles Begriffe, die ich gar nicht kenne, Wörter, die nicht zu meinem aktiven Wortschatz gehören, bei denen es sich – bei meinen zu erwartenden Rentenzahlungen – auch nicht lohnt, sie zu kennen. »Wir« haben uns »damals« für alles interessiert, aber doch nicht für unsere Rente. Und das ist bei mir mein Leben lang so geblieben.

Meine Rentenkasse machte mich kürzlich trotzdem oder gerade deshalb auf »Fehlzeiten« aufmerksam. Der Brief lag dummerweise offen rum und nun weiß meine Freundin, dass da was fehlt. Meine Eltern – die drei verstehen sich und telefonieren mittlerweile auch ohne mich miteinander – wussten es mittlerweile auch.

Ein harmloses Sonntagsnachmittagskaffeetrinken wurde dadurch zum Tribunal – allerdings mit Erlösung.

»Was fehlt denn?«, fragte mein Vater.

»Unter anderem meine Studiennachweise.«

Meine Wissenschaftlerin sagte leicht vorwurfsvoll: »Aber die Bescheinigungen für die Rentenkasse waren doch immer an den Immatrikulationsbescheinigungen dran. Die musste man doch nur hinschicken.«

»So?«, brummte ich.

»Was noch?«, fragte mein Vater.

»Abschlusszeugnis Uni zum Beispiel.« Das könnte auch die Immatrikulationsbescheinigungen ersetzen.

»Und sonst?«

»Gesellenbrief. Zivildienstzeit. Also Wehrpass oder so.«

Meine Wissenschaftlerin atmete hörbar ein: »Wieso hast du das denn alles nicht?«

Tja, wieso?

»Oder ist das in einer deiner Kisten? Oder in irgendwelchen Stapeln?«

Im besten Falle, dachte ich, könnte es da drin sein, aber meine Stapel und Kisten sind geordnet wie das Kölner Stadtarchiv. Nach dem Einsturz.

Ich bin zwar Nichtraucher, ging jetzt aber trotzdem erst mal raus, eine rauchen. Als ich die Tür schloss, sah ich, dass mein Vater mit meiner Mutter tuschelte.

Als ich vom Nichtrauchen zurückkam, lag ein Ordner auf dem Tisch. Darin in Klarsichthüllen meine Zeugnisse, das Schreiben vom Amtsgericht damals, wegen Fahrens ohne Führerschein mit 16, mein Wehrpass, mein Filmvorführschein. Sogar mein Seediensttauglichkeitszeugnis, als ich mit 18 zur See fahren wollte, weil ich »Moby Dick« gelesen und *Der Seewolf* gesehen hatte. Mein Leben in Dokumenten. Ich hatte mich nie gekümmert. Mein Vater hatte alles sauber abgeheftet.

Warum übernehmen manche Kinder – und ich gehöre dazu – so wenig von den guten Eigenschaften ihrer Eltern? Jetzt verdanke ich ihnen nicht nur mein Leben, sondern irgendwann auch die Rente. Jedenfalls einen Teil davon. Viel wird es nicht sein, aber mehr, als ich ohne meinen Vater hätte nachweisen können.

Ostwestfalen-Lippe gibt es gar nicht

Je länger ich mich mit Ostwestfalen-Lippe befasse, umso irritierter bin ich eigentlich über den Begriff. Ist Ostwestfalen-Lippe irgendwie definiert oder juristisch gefasst oder lediglich »eine Redensart«? Mir wurde klar, dass ich genau diesen Punkt nie exakt geklärt hatte, auch nicht im Gespräch mit der Regierungspräsidentin Bölling (siehe S. 132ff.). Doch wer sollte das besser sagen können als sie?

Ich schreibe im Nachgang unseres Gespräches noch einmal an das Büro der Regierungspräsidentin, zu Händen der Chefin. Und sie antwortet:

Sehr geehrter Herr Gieseking,

vielen Dank für Ihre nachstehende Anfrage zur juristischen Begriffserklärung der Bezeichnung Ostwestfalen-Lippe.

Das die Kreise Minden-Lübbecke, Herford, Gütersloh, Paderborn, Höxter, Lippe und die kreisfreie Stadt Bielefeld umfassende Gebiet wird aus verwaltungsrechtlicher Sicht als Regierungsbezirk Detmold bezeichnet. Die Bezirksregierung Detmold ist auf diesem Gebiet zuständige Behörde für einen Großteil exekutiver Aufgaben der Landesverwaltung.

Das Gebiet des Regierungsbezirks Detmold wird landläufig auch als Ostwestfalen-Lippe oder kurz »OWL« bezeichnet, oftmals ist tatsächlich eine synonyme Verwendung festzustellen. Diese dürfte zurückzuführen sein auf die Zusammenführung des ehemaligen preußischen Regierungsbezirks Minden als Teil der Provinz Westfalen und des Landes Lippe zum Regierungsbezirk Detmold im

Zuge des Zusammenschlusses Nordrhein-Westfalens mit Lippe am 21. Januar 1947. Der Begriff soll die beiden verwaltungsrechtlich zusammengeschmolzenen Körperschaften auch in der öffentlichen Wahrnehmung als Einheit darstellen und erfüllt eine integrative Funktion.

Den Begriff nutzen auch zahlreiche juristische Personen des Privatrechts als Namensbestandteil oder zu Werbezwecken, so z. B. die OstWestfalenLippe GmbH oder das Technologienetzwerk »it's owl« in der Rechtsform der it's OWL Clustermanagement GmbH. Auch die Bezirksregierung Detmold oder der Regionalrat bei der Bezirksregierung Detmold verwenden regelmäßig den Begriff und erarbeiten derzeit zusammen den Entwurf eines Regionalplans OWL.

Ob Namensrechte Dritter an dem Begriff Ostwestfalen-Lippe bestehen oder überhaupt bestehen können, ist hier nicht bekannt.

Eine tragfähige Aussage zur juristischen Definition oder Bedeutung des Begriffs kann ich daher insgesamt nicht treffen.

Sicher ist aber, dass der Begriff Ostwestfalen-Lippe bzw. OWL identitätsstiftend für unsere Region ist und mittlerweile auch national als Erkennungszeichen bzw. als Marke wahrgenommen wird.

Ich hoffe, dass ich Ihnen mit diesen Ausführungen bereits weiterhelfen konnte.

Herzliche Grüße

Ihre Anna Bölling

Ich wiederum möchte mich hier ganz herzlich bedanken bei Frau Bölling für das interessante Schreiben. Ich werde mich juristisch nun beraten lassen und dann versuchen, die Namens- und Markenrechte an Ostwestfalen-Lippe anzumelden ...

Aber wenn »Ostwestfalen-Lippe« letztlich wirklich »nur« ein Begriff ist, eher eine »Redensart« als eine juristisch belastbare Körperschaft, dann müssten wir – im bielefeldschen Sinne – wohl sagen: Ostwestfalen-Lippe gibt es gar nicht!

Wir gehören zu den Guten

»Wer ist denn jetzt wichtiger: Willem oder Hermann?«, frage ich Martin Sonntag bei unserem Besuch am »Willem«. Es ist die ostwestfälische Gretchenfrage.

»Das ist ja keine Frage, dass Willem wichtiger ist. Hallo? Geht's noch, oder? Was ich eigenartig finde, ist: Der Hermann, der steht da oben in Hiddesen und es stellt sich ja immer mehr heraus, dass es natürlich Lug und Trug ist, dass er da an einer total falschen Stelle steht. Schlacht hier, Denkmal da. Die Schlacht ist ja ganz woanders gewesen.«

»Du meinst, das sollte man umsetzen?«

»*Muss* man umsetzen eigentlich. Wenn man das ernsthaft betreiben will, was die da machen.«

Martin erzählt von einer alten Familientradition: »Ich habe nie verstanden, dass es funktioniert, weil das für uns ja alltäglich war, dass das Ding da steht. Aber Vattern hat es immer geschafft, wenn Besuch von außerhalb da war; jedes Mal das Gleiche. Er hat immer gesagt: ›Sonntag 15 Uhr müssen wir aber pünktlich oben sein, dann wechselt er die Hand.‹ Und die Kinder haben das geglaubt. Ich dachte, nicht schon wieder die alte Kamelle. Aber es hat immer funktioniert, immer. Hammer.«

Als Martin Betreuer von Jugendfreizeiten war, hat er es selbst ausprobiert. Wenn die Kids auf der Wanderung zum Herrmannsdenkmal quengelten und keinen Bock mehr hatten, sagte er ihnen: »Beeilt euch! Um 15 Uhr wechselt er das Schwert.«

»Und dann haben sie sich tatsächlich beeilt!«

Wir reden weiter über unsere »Identifikationsgeschichte« durch das Denkmal. Martin erzählt: »Als wir unsere Mutter unter die Erde gebracht haben, da sind wir in Barkhausen aus der Kapelle rausgekommen und da sieht man genau auf den Willem. Das hat etwas sehr Trostspendendes. Danach saß man mit Vattern lang an der Weser und da waren auch wieder Weser und Willem zusammen. Da schließen sich so Kreise.«

Wir diskutieren über das Aufwachsen in Ostwestfalen. »Wenn du in so einem Dorf in so einer Provinz groß wirst, das ist ja nicht alles schlimm und das ist nicht alles schlecht, aber es ist natürlich toll, wenn man dann so Alleinstellungsmerkmale hat, mit denen man sich identifiziert. Die historischen Geschichten von Wittekind, der Willem oder der große Knick der Weser, die sich hier durch den Berg kämpft.«

Wir schweigen. Irgendwann sagt dann Martin: »Und das ist natürlich ... das hat so einen Hauch Historie. Weil – hier ist ja nicht viel. Wenn du hier groß wirst, denkst du, du bist hier im Nichts. Aber hier war ja was. Und das machte einen doch irgendwie stolz.«

»Martin, wie ist der Ostwestfale als Mensch?«

»Wir gehören zu den Guten.«

Identität ist ein Konstrukt: von Westfalen, Engern und Ostfalen

Dietmar Wischmeyer und ich treffen uns immer mal wieder auf halber Strecke zwischen unseren Wohnorten auf dem Bückeburger Wochenmarkt auf eine Bratwurst. Nach einer Wildschweinbratwurst mit Preiselbeersenf laufen wir jetzt durch die Parkanlagen des Bückeburger Schlosses. Dietmar öffnet wieder sein historisch-philosophisch-satirisches Füllhorn.

»Was macht dein Buch?«, fragt er einleitend.

»Ich bin dran«, sage ich.

»Den Ostwestfalen gibt's ja gar nicht, das ist ja meine These. Oder es gibt ihn doch. Einmal sehr stark, einmal sehr wenig.«

Und dann kommt wieder ein in seiner Komik überwältigender Satz: »Ich fang mal an mit einem Caesar-Zitat. Obwohl es so nicht von Caesar gesagt wurde: ›Saxonia est omnis divisa in partes tres.‹ Caesars ›De bello Gallico‹ fängt zwar nicht so an, weil es nicht um Sachsen, sondern um Gallien geht. Aber wie Gallien war auch Sachsen in drei Teile geteilt: in Westfalen, Engern und Ostfalen. Ostwestfalen hieß früher Engern; das Land Engern, das ging zum Teil sogar bis Bremen hoch.«

»Das mit Engern ist aber lange her. Frühes Mittelalter?«

»Um das Jahr 1000 rum.«

Und dann überrascht mich Dietmar mit dem Ergebnis einer neuen Recherche. »Ich hab noch was ganz anderes gefunden. Es gab in den Neunzigern den Plan, die Bundesländer noch mal neu zu ordnen. Als die DDR dazugekommen ist, hat man sich gedacht: Kann man den ganzen Scheiß jetzt nicht mal anders sortieren. Und da gab es zum einen die ›Siebzehner-Lösung‹. Da sollten 17 Bundesländer so gewichtet sein, geordnet nach wirtschaftlicher Prosperität, sodass es nicht mehr einen Länderfinanzausgleich geben müsste, sondern dass die alle ungefähr die gleiche Anzahl von Leuten hätten und etwa die gleiche Prosperität. Da wäre Niedersachsen aufgelöst worden, NRW auch geteilt und neu wäre das Land Weser-Ems entstanden. Für eine kurze Zeit gab es das historische Land Engern wieder als Idee. Rund um Minden-Herford sollte ein Bundesland entstehen, hoch bis nördlich von Nienburg. Lippe war wohl auch dabei.«

Ich bin baff! Meine Initiative zur Unabhängigkeit von Ostwestfalen wurde von politischen Planern vorweggenommen? Obwohl ich ja das Ostwestfalen in den heutigen Grenzen unabhängig machen will.

»Damals hatten Historiker und Geografen neue Bundesländer in Planung. 1995. Das steht im Netz. Es gab mehrere Lösungen und unter anderem auch die mit dem Land Engern, also Herford, Minden, Bielefeld, was heute OWL ist.«

Bitte? Also zurück zum Bistum Minden, das von 800 bis 1648 existierte?

Daraufhin sagt Dietmar wieder einen wahrhaft philosophischen Satz: »Grenzen sind fließend und Identitäten sind Konstrukte!«

Er begründet das damit, dass zum Beispiel die Finnen jahrhundertelang als Schweden galten. »Alles Konstrukte. Eines der absurdesten Konstrukte ist das Land Sachsen, die sind so viel Sachsen, wie die Indianer Inder sind. Aber es funktioniert! Die Franken sind ja auch keine Franken.«

Dietmar führt aus, und ich kann ohne Landkarte kaum folgen, dass von dem ehemaligem Sachsen Westfalen übrig geblieben sei. Der größte Teil des alten Westfalen liege mittlerweile in Niedersachsen, »das ging ja hoch bis Ostfriesland. Ostfalen gab es auch, nicht zu verwechseln mit der Region Ostwestfalen. Ostfalen gibt es jetzt wieder als einen Wirtschaftsverbund des östlichen Niedersachsen, also Braunschweig und das westliche Sachsen-Anhalt, das geht bis Magdeburg, das ist die alte sächsische Region Ostfalen.«

Ich schließe daraus: Irgendwo muss es also auch ein Westostfalen geben. Ein gespiegeltes OWL. Mit Hildesheim als Bielefeld.

Ja, schon, unterbreche ich, aber warum gibt es Ostwestfalen?

»Ich glaube, dass die Menschen, die in diesen Landstrichen wohnen, sehr gelitten haben und eine Sehnsucht nach einer Identität hatten. Die waren jahrhundertelang unter preußischer Kuratel. Dreihundert Jahre. Alles um Minden, Ravensberg nach dem Dreißigjährigen Krieg. Es gibt ja heute noch die Spuren in den Ortsnamen: Preußisch Oldendorf, Preußisch Ströhen. Sich als Preußen zu empfinden, hat nicht gereicht, und dann wurden sie plötzlich, nach dem Zweiten Weltkrieg, in dieses absurde Land Nordrhein-Westfalen eingegliedert. Es gab durchaus auch andere Pläne damals. Aber die britischen Alliierten wollten kein kommunistisch orientiertes Bundesland. Die hatten Angst vor den ganzen Arbeitern aus dem Ruhrgebiet. ›Alles Kommunisten. Da müssen andere dabei.‹ Da haben sie das Rheinland, Lippe und das Münsterland dazugepackt. Dieses Konstrukt aus Jecken und störrischen Menschen.«

Zu den Rheinländern hat Dietmar noch eine besondere Pointe: »Ich kenne Freunde in Ostwestfalen, wo die Eltern immer noch hadern, dass sie als protestantische Westfalen von den katholischen Rheinländern über den Tisch gezogen werden. ›Diese Jecken verbraten das Geld, das wir erwirtschaften.‹«

OWL ist tatsächlich ein immens starker Wirtschaftsraum, mit viel Mittelstand, aber auch überraschend vielen Weltmarktfirmen mit Nischenprodukten. »Das Interessante ist, dass die das Bedürfnis hatten, sich eine Identität zu konturieren, und die Hauptstädte haben sich verlagert. Minden und Herford waren ja mal vorne, heute ist das eindeutig Bielefeld. Die haben auch die Marke OWL nach vorne gebracht, und es funktioniert auch. Es ist ja eine der wenigen geglückten Identitäten. Scheißegal, ob das historisch verbürgt ist oder nicht. Wenn es funktioniert, ist es gut. Du kannst nicht sagen: ›Ich bin ein Baden-Württemberger.‹ Das sagt kein Mensch, das sind Schwaben oder Badener. Und die haben es geschafft, durch diese bescheuerte Idee, dass sie nicht Hochdeutsch sprechen können – sie sind einfach nicht in der Lage, intellektuell –, eine Identität für dieses Mischwesen zu erschaffen. Rheinland-Pfälzer haben das nicht geschafft.«

OWL dagegen sei es gelungen, ein Wir-Gefühl zu erzeugen. NRW wiederum nicht. »Niedersachsen so mittel. Die Oldenburger haben das Grünkohlessen in Berlin. Die Braunschweiger stehen für sich. Die Ostfriesen fallen sowieso raus und Schaumburg-Lippe ist heute in Niedersachsen als Landkreis mehr als doppelt so groß wie in der Zeit ihrer Unabhängigkeit, was will man mehr. Man kann Niedersachse sein, ohne die andere Identität abzulegen.«

Und seine These, die Sehnsucht nach Identität? Die Ostwestfalen mit den Lippern in Nordrhein-Westfalen?

Dietmar holt final noch einmal tief Luft: »Es klingt blöd zu sagen: ›Ich bin NRWler.‹ Diese Identität, diese Sehnsucht danach ist ja noch mal neu entstanden, als der Regierungsbezirk Minden aufgelöst wurde. Dass man den Regierungssitz nach Jahrhunderten verlegte – Minden war ja schon ein Bistum, Jahrhunderte war das die Stadt für eine große Region – in dieses Lippe! Das war der letzte Schlag ins Kontor. Da müsste eigentlich ein Hass entstanden sein. Is aber nich. Die Lipper werden stattdessen einfach totgeschwiegen! Das ist die Rache der Bielefelder und Mindener an Lippe, dass sie sagen: ›Das ist OWL! Wer wohnt da? Die Ostwestfalen.‹ Aber die Lipper? – Nicht genannt.«

Auf ein Wort

»Der Ostwestfale ist wie ein Tweedmantel. Hochgeschlossen, bisschen grob in der Struktur, keine Schleifen, keine Rüschen, kein Schnickschnack, aber von Superqualität.«

Carla Berling*, Pseudonym* ***Felicitas Fuchs****, Bestsellerautorin aus Bad Oeynhausen*

Epilog: Faszinierendes Ostwestfalen-Lippe

Das war nicht eine, das waren viele Reisen zu den kuriosen Ostwestfalen und Lippern, mit faszinierenden Begegnungen, mit erfüllenden Gesprächen, mit erstaunlichen Erkenntnissen.

Und wie sind wir denn nun? Auf jeden Fall sind wir nicht – mehr? – so schweigsam wie gedacht, denn alle Angefragten erzählten mir bereitwillig von ihrem Leben und über ihre Themen, und zwar ausführlich.

Wir haben uns verändert gegenüber den früheren Klischees. Wir sind mitteilsam, manchmal regelrecht gesprächig. Witzig und humorig sind wir sowieso. Aber eben auch widerständig, manchmal eigensinnig, wenn das Ziel unseres Lebens das verlangt, und nur so gelingen Karrieren und Werke. Und wenn wir so lange gegen eine Wand rennen müssen, bis da ein Loch ist. Zuverlässig sind wir ohnehin. Und oft genug fleißig und strebsam und häufig eben kreativ.

Wir sind in Ostwestfalen-Lippe ein Schmelztiegel, eine Ursuppe auch des Komödiantentums, aus der viele erfolgreiche Künstler stammen, Satiriker, Comedians, Liedermacher, Moderatoren, Autoren, Musiker, Journalisten, zahlreiche Frauen und Männer, die ihr Publikum, ihr Auditorium und ihre Leserschaft überall begeistern, nicht nur in OWL. Wir haben sogar erfolgreiche, einflussreiche Politikerinnen und Politiker. Nur in meinem Computerkorrektursystem ist für das Wort »Ostwestfalen«, wenn ich es falsch eintippe, »kein Vorschlag verfügbar«.

Wir sind Menschen mit manchmal komischen Namen, sogar dem längsten in Deutschland ohne Zwischenzeichen.

Dafür haben wir mit »Und?« – »Muss!« auch den kürzesten Dialog. Wir essen so seltsame Sachen wie Wurstebrei, der im Norden von Ostwestfalen Stippgrütze heißt, Anballersse und Pickert. Manche sprechen Platt, andere über andere Leute und wieder andere schweigen tatsächlich. Wir tun uns schwer mit dem Nippen, weil wir gern kippen, oft genug Wacholder, den man woanders eher als Gin trinkt. Und immer noch gibt es Steinhäger aus der braunen »Kruke«.

Wir gehen an einem Tag ins *Sackmuseum* in Nieheim, am anderen ins *Marta* in Herford. Wir haben berühmte Standbilder, eine faszinierende Wirtschaftsgeschichte und waren führend in der Fahrradfertigung und sind es im Küchenbau. Wir schwächeln im Fußball, dafür sind wir die wahrscheinlich erfolgreichste Handballregion, auch das wäre ein Thema für ein weiteres Buch. Aber in der Fitness sind wir genauso dabei wie beim Feiern und wenn wir von dort zurückkommen, legen wir noch Schwatten obendrauf (wenn wir Platt sprechen; die ohne Platt trinken Schwarten). Wir haben Zugereiste und Eingeborene und alle sind uns gleich lieb, nur mit den Rheinländern tun wir so, als täten wir uns mit ihnen manchmal schwer, und Karneval ist nur in Teilen Ostwestfalens wirklich populär.

Zu den Seltsamkeiten gehört, dass wir uns nicht unter die Lippische Palme legen können, sondern nur auf sie herabschauen. Wenn wer wo wohnt, wollen wir genau wissen, wo das ist. Und warum die Quadriga sich zweimal durch »kein Vorschlag verfügbar« hat tragen lassen und nicht einfach dort, also hier geblieben ist, sondern nach Berlin zurückkehrte, das weiß wohl nur das Standbild selber. Aber sehr wahrscheinlich war ihr Platz drei hinter Hermann und Willem nicht genug.

Ich fand Kurioses und Großartiges, wohin ich kam. Die Finnen sind die Ostwestfalen Europas? Ja. Aber die Ostwestfalen sind auch die Finnen in Deutschland. Ich traf faszinierende

Menschen und bekam beeindruckende Geschichten zu hören. Über viele Monate zog sich diese Expedition durch meine mir in weiten Teilen unbekannte Heimat. Ich habe mich in meiner Begeisterung regelrecht verloren. Frau und Freunde rollten mit den Augen, wenn ich das Wort »Ostwestfalen-Lippe« nur aussprach. Kollege Hartmut Horstmann betitelte mich im Laufe meiner Recherche sogar als »OWList«.

Aber ich war begeistert. Oft genug kam ich als Fremder und ging nicht als Freund, sondern wurde als Freund schon empfangen. Die Ostwestfalen und die Lipper sind stur? Nicht die Bohne! Verschlossen? Von wegen! Jede und jeder war bereit und offen, mich zu Gesprächen zu treffen oder in anderer Weise beizutragen. Danke!

Es gäbe so viel mehr noch zu erzählen über Land und Leute, über die Adlerwarte Berlebeck, über Arminia Bielefeld, das Phänomen Handball, über Hidden Champions und Weltmarktführer, über Kultur, Wirtschaft und Sport. Aber dann hätte dieses Buch irgendwann sechshundert oder noch mehr Seiten gehabt.

Ich habe unendlich viel gelernt über uns, über Ideen und Lebenswege. Vielleicht ist das alles ja »unnützes Wissen«, doch mich hat es berührt und ergriffen. Am Ende war es so viel, dass es schon gar nicht mehr zwischen die Deckel *eines* Buches passte. Ich bitte um Vergebung bei denen, die nicht dabei sind. Ich plane ein zweites, ein Folgebuch. Sogar der Verleger ist nicht abgeneigt. Aber zuerst muss dieses Buch erst mal erscheinen.

Ich habe nicht jede Theorie bestätigt bekommen und meine Idee der Unabhängigkeit Ostwestfalens als 17. Bundesland wurde nur teilweise unterstützt. Auch Jürgen von der Lippe hatte ich gefragt, ob er meine Initiative unterstützen würde. Er lehnte ab: »Na ja, Bielefeld gibt's ja gar nicht. Und wenn du Bielefeld als Hauptstadt geplant hast, dann gibt's ja ein Problem mit der Landeshauptstadt und dem Sitz einer Landesregierung. Die es dann ja auch nicht gibt.«

Also bleiben wir – zumindest vorläufig – doch lieber ein Teil von NRW. Und regiert aus Düsseldorf. Trotzdem ist unser Ostwestfalen-Lippe bedeutungsvoll und wichtig. Oft unterschätzt. Das will dieses Buch geraderücken.

Ostwestfalen-Lippe – von hier kommt man nicht her, sondern wech. Aber eigentlich möchte man gar nicht wech hier. Und wenn man trotzdem wech ist, kehrt man oft zurück. Manchmal für immer.

Dank

Zu diesem Buch haben viele ganz unterschiedlich beigetragen, in Reihenfolge des Auftretens im Buch und hoffentlich vollständig meinen herzlichen Dank an:

Thomas Lienenlüke, Carsten Meyer, Carmen Kruse-Liss, Christoph Schlomann, Murat Kayi, Rainer Eschedor, Martin Sonntag, Gustav Peter Wöhler, Konfusion, Ella Carina Werner, Stephan Rürup, André Sedlaczek, Erwin Grosche, Henning Venske, Sarah Hakenberg, Anna Katharina Bölling, das Büro des Bundespräsidenten, Referat 15, Burkhard Schwenker, Uli Piper, Achim Post, Holger Hansing, Friederike Krause, Silke Jösting-Krause, Michael Ringel, Lisa Feller, Jürgen von der Lippe, Michael Kienecker, Sven Thomas, Walter Gödden, Sabine Leutheusser-Schnarrenberger, Jörg Sundermeier, Ingolf Lück, Jürgen Rittershaus, Hans Zippert, Hannes Wader, Peter Butschkow, Martin Quilitz, Sebastian Krämer, Doro und Ralf »Jan Schwiers« Kettler, Klaus Kasper, Alfons Bense, Fritz Eckenga, Friedrich Dörmann, Bernadette La Hengst, Michael Curse Kurth, Steffen Kampeter, Dagmar Schönleber, Ingo Börchers, Pit Knorr, Britta Haßelmann, Frauke Seele-Brandt, Satu Peltonen, Carla Berling.

Außerdem Dank an: Hartmut Horstmann, Jürgen Langenkämper, Ute und Uli Rabe, Sigrid Rohlfing-Sundermeyer, Boris Mijatović, Yves Eigenrauch, Peter Pauls, Susanne Fischer, Til Mette, Veith Mette, Philipp Köster, Jens Kirschneck, Ralf Husmann, Heinz Rudolf Kunze, Martin Pollklas, Katrin Holthaus, Matthias Rasche, Karl-Heinz Ochs, Marco Ortu, Bertram

Schulte, Thea Luckfiel, Jörg Mallwitz, Ralf Othengrafen, Susanne Harke-Schmidt, Niklas Bengtsson, Hinrich Schwarze, Fritz Tietz, Helmut Dennig, Holger von der Emde, Georg Böcker, Dirk Schulz, Maximilian Schlegel, Andreas Marmerow, Günter Gieseking und Hotti Bredemeier, die teils mit ihren Interviews in diesem Band noch nicht erscheinen konnten.

Ein besonderer Dank an Dietmar Wischmeyer, mit dem ich auf fast jedem unserer »Jours fixes« am Bratwurststand auf dem Bückeburger Markt über OWL sprach, der ein lebendes Lexikon ist, und an seine Frau Nadja. Dank an meine Mutter Ilse Gieseking, nicht nur für die Unterstützung beim Anballersse-Rezept, sondern auch für die witzigen Kommentare zum Leben, und an meinen Bruder Axel, an Hannah Marie Lorenz, die mich bei den Transkriptionen unterstützte, da auch an Katinka Buddenkotte, an Brigitte Biermann/Agentur Zirkel für die organisatorische Arbeit.

Dank vor allem an meinen Verleger und sensiblen Lektor Volker Surmann, für Geduld und Sachkunde, Mirco Drewes für die Pressearbeit und Matthias Höhne für die Korrekturen. Herzlichen Dank an Martina Lorenz für das Titelbild.

Großen Dank an Rita, meine Lebensgefährtin, die als Niedersächsin dieses Buch von der ersten Idee bis zum letzten Punkt begleitete. Ihr ist das kuriose Ostwestfalen-Buch von Herzen gewidmet.

Bernd Gieseking
Minden, Dezember 2023

Quellen

Bast, Eva-Maria/Langenkämper, Jürgen/Rickert, Kerstin: Mindener Geheimnisse, Mindener Tageblatt: 2017

Baumgärtner, Maik/Müller, Ann-Kathrin: Die Unsichtbaren, DVA: 2022

Bense, Alfons Rolf: Der Weißstorch – Vom Vogel zum Kult, Westarp: 2017

Chandler, Raymond: Gefahr ist mein Geschäft, Übersetzung: Hans Wollschläger, Diogenes: 1976

Dreck Magazin (Ausgabe 16), Bielefeld: 2020

Droste, Wiglaf:

– Die schweren Jahre ab Dreiunddreißig, Ed. Tiamat: 2019

– Chaos, Glück und Höllenfahrten, Ed. Tiamat: 2021

Eckenga, Fritz/Menne, Peter: Geflügeltes Westfalen, Woll-Verlag: 2024

Fuchs, Felicitas: Minna – Kopf hoch, Schulter zurück; Hanne – Die Leute gucken schon; Romy – Mädchen, die pfeifen (Trilogie); Heyne: 2022/23

Gieseking, Bernd:

– Finne dich selbst! Fischer: 2012

– Das kuriose Finnland-Buch, Fischer: 2014

– Früher hab ich nur mein Motorrad gepflegt, Fischer: 2017

– Finne dein Glück! Fischer: 2021

– Die Yurumi Gang, Der Schatz der Spionin, Sonderdruck DSW 21: 2009

– Ostwestfalien Aliens – Ein Landstrich schlägt zurück (Hörfunk-Feature), WDR 5: 2003

Gödden, Walter:
– Stadt – Land – Pop, Aisthesis: 2008
– Kabarettheroen aus Westfalen, Aisthesis: 2009
– Aliens Welcome, Aisthesis: 2019
– Querbeet 6, Aisthesis: 2020
Gödden, Walter/Nölle-Hornkamp, Iris: Dichter – Stätten – Literaturen, Ardey: 1992
Gödden, Walter (Hrsg.): 1968 Pop, Protest und Provokation, Aisthesis: 2017
Graf, Rolf/Langenkämper, Jürgen/Rickert, Kerstin: Mindener Geheimnisse (Band 2), Mindener Tageblatt: 2020
Grosche, Erwin: Paderman der Superheld. Lektora Verlag: 2020
Hakenberg, Sarah: Der letzte CDU-Wähler (You-Tube.com)
Heimatjahrbuch Kreis Gütersloh, Flöttmann Verlag (div. Jahrgänge)
Krüger, Thomas: Erwin, Mord und Ente Heyne: 2013 (stellvertretend für zahlreiche weitere Erwin-Düsedieker-Krimis)
Kutenhuser Keleneer düa dat Joahr 2014, Heimatverein Kutenhausen von 1989 e. V.
Müller, Wilhelm: Die Winterreise, Diogenes: 1991
Nehberg, Rüdiger:
– Die Autobiografie, Malik: 2005
– Nehberg, Rüdiger: Sir Vival blickt zurück, Malik: 2010
Penner, Elina: Nachtbeeren, Aufbau: 2022
Rowohlt, Harry: Und Tschüss, Kein & Aber: 2016
Schröder, Sebastian: Am Anfang war Meßlingen, Mühlenverein Kreis Minden-Lübbecke: 2018
Sedlaczek, André:
– Die Nacht der lippischen Rose, Museumsführer Lippisches Landesmuseum: 2018
– Lippe in Gefahr, Museumsführer Lippisches Landesmuseum: 2020
Selge, Edgar: Hast du uns endlich gefunden, Rowohlt: 2021

Sundermeier, Jörg: Heimatkunde Ostwestfalen, Hoffmann und Campe: 2010
Surmann, Volker: Lieber Bauernsohn als Lehrerkind, Satyr: 2012
Unterweger, Wolf-Dietmar und Ursula, Das Hühnerbuch, Stocker Verlag: 2013
Venske, Henning:
- Es war mir ein Vergnügen, Westend: 2014
- Venske, Henning: Summa summarum, Westend: 2019
Wader, Hanners: Trotz alledem, Penguin: 2019
Weerth, Georg: Humoristische Skizzen (CD), Grabbe Gesellschaft e. V.: 2022
Werner, Ella Carina:
- Die mit dem Bauch tanzt, Ullstein: 2012
- Der Untergang des Abendkleides, Satyr: 2020
Wischmeyer, Nadja: Der Mittellandkanal, Wehrhahn: 2019
Wollschläger, Hans: Karl May, Wallstein: 2004
Zippert, Hans: Zippert steigt auf, Bergwelten Verlag: 2019,

Des Weiteren wurden folgende **Magazine und Tageszeitungen** zitiert: 11 Freunde, Bild, Brand eins Neuland: Ostwestfalen, Deutschlandfunk Kultur, Frankfurter Rundschau, Geo, Die Glocke, Mindener Tageblatt, Neue Westfälische, Der Spiegel, taz, Titanic, Die Welt, Westfalenblatt, Die Zeit.

Daneben fanden folgende **Websites** Erwähnung: *11km.de, bielefeldmillion.de, bund-lemgo.de, dieharke.de, fc.de, gedenkstaette-porta.de, g-e-h.e, hochschule-kirchenmusik.de, huehner-haltung.de, lwl.org, nrwglobalbusiness.com, peter-hille-gesellschaft.de, regiomanager.de, rengas.de, stoerche-minden-luebbecke.de, uelex.de, wikipedia.de, zeno.org.*

Die konkreten Internetlinks können über den folgenden Link abgerufen werden: *http://satyr-verlag.de/OWL-Buch_Links.pdf*